Josef Aldenhoff

Mensch, Mann!

Josef Aldenhoff

Mensch, Mann!

Was ist los in Männerseelen?

HERDER

FREIBURG · BASEL · WIEN

© Verlag Herder GmbH, Freiburg im Breisgau 2021
Alle Rechte vorbehalten
www.herder.de

Satz: Daniel Förster, Belgern
Herstellung: GGP Media GmbH, Pößneck

Printed in Germany

ISBN: 978-3-451-60116-3
ISBN E-Book: 978-3-451-82377-0

Für alle, die daran glauben wollen, dass Gespräche und Kooperation besser sind als Abgrenzung und Gewalt.

Inhalt

Vorwort

Braucht es das? Einen Mann, noch dazu cis, weiß, alt (Entschuldigung!), der über Männlichkeit und Mannsein schreibt – und, herrje, über sich selbst? Als Frau und als Journalistin, deren Themen Sexismus und Feminismus sind, bin ich geneigt zu sagen: Nein. Denn Männer sind schon überall. Sie sind sind Abgeordnete im Bundestag (Männeranteil im vierten Kabinett Merkel: 68,6 Prozent), in den Vorständen der DAX-Konzerne (Männeranteil: 83,4 Prozent). Sie sind Chefredakteure deutscher Regionalzeitungen (Männeranteil: 95 Prozent) und dominant vertreten in den Kommentarspalten von Onlinemedien, wo sie einem gerne vorwerfen, nicht gründlich recherchiert zu haben (aber trotzdem ganz nett anzusehen zu sein). Nicht mal mehr unter Feministinnen hat man noch Ruhe vor ihnen. In Berlin, wo ich lebe, vergeht kein Barabend mehr, ohne dass einem irgendwann ein Mann gegenübersitzt, der einem in einem beeindruckenden Monolog die eigene kritische Männlichkeit zu demonstrieren versucht. Er mansplaint dann mit einem Gin Tonic in der Hand das Patriarchat und den Feminismus gleich mit, als hätte es ihn und seine Auseinandersetzung gebraucht, um all die komplizierten Fäden endlich zu einem stimmigen Ganzen zusammenzufügen.

Ich kann sehr gut nachvollziehen, warum daraus bei vielen Frauen der Impuls erwächst zu sagen: Haltet doch einfach mal kurz die Klappe, liebe Männer. Es geht, endlich – nach wie vielen Tausend Jahren Patriarchat? – nicht um euch. Sondern um unsere Erfahrungen, die Wunden, die ihr uns Frauen zugefügt habt, uns und unseren Müttern, Großmüttern, Töchtern, Schwestern.

Ihnen sollte nun für eine Weile der begrenzte Platz in der Öffentlichkeit, auf Theaterbühnen, in Kinofilmen und auf Zeitungsseiten gehören. Die Frage, wer gehört und gesehen wird, wem Empathie entgegengebracht wird, wer es in den gesellschaftlichen Diskurs schafft, ist auch eine der Ressourcen. Einer bekommt Geld und Aufmerksamkeit, um seine Geschichte zu erzählen, ein anderer (meistens immer noch: eine andere) nicht – so einfach ist das und so hart. Der Verlag hätte den Vertrag für dieses Buch auch einer jungen Frau geben können, die etwa über ihre Gewalterfahrungen mit Männern hätte schreiben können. Manche Feministinnen würden so weit gehen zu sagen: Selbst wenn die Frau über ihre Hausschuhe oder ihre Liebe zu den perfekt kross gebratenen Bratkartoffeln ihrer Oma geschrieben hätte, wäre das immer noch besser, als schon wieder einem alten, weißen Mann eine Bühne zu bieten.

Es ist wichtig, sich dieser realen Verteilungskämpfe bewusst zu sein, besonders als Mensch, der Ressourcen zu vergeben hat. Und dennoch ist es wichtig, im Diskurs um toxische Männlichkeit auch Männer zu Wort kommen zu lassen. Weil es bei der gewaltigen Arbeit, die wir auf dem Weg in eine geschlechtergerechtere Welt noch zu leisten haben, auch und vor allem auf sie ankommt. Es braucht ihre Auseinandersetzung mit sich selbst und der Art und Weise, wie sie möglicherweise zu dem Männerproblem unserer Gesellschaft beitragen.

Wie Josef Aldenhoff bin ich überzeugt davon, dass dieses Problem nicht naturgegeben ist, also etwa mit dem Y-Chromosom oder mit tiefen Stimmen, Penissen oder Brustbehaarung zu erklären ist. Sondern mit männlicher Erziehung und Sozialisation, mit bestimmten, über Jahrhunderte geprägten Vorstellungen davon, wie ein Mann zu sein und sich zu verhalten hat. Als Psychiater und Psychotherapeut richtet Aldenhoff seinen Blick nicht nur auf die gesellschaftliche Umgebung, in der Männer zu dem werden, was sie sind, sondern auch auf ihre Seele: das Kind, das jeder

Mensch, auch jeder Mann, einmal war, ein Kind mit Bedürfnissen nach Nähe und Liebe, ein von sich aus gutes Wesen mit einem elementaren Drang nach Kontakt zu anderen. Diese psychologische Perspektive ist wichtig und wertvoll. Für männergeplagte Frauen, um sich einen menschlichen, auch empathischen Blick auf »die Männer« zu bewahren. Und letztlich für alle, um zu verstehen, wo im Leben von Männern möglicherweise etwas schiefgelaufen ist, wenn sie später gewalttätig, unterdrückend oder auch »nur« furchtbar selbstherrlich werden.

Jeder Mann war mal ein Junge, hinter dieser fast banalen Erkenntnis verbergen sich zwei Aufträge: Wir müssen darauf achten, wie wir Jungs erziehen. Vermitteln wir ihnen Durchsetzungsfähigkeit, Stärke (»Indianerherz kennt keinen Schmerz«), sagen wir ihnen ständig, sie seien »wild«, ein »Racker« oder ein »kleiner Mann«? Oder bringen wir ihnen Empathiefähigkeit, Kooperation mit anderen, auch: Schwäche, bei? Und nicht zuletzt ist diese psychologische Perspektive auch ein Auftrag an erwachsene Männer, sich zu fragen: Was für ein Mann bin ich eigentlich? Wie bin ich so geworden, wie ich bin? Wer hat mir welche Glaubenssätze beigebracht? Und wann habe ich dadurch vielleicht schon einmal Menschen verletzt? Eine kritische Reflexion darüber darf nicht nur im Privaten, im Stillen stattfinden, sondern gehört auch auf öffentliche Bühnen. Damit mehr Männer sich solche Fragen stellen.

Das Ziel ist ja letztlich ein freundlicheres, sichereres Miteinander von allen Menschen, so hippiesk und utopisch das klingen mag. Um dieses Ziel zu erreichen, brauchen wir so viele Mitstreiterinnen und Mitstreiter wie möglich: Cis-Männer, alte Männer, junge, schwule, Schwarze Männer, tiefreligiöse ebenso wie atheistische, gebildete ebenso wie ungebildete. Probleme wie Sexismus und Gewalt gegen Frauen sind schlicht zu wichtig, um sie nur von denen bearbeiten zu lassen, die unter ihnen leiden. Wir können es uns nicht leisten, Männer aus dem Kampf gegen Sexismus und für Gleichstellung auszuschließen. Ebenso wenig, wie wir es uns leisten können, Neonazismus nur von Opfern rechtsradikaler Gewalt bekämpfen oder nur queere Menschen gegen homophobe Gesetzeslagen demonstrieren zu lassen.

Nach wie vor bin ich schockiert darüber, wie wenige Männer feministische Texte lesen, sich etwa mit den Schriften von Simone de Beauvoir, Rebecca Solnit, bell hooks, Margarete Stokowski oder Siri Hustvedt auseinandersetzen. Ich würde mir wünschen, dass dieses Buch für die Leser eine Brücke ist, um sich weiter in das Thema einzuarbeiten. Es braucht Männer, die nicht bloß ein vorgegaukeltes Interesse an feministischen Diskursen haben, sondern die ihre eigene Rolle erkennen und hinterfragen wollen. Vor allem aber braucht es: Männer, mit denen Frauen ernsthaft reden können und die einem aufrichtig zuhören. Und so ein Mann, das weiß ich aus vielen persönlichen Gesprächen, ist Josef Aldenhoff. Ich bin nicht mit allem einverstanden, was in diesem Buch steht. Zu einzelnen Themen habe ich eine ander Meinung. Das alles werde ich mit ihm bei Gelegenheit diskutieren, in dem Wissen, dass er nicht wie viele andere Männer, die man auf ihre Privilegien anspricht, defensiv und emotional reagieren wird, sondern offen und seinerseits kritisch. Hoffentlich regt Sie, liebe Leserinnen und Leser, die Lektüre ebenfalls zum Nachdenken und Diskutieren an.

Carla Baum (ZEITmagazin ONLINE), August 2021

Warum ich ein Buch über Männer und ihre Seele schreibe

Der entscheidende Anstoß? Ich schäme mich nicht gerne. Es fühlt sich besser an, wenn ich mir in die Augen schauen kann. Aber jetzt schäme ich mich. Weil ich ein Mann bin. Absurd! Seit mehr als sieben Jahrzehnten bin ich ein Mann. Trotzdem habe ich ein Gefühl wie in der Kindheit, wenn etwas so richtig scheiße gelaufen ist. Tatsächlich läuft es immer noch scheiße:

Wenn ich laufen will, ziehe ich meine Laufschuhe an, Jogginghose, T-Shirt, je nach Jahreszeit, und laufe los. Ich denke nicht nach; was ja gerade das Schöne ist. Ich überlege nicht, ob ich meine 72-jährigen körperlichen Reize vermummen soll; meine Vorsicht richtet sich allenfalls auf Unebenheiten des Bodens, vielleicht auch mal auf frei laufende Hunde. Auf Männer achte ich nicht. Wozu auch? Ich bin ja selbst einer. Wovor sollte ich Angst haben? Joggen ist für Männer, abgesehen von der gewollten Schinderei, ein entspannender, gesundheitsfördernder Vorgang. Pfefferspray? Ich besitze gar keines, und noch nie habe ich zum Joggen Pfefferspray mitgenommen. Abwegig.

Ein wesentlicher Geschlechtsunterschied im Deutschland des Jahres 2021 besteht darin, dass dies alles bei Frauen anders ist. Vollkommen anders: Frauen, die joggen wollen, haben ihre Erlebnisse und ihre Ängste aufgeschrieben – wohlgemerkt: Das sind Berichte aus Deutschland.[1]

Frauen laufen nicht einfach los. Sie grübeln und treffen Vorkehrungen, viele haben Angst, andere versuchen, die Gefahr rational einzuschätzen. Die Gefahr, das sind wir, die Männer! Und selbst wenn uns das nicht passt, ist der Generalverdacht sehr angemessen; denn wenn eine Frau auf einer einsamen Straße einem einzelnen Man begegnet, ist es für ihr Wohlergehen, für ihr künftiges Sexualerleben und oft auch für ihr Leben sinnvoller, diesen Mann, auch Sie und mich, als Risiko anzusehen. Denn sie könnte vergewaltigt werden. Ein Autor, der das Beste aus dieser furchtbaren Situation machen wollte, schrieb, in so einem Augenblick sollte ich, der Mann, die Straßenseite wechseln.[2] Ich! Und er hat, so deprimierend es sein mag, mit diesem Hinweis wohl recht.

Eine Frau glaubt, vor dem Joggen mehreren Leuten Bescheid sagen zu müssen, wo sie läuft, damit man nach ihr suchen kann, wenn sie nicht zurückkommt; die andere weicht aus, wenn sie Stimmen von einer Männergruppe hört; hinter wieder einer anderen rannte ein Typ her und verlangte ein Wettrennen. Frauen werden beim Laufen angehupt und belästigt: Pfefferspray ist ein wichtiges Laufzubehör, wichtiger als das Stirnband.

Aus meiner männlichen Sicht ist der absolute Tiefpunkt dieser »ältere Herr«, der ihr beim Vorbeigehen auf den Arsch haut und sagt: »Du bist bestimmt gut fickbar.« Ich bin selbst ein »älterer Herr« und fühle mich in einer Weise sichtbar gemacht, wie ich absolut nicht gesehen werden will. Ich Mann, stigmatisiert durch das Verhalten von Männern. Ich würde so was nie sagen, aber wer weiß das schon? Ich schäme mich. Weil Männer die Welt der Frauen, der anderen versauen und ich ein Mann bin.

Die Geschichten sind nicht neu: Rebecca Solnit schreibt über ihre Wünsche, allein durch die Wildnis zu wandern, im Freien zu schlafen.[3] Sie schreibt auch über Sylvia Plath, die ihre Wünsche als Frau selbstbestimmt in dieser Welt verwirklichen wollte und sich angesichts des Unmöglichen schließlich umbrachte.

Was all das angeht, bin auch ich typisch männlich ignorant; so wusste ich nicht, was *catcalling* ist: »eine Art der Belästigung durch Fremde im öffentlichen Raum in Form von unerwünschten Äußerungen gegenüber Personen, die als Objekt der Begierde wahrgenommen und auserkoren werden. Oft begleitet von provokativen Gesten, Hupen, Pfiffen, unsittlichen Entblößungen, Stalking, hartnäckigen sexuellen Annäherungsversuchen und Berührungen.«[4]

Ich gestehe Ihnen an dieser Stelle mal zu, dass Sie noch nie Joggerinnen behelligt haben, geschweige denn vergewaltigt. Ich gehe mal davon aus, dass Sie ein »Netter« sind. Kostet mich nix, ich bin ja ein Mann. Wenn ich Freunde und Kollegen frage, ob sie schon mal *catcalling* gemacht haben oder ob sie jemanden kennen, der das und noch mehr macht, so ein klitzekleines bisschen Gewalt beim Sex, ab und zu: Fehlanzeige. Es ist wie in der Nachkriegszeit, wenn man fragte, wer Nazi gewesen war. Gab's nicht.

Nun sind die Ermittlungs- und Verurteilungszahlen bei der Vergewaltigung von Frauen im Allgemeinen und Joggerinnen im Besonderen ein statistisches Desaster, dominiert durch den Begriff »Dunkelziffer«. Und trotzdem so häufig, dass Frauen ihr Alltagsverhalten ändern. Ein Wahrnehmungsproblem? Oder eine Schande für unser Rechtssystem? Bei der in Corona-Zeiten sehr prominent gewordenen »häuslichen Gewalt« ist das nicht anders. Aber was geht Sie als Mann das an?

Betrachten Sie es doch einmal so: Wenn Sie als selbst definiert netter Mann dies alles nicht tun, kann es sich in Ihrer Weltsicht nicht um ein Problem von allgemeiner Bedeutung handeln – selbst wenn vielleicht einige wenige Männer so etwas tun. Beim Kindesmissbrauch gibt es übrigens belastbare Zahlen: In der Bundesrepublik ist jeder siebte Mann ein Täter. Einige wenige?

Trotzdem setzen Sie in einer Art männlicher Solidarität voraus: Männer tun so etwas nicht. In dieser Aussage lassen Sie ein entscheidendes Wort weg: Männer *sollten* so etwas nicht tun.

Interessanterweise ist die Dunkelziffer beim Mord ganz anders. 93,5 Prozent der Morde werden aufgeklärt.[5] Liegt das vielleicht daran, dass 80 Prozent der Opfer Männer sind?[6] Sie finden das unsachlich? Dann nennen Sie doch mal einen anderen Grund.

Ich fände es gut, wenn Sie dieses Buch lesen würden. Als Mann. Ganz bewusst als Mann.

Mann sein gleich Täter sein?

»Auch heute noch kommt man am leichtesten durchs Leben, wenn man ein weißer, heterosexueller Cis-Mann ist, mindestens aus der Mittelklasse. Diese Gruppe ist es, die nach wie vor das gesellschaftliche Narrativ dominiert und definiert, was normal ist. Was eigentlich paradox ist, schließlich machen weiße, heterosexuelle Cis-Männer keineswegs die Mehrheit der Bevölkerung aus. Auch wenn sie selbst das nicht wahrzunehmen scheinen.«[7]

Mann, weiß, hetero, cis – ja. In meinem Fall auch noch: alt. Mittelklasse trifft es auch. Und damit bin ich nicht so schlecht durchs Leben gekommen. Liegt das an meiner Gruppenzugehörigkeit oder an meiner Individualität? Obwohl ich mich nicht in einer homogenen Männergruppe erlebe, bevorzuge ich die Kommunikation mit anderen Männern, die meine Merkmale teilen. Netzwerken nennt man das wohl, sich die Bälle zuspielen. Bälle passt: In der Fußballbundesliga liegt die Zahl der männlichen Zuschauer bei durchschnittlich 40 000 Männern und 1000 Frauen pro Spiel.[8]

Wir alten weißen Männer sollen uns nun ändern. Ausgerechnet die dominanten Netzwerker sollen sich ändern! Wie genau, ist nicht ganz klar, aber ändern auf jeden Fall. Natürlich mobilisiert sich gegen diese Forderung jede Menge Widerstand. Die meisten Männer halten die Frage ihrer Verstrickung in die »Ungerechtigkeit und die Zerstörung der Welt«[9] für abwegig, da sie sich nie als Täter gesehen haben. Aber lässt sich diese Position wirklich durchhalten?

Dieses Buch hatte unterschiedliche Startpunkte. Einer hängt damit zusammen, dass ich Psychiater und Psychotherapeut bin und meinen Beruf mag. Auf halbwegs soliden wissenschaftlichen Grundlagen etwas zu bewirken, fühlt sich gut an. Und obwohl die von uns behandelten Krankheiten viel mit Stress zu tun haben, können wir Psychotherapeutinnen und Psychotherapeuten bei der Arbeit gemütlich dasitzen, zuhören und dürfen bei Bedarf sogar Kaffee trinken.

Irgendwann, erstaunlich spät in meinem Berufsleben, fiel mir auf, dass in sechs von zehn Fallgeschichten Gewalterfahrungen vorkommen. Diese »Fälle« sind Frauen. Darüber spricht niemand. Ist das also selbstverständlich? So wie die Tatsache, dass die Gewalt sehr, sehr häufig, meistens, ja fast immer von Männern ausgeht. Auch selbstverständlich? Wissen Sie, wie häufig sexueller Missbrauch vorkommt und dass er ein typisches Männerdelikt ist? Dieses »Wissen« ist seltsam folgenlos: Einerseits steht es in der Tageszeitung, andererseits leitet sich daraus keine gesamtgesellschaftliche Diskussion ab. Durch dieses Schweigen verhindern die Männer den eigentlich unerlässlichen Diskurs über ihre Dominanz und deren Folgen; egal, ob die feministischen Attacken wütend oder witzig geführt werden, Männer reden mehrheitlich einfach nicht mit.

Erst wollte ich dieses Buch also nicht wegen uns Männern schreiben, sondern wegen der Menschen, denen Missbrauch, Vergewaltigung von Männern angetan wird, Kindern, Frauen also. Doch irgendwann wurde mir klar, dass ich zur Gruppe der Täter gehöre, auch wenn ich selbst keiner bin. Und jetzt sitze ich in einem Thema drin, das durch seine Schwere dem Leben die unbeschwerte Alltäglichkeit raubt. Immer wieder: wir Männer. Was nun? Gibt es kein normales Leben mehr? Oder ist eben genau dieses Leben normal?

Bei folgender Frage ist es dann fast unmöglich, eine nüchterne distanzierte Haltung zu bewahren: Bedeutet Mann sein

Täter sein? Reicht es, ein normaler Mann zu sein, um Täter zu werden? Oder sind die Täter krank und alle anderen Männer normal nett?

Auch darüber redet fast niemand. Aber wenn Sie viel lesen und gerne ins Kino gehen, als Mann oder als Frau, könnten Sie merken, wie oft das Setting »Frau gleich Opfer, Mann gleich Täter« in Filmen auftaucht: »In der Kunst wird die Qual und der Tod einer schönen Frau ständig als erotisch, erregend, befriedigend dargestellt. Trotz der ständigen Beteuerungen von Politikern und Medien, dass Gewaltverbrechen die Taten von Außenseitern seien, wird diese Sehnsucht in den Filmen von Alfred Hitchcock, Brian de Palma, David Lynch, Quentin Tarantino, Lars von Trier verewigt.«[10]

Filmemacher werden durch Qual und Tod schöner Frauen berühmt, indem sie die – heimliche – Leidenschaft des wahrscheinlich ja männlichen Publikums befriedigen. Ist die Qual der Frauen ein Erfolgsrezept kreativer Männer? Oder ist Rebecca Solnit einfach nur eine Feministin, über die man nicht zu viele Worte verlieren sollte?

Feminismus war nie mein Thema, die Diskussionen über das Patriarchat hielt ich im 21. Jahrhundert für überzogen. Aber schließlich konnte ich die Frage nach der Beziehung zwischen männlicher Dominanz und der langfristigen Zerstörung von Menschenleben durch sexuellen Missbrauch von Kindern, durch die Vergewaltigung von Frauen, durch häusliche Gewalt nicht mehr wegschieben.

Woher kommt also der Anspruch, dass alles, was auf dieser Welt rumläuft, in erster Linie der Erheiterung und dem Lustgewinn von uns Männern dienen müsse? Und warum liegt bei uns Männern die Option von Gewalt so nahe, wenn dieser Anspruch nicht erfüllt wird?

Da ich Psychiater bin, stellt sich mir an dieser Stelle die Frage, was all das mit unserer männlichen Seele zu tun hat.

Überlegungen zur Seele

Es gibt philosophische, religiöse, ökonomische, soziologische, biologische, feministische und sicher noch viel mehr Abhandlungen über Männer. Als Psychiater habe ich es mit der Seele zu tun. Manche sagen Psyche, doch ich ziehe Seele vor. Ist also die männliche Seele das Problem? Diese Frage durchzieht alles Folgende. Doch wo liegen eigentlich die Ursprünge der Seele?

Der Einzelne fühlt, nimmt wahr, denkt. Irgendwas und manchmal viel zu viel. Das alles will er ordnen. Damit ist er nicht allein. Männer, Frauen, Kinder, andere sind auch da. Die könnte er als Vorbilder nutzen. Zu manchen fühlt er sich hingezogen, zu anderen gar nicht. Sich hingezogen fühlen, ungemein stark, das ist ein zentrales Thema der Männerseele. Etwas »Inneres« in mir fühlt sich zu etwas hingezogen, das eben nicht in mir ist, sich also »außen« befindet. Sofort stellt sich die Frage, wer wen bestimmt bei der Anziehung, weil bestimmen bei der oder dem einen etwas mit zulassen, bei der oder dem anderen mit kontrollieren zu tun hat. Seelen sind Kommunikationsgenies. Auch Männerseelen, wenngleich es bei deren Kommunikation manchmal erheblich knirscht.

Der erste wichtige andere Mensch, dem wir begegnen, ist kein Mann. Sie ist anders in fast jeder Hinsicht. Sie fühlt sich anders an, sieht anders aus, und während ich bedürftig, hilflos bin, hat sie alles, was ich brauche. Deswegen gibt es lange Zeit nur diese Frau für mich. Und wenn sie im Lauf der Zeit in den Hintergrund gerät, werden andere, aber immer noch Frauen für die meisten Männer zum Mittelpunkt ihrer Welt. Tatsächlich? Vielleicht eher Zentrum ihres Begehrens. Dass ich eine andere Person zur Befriedigung meiner elementarsten Bedürfnisse brauche, eine andere, die mir nicht gehört, über die ich keine Macht habe und die ganz anders ist als ich selbst, diese unverstandene Ungeheuerlichkeit beherrscht die Seele vieler Männer und vergiftet sie viel zu oft.

Die Folgen – Gewalt in irgendeiner Form, Druck und Erpressung – ereignen sich täglich in Millionen von Familien, vor unseren Augen, und doch interessieren sie uns nicht besonders. Kreative Lösungen, mit dem Anderssein der Begehrten umzugehen, sind alles andere als selbstverständlich. Denn Verhalten folgt ausgelatschten Hauptwegen, vor allem, weil sich so Energie sparen lässt.

Doch manchmal passieren Wunder: Menschen entdecken andere Verhaltensmöglichkeiten, Alternativen, die plötzlich attraktiver als das Gewohnte sind. Auch wenn die der Gruppe erst fremd, bedrohlich erscheinen, machen es plötzlich alle. Das Wunder heißt Diversität, Vielfalt. Sie scheint uns vor allem dann akzeptabel, wenn sie uns anzieht. Plötzlich vergessen wir die Angst vor dem Anderssein, besonders, wenn die Überschreitung von tabuisierten Grenzen mit Lust einhergeht.

Die Möglichkeit, über Neues zu kommunizieren und uns schließlich auf Vielfalt einzulassen, macht unser menschliches Gehirn einzigartig. Seine Begabung zu Kooperation und Kommunikation ermöglichte es den Menschen, den Abstand zu den stärkeren und in vieler Hinsicht fitteren Primaten zu vergrößern, schließlich uneinholbar. Dieses Gehirn, der Sitz der menschlichen Seele, ist unser Schicksal, unsere Herausforderung und unsere Chance.

Dabei ist es keineswegs selbstverständlich, dass wir diese Chance nutzen; wenn uns das Erfolgskonzept des kommunikativen Austauschs mit der Welt zu viel Angst macht, bleibt uns die böse, alte Versuchung der Gewalt. Sie ist das große, immer noch aktuelle Problem vor allem der männlichen Seele.

Wider den Schlaf der Vernunft

Sie haben es wahrscheinlich schon bemerkt: Dies ist kein wissenschaftlicher, sondern ein subjektiver Text. Für mich ist das stimmig. Zum einen, weil die Realität Mann mich persönlich umtreibt, mich mit Zorn, Scham und gelegentlicher Verzweiflung erfüllt. Zum anderen, weil ich überzeugt bin, dass subjektive Beiträge nötig sind, wenn es um Männer geht. Solche und solche. Und dass diese diversen Meinungen geäußert werden müssen und nicht verschwiegen werden dürfen. Denkt man aber in diesem Zusammenhang gelegentlich über die Rolle der Wissenschaft in unserer Gesellschaft nach, ist es ein Ärgernis, wie wenig Solides gerade auf dem Gebiet des »Genderns« geforscht wurde, wie wenig wissenschaftliche Befunde es gibt.

Dass beide, Y- und X-Chromosomen, das Geschlecht beeinflussen, entdeckte Nettie Maria Stevens vor etwa 120 Jahren.[11] Die Beauvoir publizierte ihre Behauptung, dass die gesellschaftliche Realität des »zweiten« – und damit natürlich auch des ersten – Geschlechts auf kultureller und sozialer Prägung beruhe, vor über 70 Jahren.[12] Aber in der Zwischenzeit schien es niemanden zu interessieren, einen sinnstiftenden Dialog zu diesem Thema zwischen Natur- und Sozialwissenschaften zu führen. Dieser Schlaf der Vernunft, der wahrscheinlich nur auf Desinteresse in den männerdominierten oberen Wissenschaftsetagen beruhte, ließ Monster schlüpfen wie die beim besten Willen nicht anders als bizarr zu bezeichnende Diskussion über die neuzeitliche Bedrohung von Männern, Kultur und Zivilisation – als sei das alles eins – durch das Gendern.[13] Auch wenn sie sich nicht auf das Niveau von Victor Orbán oder mancher katholischen Bischöfe herablassen wollen, halten erstaunlich viele Männer die Äußerung Judith Butlers für Teufelswerk, dass »alle Menschen in dem Geschlecht leben können [sollten], das am besten zu ihnen passt«[14]. In welchem denn sonst?

Ich habe lange über die möglichen Wurzeln dieser mir grotesk und unverständlich erscheinenden Standpunkte nachgedacht. Inzwischen vermute ich, dass solche Männer die individuelle Wahlmöglichkeit über Befinden und Wohlergehen als Widerspruch zum grundlegendsten Recht der Männer erleben: zu entscheiden, was passt und was nicht.

Männer dominieren unsere Zivilisation

In unserer Gesellschaft spielen Männer eine wichtige Rolle, sie beherrschen das Leben, dominieren. Männermacht prägt unsere Welt. Ein paar Frauen, die bei allem, was sie äußern oder tun, unter kritischer Beobachtung stehen, ändern daran nichts. Man könnte wohl sagen: Männer verdunkeln quasi die Sonne.

Haben Sie schon mal eine Sonnenfinsternis erlebt? Man sieht nicht richtig klar, die Stimmung verändert sich, irgendwie wird man fast schwermütig. Was auch den Umgang mit dominierenden Männern beschreibt, denen eine seltsame Düsternis anhaftet. Bei vielen weiß man nicht, woran man mit ihnen ist. Auf den folgenden Seiten stehen nur Männernamen, völlig willkürlich ausgewählt, von allem etwas. Machen wir einen kleinen Psychotest: Schauen wir die Namen vorsichtig an und überlegen wir, was wir über jeden dieser Männer wissen. Sie werden sehen: Es gibt fraglos gute, genauso fraglos schlechte und dann gibt es jede Menge, bei denen die Zuordnung schwerfällt oder bei denen sich unsere Einschätzung im Lauf der Jahre vollkommen geändert hat.

Adam, Josef Ackermann, Konrad Adenauer, Alfred Adler, Theodor W. Adorno, Woody Allen, Salvador Allende, Idi Amin, Jassir Arafat, Arminius, Baschar al-Assad, Marc Aurel, Oliver Bäte, Claudio Baglioni, Steve Bannon, Daniel Barenboim, Baudouin I., Franz Beckenbauer, Gerold Becker, Bertold Beitz, Walter Benjamin, Gottfried Benn, Jeff Bezos, Otto von Bismarck, Ernst Bloch, Norbert Blüm, Jan Böhmermann, Heinrich Böll, Nils Bohr, Jair Bolsonaro, Usain Bolt, Karl Bonhoeffer, Willy Brandt, Richard Branson, Bernard große Broermann, Ignaz Bubis, Michelangelo Buonarroti, Gerd Bucerius, Gautama Buddha, George Bush, Julius Caesar, Enrico Caruso, Sergiu Celibidache, Theodore McCarrick, El Chapo, Richard Cheney, Alain Chouraqui, Nikita Chruschtschow, Winston Churchill, Bill Clinton, Michael Cohen, Bill Cosby, Jeff Corbyn, Kay Diekmann, Hermann Dietzfelbinger, Charles Dickens, Mathias Döpfner, Placido Domingo, Karlfried Graf Dürkheim, Olivier Duhamel, Rodrigo Duterte, Friedrich Ebert, Ludwig Ehrhard, Adolf Eichmann, Dwight D. Eisenhower, Kurt Eisner, Friedrich Engels, Recep Tayyib Erdoğan, Pablo Escobar, A. von Finck, Joschka Fischer, F. Scott Fitzgerald, Friedrich Flick, Friedrich II., Max Frisch, Henry Ford, Michel Foucault, Sigmund Freud, Jakob Fugger, Muammer al-Gaddafi, Bill Gates, Alexander Gauland, Charles de Gaulle, Kurt Gödel, Johann Wolfgang von Goethe, Gott, Hermann Göring, Günther Grass, Alan Greenspan, David Ben-Gurion, Jürgen Habermas, Peter Handke, Robert Habek, Georg Friedrich Wilhelm Hegel, Werner Heisenberg, Hartmut von Hentig, Ernest Hemingway, Sepp Herberger, Rudolf Hess, Theodor Heuss, Dieter Hildebrand, Heinrich Himmler, Min Aung Hlaing, Uli Hoeneß, Erich Honecker, Robin Hood, Alexander von Humboldt, Innozenz IV., Michael Jackson, Xi Jingping, Emil Jannings, Steve Jobs, Carl Gustav Jung, Ernst Jünger, Lech Kaczinsky, Herbert von Karajan, Karl der Große, John Fitzgerald Kennedy, Imran Kahn, Immanuel Kant, Kurt Georg Kiesinger, Steven King, Henry Kissinger, Kurt Kistner, Franz Klammer, Fritz Kortner, Harald Krüger, Helmuth

Kohl, Emil Kraepelin, Bruno Kreisky, Osama Bin Laden, Dalai Lama, John Lasseter, Bernard Francis Law, Heinrich Maria Ledig-Rowohlt, James Levine, Abraham Lincoln, Erich Ludendorff, Alexander Lukaschenko, Patrice Lumumba, Martin Luther, Heiko Maas, Emmanuel Macron, Nicolas Maduro, Harold Macmillan, Luigi di Maio, Sigfried Mauser, Mitch McConnell, Robert McNamara, Mischa Maisky, Nelson Mandela, Lee Marvin, Karl Marx, Gabriel Matzneff, Friedrich Merz, Reinhold Messner, Slobodan Milošević, François Mitterand, Narendra Modi, Michel de Montaigne, Moses, Wolfgang Amadeus Mozart, Matthias Müller, Elon Musk, Benito Mussolini, Satya Nadella, Benjamin Netanjahu, Richard Nixon, Trevor Noah, Barack Obama, Christian Olearius, Yat-Sen Chang Oiva, Victor Orban, Franz von Papen, der Papst, Luciano Pavarotti, George Pell, Ferdinand Pietsch, Deng Xiaoping, Augusto Pinochet, Platon, Roman Polanski, Karl Popper, Pol Pot, Giacomo Puccini, Wladimir Putin, Walter Rathenau, Josef Ratzinger, Richard III., Maximilien de Robespierre, Auguste Rodin, Ernst Röhm, Theodore Roosevelt, Ernst Rüdin, Mohammed bin Salman, Matteo Salvini, Robert Sarah, Friedrich von Schiller, Frank Schirrmacher, Harald Schmidt, Helmut Schmidt, Arnold Schönberg, Olaf Scholz, Arthur Schopenhauer, Gerhard Schröder, Franz Schubert, Horst Seehofer, William Shakespeare, Alexander Solschenitsyn, George Soros, Kevin Spacey, Albert Speer, Carsten Spohr, Axel Springer, Josef Stalin, Franz Josef Strauss, Julius Streicher, Alfredo Stroessner, Shunryū Suzuki, Nassim Nicholas Taleb, der Teufel, Christian Thielemann, Peter Thiel, Josip Broz Tito, Arturo Toscanini, François Truffaut, Donald Trump, Peter Tschentscher, Mao Tse-tung, Desmond Tutu, Giuseppe Verdi, Hendrik Verwoerd, Leonardo da Vinci, Rudolf Virchow, Swami Vishnu, Hans-Jochen Vogel, Richard Wagner, George Wallace, Andy Warhol, George Washington, Dieter Wedel, Harvey Weinstein, Kayne West, Oscar Wilde, Wilhelm II., Rainer Maria Woelki, Irvin Yalom, Dieter Zetzsche, Martin Zielke, Marc Zuckerberg, Carl Zuckmayer.

Wie geht es Ihnen mit diesen Namen? Einige Lichtgestalten, einige Finsterlinge. Und dann gibt es viele, über die Sie nichts Genaues wissen, die Sie immer gut fanden, die aber heute im Zwielicht stehen, weil sie ins Gerede kamen. Berechtigt oder unberechtigt, schwer zu sagen. Mir ging es nicht anders. Oft haben Sie – und ich – Zwielichtigen die Treue gehalten, manchmal haben wir uns enttäuscht zurückgezogen – wir werden es gleich sehen. Gelegentlich sind Sie durch die Beschädigung Ihres Idols selbst in Mitleidenschaft gezogen worden. Mitleidenschaft hat mit Empathie zu tun und ob Sie es glauben oder nicht: Versucht man Männer zu verstehen, ist das ein zentraler Begriff.

Schauen wir uns ein paar von denen an, die mal als gut galten, ins Gerede kamen und jetzt als düster erscheinen.

Die Reformpädagogik des Hartmut von Hentig galt in den 1960er-Jahren als Leuchtturm in der Bildungslandschaft der Bundesrepublik. Bis heraus kam, dass sein Lebenspartner Gerold Becker, Direktor der den Idealen der Reformpädagogik verpflichteten Odenwaldschule, seine Pädophilie auslebte und nächtlich Internatsschüler »liebte«. Er hinterließ viele noch als Erwachsene schwer traumatisierte Schüler, aber sein Verhalten führte nie zu einem Strafverfahren.

Obwohl Becker die Ideale einer liberalen Pädagogik beschädigte und die Menschen enttäuschte, die nach der Nazizeit von besseren Erziehungszielen träumten, konnte Hartmut von Hentig in seinem Nachruf »unter ungebrochenem Schutzschweigen der liberalen Öffentlichkeit den Lebensgefährten Becker allenfalls als Opfer vorstellen, aber nie und nimmer als aggressiven Missbraucher«[1].

Da wären wir schon beim ersten zentralen Thema in fast allen Bereichen von Männerverfehlungen: Das Bewahren von Idealen durch Ausblenden störender Realität werden wir beim Missbrauch in Familien, von Klerikern, in Schulen, Internaten oder bei den Pfadfindern finden. Schon hier, ganz am Anfang, stellt sich die Frage, was Ideale wert sind, die auf dem Rücken anderer Menschen bewahrt werden.

John Lasseter, der Gründer des Trickfilmstudios PIXAR, aus dem diese tollen Filme kamen, die meine Kinder so liebten – »Toy Story«, »Findet Nemo«, »Cars«, »WALL-E« –, musste gehen, wegen »Übergriffigkeiten«. Er fand einen neuen Arbeitgeber, die Produktionsfirma Skydance, der ihm einige Millionen bot, damit er dort Chef werden wollte. Dafür ist dann Emma Thompson gegangen und erklärte ihren Abschied von Skydance mit einigen bemerkenswerten Sätzen: »Mir ist sehr bewusst, dass der über Jahrhunderte bestehende Anspruch auf die Körper von Frauen nicht über Nacht verschwinden wird, ob es ihnen nun gefällt oder nicht. Auch nicht in einem Jahr. Aber mir ist ebenfalls bewusst, dass Menschen, die sich wie ich klar positioniert haben, dazu stehen sollten. Sonst ist es sehr unwahrscheinlich, dass sich die Dinge in einem Tempo ändern, das geeignet wäre, die Generation meiner Töchter zu schützen.«[2]

Sollen meine Kinder seine Filme nun nicht mehr gut finden?

Damit sind wir beim nächsten wiederkehrenden Thema im Zusammenhang mit kreativen und dominanten Männern: Dürfen wir ein Werk nicht mehr gut finden, weil sein Schöpfer menschlich fies ist?

Richard Wagner war ein Prototyp dieser männergenerierten Ambivalenz: illoyal zu seinen treuesten Mitstreitern – seinem Stardirigenten Hans von Bülow spannte er die Frau aus, widerlich antisemitisch in seinen Schriften, obwohl Hermann Levi seine wichtigste Oper, den »Parsifal«, zur Uraufführung brachte –, undankbar gegen seinen Lebensretter und Wohltäter Ludwig II. von Bayern, gegen den er hinter seinem Rücken mit Bismarck intrigierte.[3] Schließlich wurde er von allen möglichen zwielichtigen Gestalten, mit denen Sie kein Bier trinken würden, als Vorbild propagiert, vor allem von den Nazis. Trotzdem finden viele integre

Menschen seine Opern unglaublich gut. Was verkörpert Wagner, dass er von so verschiedenen Menschen und Denkrichtungen für sich reklamiert wird?

Wie Alexander Ross zeigt, der eines der besten Bücher über Wagner geschrieben hat, ist dieser in vielen entscheidenden Fragen so unbestimmt und ambivalent, dass fast jeder daran andocken kann. Man kann sich mit dem machtgeilen Wotan wegen der ihn begleitenden fantastischen Musik identifizieren und eine reine Seele behalten, immerhin macht Wagner doch klar, dass Macht ein böses Ende nimmt. Seine »Helden« leben immer wieder das Drama des grenzüberschreitenden Mannes vor, das heute wirklich niemanden mehr interessieren müsste, aber er lässt diese Männer untergehen, die Natur (!) wird in ihre alten Rechte eingesetzt, und Wagner bleibt der Revolutionär, der er schon in seiner Jugend war.

Dieses Unbestimmte, Offene, das im Fall von Wagner Adolf Hitler begeisterte und gleichzeitig ermöglicht, dass Daniel Barenboim immer wieder faszinierende Interpretationen Wagnerscher Musik entwickelt, in Bayreuth und in Israel, dieses Unbestimmte ist geradezu idealtypisch für viele Männerrollen. Und es ist ihr Problem, denn in der realen Welt müssen wir uns festlegen. Schillernd dahinzuwabern, das ist nur geeignet für die Oper.

Einer, der vor allem mit Wagner viel Geld verdient hat, war James Levine: Gänzlich unsatirisch beschreibt Harald Martenstein[4], wie er als Journalist in einer Münchner Kulturredaktion mitbekam, dass der Dirigent auf eine wichtige Position im Musikleben Münchens berufen werden sollte. Gesprächsstoff war die offensichtlich bekannte Gier des international berühmten, aber noch nicht berüchtigten Musikers nach »kleinen Jungs«. Doch außer dem Stoßseufzer »Hoffentlich geht das gut!« zeigte niemand dem damals im Zenit seines Ruhms stehenden Stardirigenten die Grenzen, die in der bayerischen Metropole um die Jahrtausendwende eigentlich doch hätten vorhanden sein sollen. Ein ziemlich schwächliches »irgendwie«, wie wir wissen – spätestens seit dem Hochschwappen des Missbrauchsskandals in der Katholischen Kirche. Martenstein benennt einen wesentlichen Punkt, der die Zurückhaltung der Verwaltung gegenüber dem langjährigen Chefdirigenten erklärt: »Ich vermute, dass jeder, der damals ernsthaft dieser Spur nachgegangen wäre, in der Branche als Nestbeschmutzer dagestanden hätte.«[5]

Unheilige Netzwerke der Macht

Er vermutet wohl richtig und gibt gleich einen Hinweis zum Verständnis solcher Ungeheuerlichkeiten: Netzwerke von Männern setzen das Interesse des »Netzes« über die Moralvorstellungen der Gesellschaft und ermöglichen so das Ungeheuerliche. Ein ziemlich verbreitetes Phänomen. So garantierte etwa der Zusammenhalt seines Netzwerks aus guten Freunden dem Direktor der Münchner Musikhochschule Sigi Mauser auch dann noch seine »Festschrift«, als er wegen sexueller Nötigung zu einer Freiheitsstrafe verurteilt wurde.[6] Die betroffenen Frauen wurden in dieser Festschrift erwartungsgemäß totgeschwiegen.

Die Realität des Worts »totschweigen« (übrigens in unserem Zusammenhang ein Wort mit gefährlicher Doppeldeutigkeit, wie wir noch sehen werden) zelebrierten Netzwerke aus hochrangigen, vorwiegend evangelischen Geistlichen, Nazis, amerikanischen und britischen Geheimdiensten, die nach dem Zweiten Weltkrieg Naziverbrecher retteten und über die Toten schwiegen: Otto Ohlendorf, Leiter einer »Einsatzgruppe D«, »operierte« hinter der Front im Kaukasus und der Ukraine und wurde in einem der Nürnberger Prozesse wegen der Ermordung von 90 000 Menschen zum Tod verurteilt. Doch seine Hinrichtung verzögerte sich, weil hohe, vor allem evangelische Geistliche dagegen protestierten. Ein unheiliges Netzwerk, an dem der Vatikan eifrig mit gesponnen hat, ermöglichte es Naziverbrechern wie Josef Mengele, Adolf Eichmann oder Klaus Barbie, dem Schlächter von Lyon, über die »Rattenlinie« nach Südamerika[7] zu fliehen. Erstaunlich, wie Männernetzwerke unter der Beteiligung der Kirchen Ethik und Moral als irrelevant abtun! Auch die Aufarbeitung des Missbrauchs durch Kleriker in unserer Zeit scheint diesem Prinzip zu folgen.

Fast schon trivial ist die Verbindung der Männer zur Macht. Ständig, täglich, überall werden »Dinge« getan, die nicht getan werden dürften. Aber wir lassen sie geschehen, denn die Täter sind mächtig: Cosby war mächtig, Weinstein war mächtiger, Levine war »ein kulturelles Großunternehmen, viele verdienten viel Geld mit ihm«[8].

Die Macht entfaltet ihre eigene Dynamik, indem sie Privilegien schafft, die dem Mächtigen eine Sonderstellung geben. Im Umgang mit diesen Privilegien zeigt sich unsere eigene Verstrickung: Weil wir gerne unseren Anteil an den Berühmten und Dominierenden hätten, vielleicht ein wenig an ihrem Glanz teilhaben wollen, räumen wir ihnen Sonderrechte ein, die im Widerspruch zur Grundannahme der Gleichheit aller Menschen stehen. Und so kommt es, dass diese Privilegien demokratische Prinzipien außer Kraft setzen. Denn keineswegs nur die sexuellen Verfehlungen glamouröser Künstler, sondern auch Privilegien hervorragender Bürger entfalten gewaltige Wirksamkeit.

In der schönen Stadt Hamburg stellte sich kurz vor der Bürgerschaftswahl 2020 die Frage: »Warum ließ die Finanzbehörde der Hansestadt Millionenbeträge an Steuerrückzahlungen verjähren? Warum bot sie Warburg […] sogar einen Deal an, bei dem die Bank nur einen Bruchteil der wohl zu Unrecht ausgezahlten Steuern hätte zurückzahlen müssen?«[9] Na ja, es ist die Warburg Bank, der Inbegriff hanseatischer Würde, Tafelsilber vom Feinsten! Diese Bank hat der häufig klammen Hansestadt oft hilfreich unter die Arme gegriffen. Deswegen identifizieren sich zumindest viele der oberen Zehntausend der Hamburger Bürger mit ihr. Und ihre Oberen genießen Privilegien, an die ein Normalbürger nicht zu denken braucht, zum Beispiel, dass die Finanzbehörde eben mal die Rückzahlung von 47 Millionen Euro irgendwie »vergisst«.

Irgendwann halten wir es für ganz normal, einem besonderen Menschen auch besondere Vorrechte zuzugestehen. Mensch? Sagen wir Mann, denn privilegiert sind Männer. Und wenn wir einen Menschen/Mann erst mal über die anderen, über die Masse herausgehoben haben, klingelt unser inneres Alarmsystem nicht mehr, das Grenzüberschreitungen in freie, verdächtige Räume sonst seismografisch registriert. Uns fällt nicht mehr auf, dass uns niemals Steuern erlassen wurden, wir lassen geschehen, was wir jeder oder jedem Nichtprivilegierten mit Nachdruck verbieten würden. Nur weil der vermeintlich Besondere den Saum der Macht einmal berührt hat. Natürlich können in diesen Sphären von Genialität, Geld und Macht auch politische Repräsentanten, Beamte, selbst die Strafverfolger nicht einfach so tun, als stünden dieser Person nicht doch etwas andere Vorteile zu als Otto Normalbezahler. Gleichbehandlung käme in den Netzwerken dominierender Männer nicht gut an.

Sehen Sie das nicht so? Sie meinen, um diesen ollen Kram wollen Sie sich nicht kümmern? Viele dieser Geschichten sind ja schon so lange her. Stimmt! Bei der Arbeit an diesem Buch fiel mir auf, wie schnell wir vergessen! All diese Skandale haben einmal erhebliche Aufmerksamkeit erregt, beherrschten die Tages- und Wochenpresse. Dann werden sie vergessen. Viele der Namen auf der Seite der sonnenverdunkelnden Männer hatten es mal in die Schlagzeilen geschafft, und heute können wir uns kaum noch besinnen, was da war. Und mit unserer Erinnerung schwindet der Zweifel an der männlichen Dominanz und ihren offensichtlichen Schattenseiten, die wie ein roter Faden Geschichte und Gegenwart durchziehen.

Und doch gibt es einen Grund, nicht einfach zu vergessen. Die hier beschriebenen Männer, über deren Verhalten Sie die Nase gerümpft oder einfach nur die Achseln gezuckt haben, das sind nicht die »Bösen«, die durch einen tiefen Abgrund von uns »Guten« getrennt wären. Nein? Nein!

Wir wären gut beraten, unsere Fassung schnell wiederzugewinnen. Denn auch in uns steckt all das: das Böse, die Gewalt, die Faszination der Korruption, die immer als eine Option im Raum steht, wenn es um unsere Kumpel geht, unser Netzwerk, unser Geld. Dass unsere Weste – noch – weiß erscheint, verdanken wir oft den fehlenden Gelegenheiten. Ich finde das irritierend. Wie finden Sie es?

Das alles ist Deutschland, Europa, 21. Jahrhundert.

Auch wenn Sie vieles davon furchtbar empörend, widerwärtig finden. Es geht noch ganz anders.

Ich habe kürzlich mit Menschen gesprochen, die sich um Flüchtlinge kümmern. Was sie erzählen, wollen Sie nicht hören. In jener Welt muss man es fast noch als Gnade bezeichnen, wenn eine Frau nur von einem Mann vergewaltigt worden ist. Diese Welt ist nicht weit weg, manchmal fliegen wir im Urlaub dorthin oder zumindest darüber hinweg. Ich sag es mal direkt: An vielen Orten unserer Welt findet ein Krieg gegen Frauen statt. Religion mildert diesen Krieg nicht, sondern macht ihn schlimmer.

Die dunkle Seite der Männer – sexualisierte Gewalt an Kindern

Die Attacken gegen das Patriarchat werden von Frauen geführt, Feministinnen bilden die Front gegen die dominierenden Männer. In dieser Diskussion bleiben die auf der Strecke, die in unserer Gesellschaft ohnehin kaum öffentlich gehört werden und sich nicht artikulieren dürfen: die Kinder. Geschwiegen wird über die ihnen angetane sexualisierte Gewalt. Die einzige öffentliche Diskussion findet zum Missbrauch der katholischen Kleriker statt. Auch wenn das berechtigt ist, kann die zahlenmäßig den Missbrauch der Kleriker weit überschreitende sexualisierte Gewalt in den Familien dadurch natürlich nicht »erledigt« werden. Vor allem gibt es keine Hinweise, dass es den in normalen Familien misshandelten Kindern helfen würde, wenn die katholische Kirche einen Weg gefunden hätte, künftigen Missbrauch zu verhindern.

Kindesmissbrauch: »Die Hölle, das sind Papa und Mama«

Kindesmissbrauch ist durch alle Medien gegangen, oder besser gesagt, er geht ständig durch alle Medien. Fragen wir also zunächst versuchsweise nüchtern: Was ist mit Kindesmissbrauch gemeint? Wie häufig kommt er vor? Wie kommt es dazu?

Fangen wir bei der Begrifflichkeit an. Der Begriff »Missbrauch« ist irreführend, denn wie der Frankfurter Sexualmediziner

Volkmar Sigusch betonte, setzt er die Annahme eines »normalen Gebrauchs« voraus.[1] Doch schon unser Verständnis von einvernehmlicher Sexualität zwischen Erwachsenen lässt sich nur schwer mit der Formulierung »normaler Gebrauch« in Einklang bringen, obwohl das in manchen Ehen vielleicht so läuft. Und definitiv widerspricht es unserem normalen gesellschaftlichen Konsens, Kinder »normal sexuell zu gebrauchen«. So wie es auch keinen normalen Gebrauch von Sexualität zwischen Patientinnen und Therapeuten geben dürfte. Doch all diese »Dinge« gibt es, und ich verwende den Begriff Missbrauch, weil er die heutige Diskussion geprägt hat und prägt. Der Begriff umfasst sexuelle Handlungen mit Kindern, den Zwang, Kinder sexuelle Handlungen miterleben zu lassen, physische Gewalt, also Schläge gegen Kinder, mit oder ohne Sexualität und die seelische Überforderung von Kindern, indem sie in schwere seelische Auseinandersetzungen von Erwachsenen hineingezogen werden, denen sie nicht gewachsen sind. Auch schwere Vernachlässigung gehört dazu

Missbrauch geschieht zwischen Vätern oder Vaterfiguren und Kindern, häufig, aber nicht immer, unter Mithilfe der Mütter. Aufgrund ihrer reichhaltigen Erfahrungen mit Kindern, die von ihren Eltern traumatisiert werden, formuliert die Hamburger Gerichtsmedizinerin Dragana Seifert: »Die Hölle, das sind Mama und Papa.«[2]

Missbrauch geschieht also in Familien[3] durch Väter, Stiefväter, Großväter, Onkels. Als mir die erste Patientin erzählte, sie sei im Alter von vier Jahren von ihrem ansonsten sehr liebevollen Großvater vergewaltigt worden, wollte ich es nicht glauben: Mit einem so kleinen Kind kann man doch keinen Sex haben! Doch, Mann kann. Es gibt alles, jede Art von Sex mit kleinen, kleinsten Kindern, aber natürlich auch mit größeren. Ihre persönlichen Vorstellungen von Geschmack und Anstand und erst recht Ihre moralischen Regeln beeinflussen lediglich Ihren Blick auf die Wirklichkeit, nicht diese Wirklichkeit selbst. Der erste Schritt auf dem Weg zum Besseren wäre es, wenn wir alle unsere Sicht von der positiven Beschaffenheit unserer Gesellschaft wenigstens gelegentlich kritisch hinterfragen würden. Auch wenn es eigentlich zum Kotzen ist. Gehen Sie davon aus, dass Erbrechen für diese Kinder noch die harmloseste Reaktion wäre.

Das Folgende werden Sie wohl nicht verstehen: Sehr oft lieben die Opfer ihre Täter. Doch die Erklärung ist eigentlich ganz einfach. Weil sie in einem grenzüberschreitenden, verletzenden Umfeld aufwachsen, kennen diese Kinder nichts anderes. Da aber niemand, und schon gar nicht ein Kind, ohne Nähe auskommt, sucht es die zum Täter. Nähe zwischen Eltern und Kindern ist normal, Nähe und Wärme sind Ausdruck von Zuneigung und werden als Grundlage normaler Entwicklung angesehen. Nähe ist in erster Linie körperlich, umarmen, knuddeln. Bis sie zu weit geht:

»Wie fing es an? […] Wie rutscht einer über die Grenzen des Erlaubten? Wie zerstört einer ein Tabu, das im Kern unserer kollektiven DNA codiert ist? Die Antwort ist: langsam, Schritt für Schritt. […] Ich war stolz, ein sehr moralischer Mann zu sein. Ich erzog alle meine Kinder streng, damit sie großzügig und respektvoll zu anderen sind. Man könnte sagen, zwischen dem, zu dem ich mit Dir wurde und meinem Selbstbild, da war ein tiefer Abgrund.

Es fing einfach an, eingebettet in die Normalität. Wir hatten ein Spiel. ›Wo hat sich meine Evi versteckt?‹ […] ›Oh da ist sie ja! Da ist mein Schätzchen. Aber ich weiß gar nicht, ob sie ihren Papa noch liebhat.‹ Und Du hieltest mein Gesicht in Deinen Händen, küsstest mich über und über auf Wangen und Stirn. ›Ich habe Dich lieb, Papa‹ Und Du hast Deinen ganzen Körper um meinen geschlungen, hast Deine Wangen an meinen gerieben, wie ein heißes, wildes Kätzchen […]

Doch eines Tages ging ich zu weit und wartete zu lange und Du wurdest ganz verzweifelt, warst untröstlich, spürtest eine tiefe

Ur-Angst [...] und ich weiß nicht, was dann geschah. Vielleicht war ich erschüttert, wie tief Deine Bindung an mich war [...] Nie hatte jemand vorher um meine Aufmerksamkeit gebettelt [...] Da war der Schatten-Mann plötzlich da. Und überschritt da und damals die Schwelle der Sünde.

Die Hände streichelten langsam und liebkosend über Deine Brust, es war so leicht, Deine kleinen Brustwarzen zu erregen [...] er wollte es, dann langsam, und zielgerichtet nach unten [...] Ich weiß, ich hätte aufhören sollen. Ich weiß, das war schrecklich falsch, aber ich machte weiter. Ich war ein zweiundfünfzigjähriger Mann mit einem fünf Jahre alten Kind [...] Du hörtest auf zu weinen. Meine Berührung war vergiftete Medizin [...] Ich hielt Dich auf meinen Schoß und alle Grenzen schmolzen weg.«[4]

Sie denken vielleicht: schrecklich, aber endlich bekennt sich ein Mann! Sie denken falsch. Dieser zutiefst irritierende Text stammt aus *The Apology*. Da »Männer sich nicht entschuldigen«[5], hat die Autorin Eve Ensler getan, was sie sich immer von ihrem Vater gewünscht hat, aber nie bekam: Sie hat ihm die Entschuldigung in den Mund gelegt, die ihr Vater vor seinem Tod hätte schreiben sollen, aber nie geschrieben hat.

Sie versetzt sich in ihn hinein. Unmöglich? Keineswegs! Wahrscheinlich kennt niemand die Täter so genau wie ihre einstmals kindlichen Opfer.

The Apology ist Fiktion. Aber eine absolut realistische, die ein Leid beschreibt, das Millionen von Kindern auf der Welt zugefügt wird. Viele Details habe ich in der Schilderung ihrer Kindheit von Frauen gehört, die mit der Diagnose »Persönlichkeitsstörung« zu mir kamen. Diagnosen sind prinzipiell neutral, beschreibend. Diese Diagnose ist aber trotz ihrer wissenschaftlichen Grundlage häufig stigmatisierend, weil sie den Opfern – auch dieser Begriff ist stigmatisierend – die Störung der Täter anhängt. Enslers Kunstgriff, die Entschuldigung eines Täters zu schreiben, verhindert die übliche männliche Abwehr und lässt uns in Abgründe sehen, von denen wir nie etwas wissen wollten.

Wie geht es Ihnen als Mann mit diesem Text?

Mich hat er verunsichert. Die detaillierte Beschreibung, wie dieser Vater sich Schritt für Schritt der Grenze näherte, die er schließlich überschritt, lässt eine Distanzierung kaum zu. Am Ende steht unabweisbar die Frage: Hätte mir das auch passieren können? Mir, der ich ein so gutes, inniges Verhältnis zu meinen Kindern habe? Und wie sieht es bei Ihnen aus? Und wenn Sie das als Ehefrau lesen? Ein wesentlicher Teil der Irritation liegt in der sich auflösenden Sicherheit: Wenn es um männliche, um sexualisierte Gewalt geht, gibt es keine Sicherheit mehr. Und gilt das potenziell auch für mich, für Sie?

Ja, und wo war die Mutter? Wie geht es in diesen Familien zu?

Zeit für ein paar Einsichten[6]:

Der geliebte und allzu liebevolle Vater/Opa/Onkel macht mit dem Kind in trauter Zweisamkeit etwas, das es nicht versteht, das in ihm seltsame unbekannte Gefühle erweckt. Was kann ein kleines Kind in so einer Situation machen? Es könnte sich vertrauensvoll an seine Mutter wenden.

Doch die ist nicht die Selbstbewussteste, hatte auch eine schwere Kindheit und reagiert anders, als Sie sich das vorstellen: »Was? Mein Mann/Vater/Bruder? Du spinnst ja, sag so etwas nicht noch mal!« Sie verleugnet die erlebte Realität des Kindes und schützt dadurch den Täter. Manche Mütter sind auch noch eifersüchtig, was sie am Kind auslassen. Andere schauen und hören einfach weg. Die Rolle der Mütter in Missbrauchskonstellationen ist nur selten unterstützend.

Wenn der Täter davon Wind bekommt, dass das Kind redet, hat es sich mit liebevoll; jetzt droht auch er: »Wenn du darüber redest, muss ich ins Gefängnis, wir verlieren unser Haus« oder gleich die aggressive Variante: »Ich schneide dir die Zunge raus«

(wenn sie oder er[7] viele Jahre später in Therapie darüber redet, tut die Zunge weh, als wenn sie rausgeschnitten würde) oder: »Ich zünde das Haus an, ich bring dich um!«.

Nur eine kleine Auswahl wohlgemerkt. Das so behandelte Kind bekommt furchtbare Angst, die in Beziehungssituationen für viele Jahre immer wieder auftaucht, und entwickelt intensive Schamgefühle: »An mir muss etwas so Übles sein, dass mein Vater so etwas mit mir macht, mich vergewaltigt, schlägt, misshandelt – ich bringe Unglück über unsere Familie, ich bin falsch.« Wenn sie/er später tatsächlich einen Therapieplatz bekommen sollte – niedergelassene Therapeuten sind von diesem schwierigen Klientel oft alles andere als begeistert –, wird sie/er sagen: »Wenn ich mich anders verhalten hätte, hätte ich eine schöne Kindheit gehabt.« Therapeuten nennen das »traumatische Invalidierung«, zu Deutsch: ein tiefes, kaum korrigierbares Entwertungsgefühl.

Natürlich gibt es auch Mütter, die beim ersten Hinweis für einen Missbrauch ihres Kindes durch einen Mann in der Familie Kinder und ihre Habe zusammenpacken, ins Frauenhaus ziehen und den Täter anzeigen. Vorausgesetzt, im Frauenhaus ist Platz. Mir geht es nicht darum, Mütter zu diffamieren. Sie sind nicht die Ursache des Übels.

Und natürlich gibt es auch Frauen, die Kinder missbrauchen.

Vorsicht Privatsphäre! Häusliche Gewalt gegen Frauen und Kinder

Als ich dieses Kapitel schrieb, war die Welt gerade fest im Griff der zweiten Welle von Covid-19. Schon beim Ausbruch der Pandemie im Februar 2020 wurde in der Presse Erstaunliches berichtet, was eigentlich niemanden überraschen konnte: In der Corona-Krise zeigen Berichte, »dass in […] Ländern, in denen solche Maßnahmen schon ergriffen wurden, die Fälle häuslicher Gewalt gegen

Frauen gestiegen sind. Allein in Wuhan […] hat es dreimal mehr Anfragen gegeben im Vergleich zu der Zeit vor Beginn der Isolationsmaßnahmen in China. […] In den vergangenen Tagen ist es auch in Spanien […] zu versuchten Tötungen zwischen Partnern, die sich in der Quarantäne befinden, gekommen. Daher gehen auch wir davon aus, dass in Deutschland die häusliche Gewalt gegen Frauen ebenfalls zunehmen wird«[8].

Wo kann sich die männliche Stärke auch heute in unserer weitgehend befriedeten Gesellschaft ungehindert entfalten? In der geschützten Beziehung zwischen Liebenden und Partnern, in der Familie. Auch wenn dieser Aspekt vermutlich nicht Ihrer Vorstellung von Liebe in der Familie entspricht. Doch genau das ist das Problem. Wir blenden aus oder halten es für pathologische Sonderfälle, wenn sich Gewalt in Beziehungen und Familien manifestiert, und wir »erblinden« lieber, als dass wir aus dem Offensichtlichen Handlungskonsequenzen ableiten.

Handlungskonsequenzen? Ach ja, die Frauenhäuser! Die Journalistin Antje Joel fragt nachvollziehbar wütend: »Warum tun Politiker auch hierzulande so, als sei häusliche Gewalt in erster Linie ein privates Problem? […] Die Fallzahlen sind nahezu unverändert, seit 40 Jahren […] An dem akuten Anstieg sei die Corona-Krise schuld. Als sei es das Virus, das zuschlägt. Als seien es nicht Männer […] Laut Istanbuler Konvention muss die Bundesregierung 21 400 Plätze in Frauenhäusern anbieten. Es gibt gerade mal 6800 Plätze.«[9]

Ich, Mann, hatte noch nichts von der Istanbuler Konvention[10] gehört, immerhin eine völkerrechtliche Konvention des Europarats, aus der übrigens die Türkei zum 1. Juli 2021 wieder ausgestiegen ist. Inzwischen habe ich gelernt, dass sich die Zahl der Europa-Abgeordneten, die gegen eine so selbstverständliche und offensichtlich nötige Konvention sind, bei der Wahl 2019 verdoppelt hatte. Diese waren vorwiegend Männer, die beispielsweise der Lega von Matteo Salvini angehörten. Aber dahinter steht ein wesentlich größeres internationales Netzwerk mit prominenten Akteuren.[11]

Zuständig für die Frauenhäuser wären die Familienministerin und – wegen des Geldes – natürlich der Finanzminister. Als ich das schrieb, waren das Franziska Giffey und Olaf Scholz, beide SPD. Letzterer mobilisierte enorme Summen, um die zweifellos dramatischen Folgen der Pandemie abzuschwächen. Die Lufthansa, ein, wie man googeln kann[12], weit überwiegend männergeführtes Unternehmen, bekam 9 Milliarden Euro. Was das Unternehmen in der Folge nicht hinderte, im großen Stil Mitarbeiterinnen und Mitarbeiter zu entlassen. In diesem Zusammenhang sollte man nicht vergessen, dass die Lufthansa börsennotiert ist und ihre finanziellen Gewinne den Aktionären zugutekommen, nicht etwa den deutschen Steuerzahlern. Unsachlich? Zugegeben. Aber diese unangebrachte Unsachlichkeit drückt vielleicht meine Fassungslosigkeit aus, dass man das Geld der Aktionäre rettet und für die »Kleinen«, unter die ich hier mal die Frauen subsummiere – *so sorry*, nichts ausgeben will.

Da nimmt es sich doch geradezu rührend aus, dass das Frauenhaus Singen von privater Hand drei Fahrräder geschenkt bekam.[13] Mit denen können Singener Frauen ihren Peinigern wenigstens davonradeln.

Wir sehen jetzt, was wir längst gewusst haben könnten: Gewalt durch Männer gegen Frauen und Kinder ist ein internationales Phänomen. Selbst wenn den meisten Westlern Wuhan erst seit Corona ein Begriff ist, gilt auch an diesem und vielen anderen fernen Orten, dass Frauen und Kinder durch den pandemiebedingten Einschluss in eine kritische, lebensvergiftende und lebensbedrohliche Situation kommen können, schlicht deswegen, weil sie ihren Männern und Vätern nicht ausweichen oder weglaufen können.

Wir sehen weiter: Die sogenannte »Privatsphäre«, also geschützte Räume, die wir für Zweierbeziehung und Familie geschaffen haben, lässt Intimität zu, ermöglicht aber eben auch intime Gewalt. Diese in unserer Gesellschaft von allen immer und fast zu jedem Preis für schützenswert gehaltene Privatsphäre – denken Sie nur an den Datenschutz – verhindert Hilfe, wenn Männer ihr schlagkräftigstes Argument, die größere körperliche Stärke, hervorholen.

Jeder siebte männliche Bundesbürger ist ein Täter[14]

18 Prozent der Frauen und 7,6 Prozent der Männer sind weltweit als Kinder missbraucht worden.[15] Vielleicht geht es Ihnen wie mir: Als ich die Zahlen zum ersten Mal las, wollte ich sie nicht glauben, obwohl ich durch die Probleme von Patientinnen und Patienten doch vorgewarnt war. Nein, die Daten sind nicht *fake,* und *news* sind sie schon gleich gar nicht: Das alles ist schon lange bekannt. Diese Meta-Analyse wurde 2011 veröffentlicht; sie basiert auf 217 Veröffentlichungen zwischen 1980 und 2008, untersucht wurden 331 unabhängige Gruppen, die Studie umfasste insgesamt 9 911 748 Probanden. Eine solch solide Zahlenbasis finden Sie nur selten!

Das Fazit: Rund um die Welt, in allen Erdteilen werden Kinder und Jugendliche aller Hautfarbe Opfer sexuellen Missbrauchs. Es gibt Unterschiede: In Afrika, Australien und Nordamerika sind die Zahlen für Mädchen besonders hoch, in Asien sind sie am niedrigsten, Jungen werden in Afrika und Südamerika am häufigsten missbraucht, und Europa liegt irgendwie dazwischen.

Missbrauch ist globalisiertes Männerverhalten.

Hierzulande sind mehr als jedes fünfte Mädchen, fast jeder dreizehnte Junge betroffen. Haben Sie Kinder? Gehen Sie im Geiste mal die Klassenkameraden durch: 35 Kinder, von denen sieben Mädchen und drei Jungen eine Missbrauchsgeschichte haben oder haben werden! So häufig!

Aber das Wichtigste kommt erst noch: Niemand kann sich selbst sexuell missbrauchen. Diese Zahlen reflektieren also die Menge der Täter. Die werden aber gar nicht identifiziert, sondern leben namenlos und unerkannt unter uns. Und begehen weiter ihre Taten. Warum auch nicht? Es zieht sie ja niemand zur Rechenschaft.

Sie verbergen sich in der Menge der unbescholtenen Bürger, jedenfalls in der Regel, denn eine Verurteilung wegen einer der Varianten von kindlichem Missbrauch ist sehr, sehr selten. In einer Zeit, in der wissenschaftliche Daten nicht selbstverständlich akzeptiert werden, weil man sich die Wirklichkeit lieber nach dem Gusto des eigenen Ego zurechtbiegt, kommt gerne der Einwand, diese Zahlen müssten doch wohl viel zu hoch sein, alles werde maßlos übertrieben etc. Obwohl vielleicht die Frage angebracht wäre, wer denn bitte ein Interesse an Übertreibung haben sollte, gehe ich im Folgenden von den niedrigsten Zahlen aus:

13,5 Prozent Mädchen, 5,6 Prozent Jungen, gesamt 19,1 Prozent, in Europa. Da es sich um ein globales Phänomen handelt, sollten Sie vielleicht doch nicht ganz ausblenden, dass die Zahlen für die im Allgemeinen durchaus mit uns für vergleichbar gehaltenen Gesellschaften der USA bei 20,1 bzw. 8,0 Prozent oder Australiens bei 21,5 bzw. 7,5 Prozent liegen.[16] Wie komme ich von diesen Zahlen der Opfer zu denen der Täter?

Aus der bundesdeutschen Bevölkerungsstatistik ergibt sich Folgendes: 2019 waren von den rund 83 Millionen Einwohnern 41 038 000 Männer[17]. Männer unter 20 (7,89 Millionen) und über 80 (2,16 Millionen)[18] habe ich als potenzielle Missbrauchstäter ausgeschlossen; das ist nicht korrekt, soll aber dem Einwand begegnen, dass alles maßlos übertrieben werde. Als solide Schätzung bleiben 30 988 000 Männer als potenzielle Täter übrig.

Die nächste Annahme, dass zu jedem Täter nur ein Opfer gehöre, ist nicht korrekt, lässt sich aber nicht korrigieren, weil für den familiären Bereich exakte Zahlen fehlen; bei den Klerikern hat ein Täter zwischen 2,5 und 4,7 Opfer[19], aber diese Zahlen lassen sich kaum auf die Situation in Familien beziehen.

Mit diesen Einschränkungen ergibt sich: Wenn 30 988 000 potenzielle Täter in 19,1 Prozent Opfer generieren[20], müssen hier unter uns mindestens 5 918 708 Täter leben, in Hamburg *129 667*. Berlin oder München können Sie entsprechend berechnen. Oder anders ausgedrückt: *Jeder siebte männliche Bundesbürger zwischen 20 und 80 ist ein Täter.*

Wahrscheinlich sind diese Männer über alle Schichten verteilt, es sind äußerlich normal erscheinende Männer, jedenfalls gibt es keinerlei Hinweise, dass alle missbrauchenden Männer etwa nur aus der sogenannten Unterschicht kämen oder beispielsweise schwere Alkoholiker wären. Missbrauch kommt in guten wie in benachteiligten Familien vor.

Wie geht es Ihnen mit diesen Zahlen?

Vielleicht sind Sie ein Mann und denken jetzt, das könne doch gar nicht sein. So ging es mir auch. Warum eigentlich? Weil wir, Sie und ich, von Männern ein im Grunde positives Bild haben. Wir und durchaus auch viele Frauen sehen uns positiver. Wir hätten die Welt gerne heil.

Deshalb habe ich wieder und wieder nachgerechnet. Die Zahlen sind abstrakt. Aber wenn Sie sich vorstellen, jeder siebte, der Ihnen beim Spaziergang um die Alster oder im Englischen Garten begegnet, jeder siebte in der U-Bahn, beim Elternabend, in der Elbphilharmonie oder in der Allianz-Arena – wie heil kann die Welt dann noch sein? Kein Wunder, dass es für Opfer überhaupt keine vertraute Welt gibt.

Vielleicht sind Sie ja selbst ein Täter? Nein! Da könne ich ganz sicher sein? Eher nicht. Diesen Zahlen schließen Sicherheit aus.

Auch wenn es Ihnen schon reicht, ist das noch nicht alles.

»Penis lecken schmeckt nicht!« –
18 Jahre kein Anfangsverdacht in Lügde

Die 18 Prozent der Frauen und die 7,6 Prozent der Männer wurden als Kinder nicht nur in der Familie missbraucht. Das wissen wir, weil der sexuelle Missbrauch in den Familien zwar weiterhin unter dem Lichtkegel politischer Aufmerksamkeit bleibt, aber das, was man »Kinderpornografie« nennt, inzwischen viel öffentliche Aufmerksamkeit bekommen hat.

Eine kurze Darstellung der Geschichte von Lügde: [21, 22, 23, 24, 25]

»Mama, Penislecken schmeckt nicht!« Was würden Sie machen, wenn Ihre Tochter so etwas sagt? Sie finden das widerwärtig? Ja, ich auch! Aber ein Grund, dass die Dinge so laufen, wie sie in Lügde gelaufen sind, liegt in unserem Unwillen, uns mit Widerwärtigem auseinanderzusetzen, in unserer Unfähigkeit, Kindern zuzuhören und sie ernst zu nehmen.

Warum suchte das Mädchen bei ihrer Mutter Hilfe, übrigens 18 Jahre, bevor ein Urteil gesprochen wurde? Die Tochter hatte Ende der 1990er-Jahre auf dem Campingplatz von Lügde Kontakt zu einem »netten Mann«. Andreas V. scharte Kinder um sich, versprach ihnen Freizeitaktivitäten, Süßigkeiten und Reiten auf seinem Pony. Als sie ihrer Mutter berichtete, was sie quasi als Gegenleistung machen sollte, war die alarmiert und verbot ihrer Tochter, dort wieder hinzugehen. Und sie fragte beim Leiter des Campingplatzes nach. Doch der wollte für »Addi« seine Hand ins Feuer legen: Der war ein gern gesehener Bewohner auf dem Campingplatz »Eichwald« in Lügde/Nordrhein-Westfalen.

Anscheinend ist es so: Wenn ich einen Mann für einen netten Kerl halte, für einen Kumpel, wenn er zu meinem Rudel, meiner Gruppe, meiner Gang gehört, dann ist er in Ordnung, unbesehen. Da ist die düstere Seite wieder einer männlichen Spezialität, des »Netzwerkens«. Meinen Kumpanen vertraue ich so, dass ich sogar

eine verkohlte Hand in Kauf nehme. Deswegen konnte der Dau-
ercamper Andreas V. Kinder in seine Behausung auf den Campingplatz locken und dort sexuell missbrauchen. Zwei Jahre später beschrieb die Mutter die Situation auf dem Campingplatz aus
einem anderen Anlass auch der Polizei, die der Staatsanwaltschaft
die Informationen weiterleitete. Doch der zuständige Staatsanwalt entschied sich, dieser Spur nicht zu folgen. Dazu erklärte ein
Oberstaatsanwalt Ulrich Bremer von der Staatsanwaltschaft Köln:
»Die vagen Vermutungen, die die Mutter zunächst mal in Richtung des Unbekannten vom Campingplatz geschildert hat, haben
eben aus Sicht der Staatsanwaltschaft nicht ausgereicht, um eben
[einen] Anfangsverdacht zu begründen.«[26]

Unter Justiz.nrw.de findet sich die Erklärung, was ein Anfangsverdacht ist: »Anfangsverdacht liegt vor, wenn sich zureichen-
de tatsächliche Anhaltspunkte für eine Straftat ergeben (§ 152
Abs. 2 StPO).«[27] Er ist erforderlich, damit die Staatsanwaltschaft ein
Ermittlungsverfahren einleitet. Nach Auffassung des Oberstaatsan-
walts war also der Satz »Mama, Penislecken schmeckt nicht« eine
vage Vermutung, die keinen Anfangsverdacht begründete.

Ist es »vage«, wenn ein kleines Mädchen, das keinerlei Erfahrung mit erigierten Männerschwänzen haben sollte, so einen Satz
sagt? Es geht ja nicht um Puppen, Stofftiere, Prinzessin Lillifee,
die bevorzugten Süßigkeiten. Vielleicht hat der Staatsanwalt von
der Ausdruckweise kleiner Kinder keine Ahnung? Hier beginnt
man zu verstehen, warum der Berliner Fachstaatsanwalt Sebastian
Büchner »eine Reihe von Verbesserungsmaßnahmen auf Ermittler-
seite an[regt]: Polizisten, Staatsanwälte und Richter sollten besser
aus- und regelmäßig fortgebildet werden. Die Staatsanwaltschaft
sollte die Möglichkeit bekommen, Betroffenen eine psychosoziale
Prozessbegleitung beizuordnen. Richterliche Videovernehmun-
gen, die Mehrfachbefragungen und damit Retraumatisierungen
verhindern, sollten regelmäßiger durchgeführt werden – gesetzlich verankert ist dieses Instrument bereits«[28].

Tja. Warum auch immer, die schweren Delikte in Lügde wurden über 18 Jahre nicht aufgeklärt. Deswegen ging die Geschichte leider noch weiter.

2008 soll ein (anderer) 46-jähriger Arbeitsloser in seiner Behausung auf dem Campingplatz in Lügde ein achtjähriges Mädchen missbraucht haben.

Keine Konsequenz.

Im Laufe der nächsten zehn Jahre sollen mindestens 31 Mädchen und Jungen missbraucht worden sein.

Keine Konsequenz.

Anscheinend ist niemandem aufgefallen, dass sich 31 Kinder anschließend merkwürdig verhielten. Noch 2016 überträgt das Jugendamt Andreas V. die Betreuung eines damals fünfjährigen Mädchens. Der Mann habe alle Kriterien als Pflegevater erfüllt, wird eine Sprecherin des Landkreises später sagen. Sogar bei einem Hausbesuch im Januar 2017 habe es keine Anhaltspunkte gegeben, die gegen ihn gesprochen hätten.

Doch tatsächlich gab es die schon im Jahr 2016: Eine Mitarbeiterin des Jobcenters äußert den Verdacht, dass der oben genannte Mann sein Pflegekind sexuell missbrauche. Sie informiert das Jugendamt Lippe. Von dort geht die Meldung an das Jugendamt Hameln-Pyrmont.

Keine Konsequenz.

Noch am 30. Januar 2019 leugnet das Jugendamt Lippe, dass es diesen Verdacht gegeben habe. Einen Tag später gibt der Amtsleiter zu, ihm sei damals zugetragen (!) worden, dass das Mädchen gesagt habe, es könne »Männer nicht riechen«. Doch daraus sei kein sexueller Missbrauch abgeleitet worden. Wahrscheinlich sollte man das Kind ermahnen, sich beim nächsten Mal nicht so flapsig auszudrücken.

Zwei Zeugen melden im August 2016 ihren Verdacht, dass auf dem Campingplatz mutmaßlich Kinder sexuell missbraucht werden. Ein Hinweis geht telefonisch an Polizei, Jugendamt und

Kinderschutzbund. Die Polizei leitet ihn an das Jugendamt weiter und verzichtet auf weitere Ermittlungen.

Also: *Keine Konsequenz.*

Beim Kinderschutzbund Hameln-Pyrmont meldet sich der Vater eines Mädchens mit dem Verdacht, seine Tochter sei auf dem Campingplatz missbraucht worden.

Keine Konsequenz.

Im November 2016 bekommen Polizei und Jugendamt Lippe eine weitere Meldung aus dem Jobcenter Blomberg zu Äußerungen des Pflegevaters, die auf sexuellen Missbrauch von Kindern hindeuten könnten. Eine Mitarbeiterin des Jobcenters Blomberg, die für den arbeitslosen Andreas V. zuständig ist, äußert gegenüber dem Jugendamt Hameln und der Polizei Lippe den Verdacht, dass V. seine Pflegetochter verwahrlosen lasse. In ihrem Gedächtnisprotokoll gibt sie an, dass er über das Mädchen verdächtige Dinge gesagt habe:

Sie »will kuscheln und dann doch nicht […] Frauen sind echt komisch.« Für Süßigkeiten würde das Kind »alles machen«.

Konsequenz unbekannt.

Ich weiß nicht, wie es Ihnen geht, aber mir stellt sich allmählich immer dringender die Frage: Was machen Jugendämter eigentlich?

Ich kann eine Erfahrung mit einem Jugendamt beitragen: Ein Bekannter von mir ist Hautarzt in einer großen norddeutschen Stadt. Ihm wird ein dreizehnjähriges Mädchen mit Hautveränderungen im Genital- und Analbereich vorgestellt, die hochgradig auffällig und verdächtig im Sinne von durch sexuelle Manipulationen verursachten Veränderungen sind. Der Kollege erklärt der besorgt wirkenden Mutter, dass eine Untersuchung in Narkose in einer Fachklinik nötig sei. Darauf reagiert die Mutter sehr zurückhaltend, will sich mit der Tochter wieder melden, was nicht geschieht.

Der beunruhigte Hautarzt wendet sich an das zuständige Jugendamt. Dort erreicht er telefonisch eine verunsicherte, offensichtlich erst neu im Beruf befindliche Mitarbeiterin, die überhaupt nicht weiß, wie sie mit der Situation umgehen soll. Sie fragt nach der Wohnadresse, und als sie die erfährt, reagiert sie sehr erleichtert: Sie ist nicht zuständig. Ihr nach längerem Suchen ausfindig gemachter zuständiger und offenbar erfahrener Kollege wiegelt souverän ab: Das sei alles viel zu vage, daraus ließe sich nichts machen, außerdem sei bei der Adresse (gute Wohngegend!) erheblicher juristischer Ärger zu erwarten, mein Freund wolle doch durch einen Bruch der Schweigepflicht nicht seine Approbation gefährden.

Nach dieser Abfuhr sucht der Kollege Unterstützung bei einem bekannten gerichtsmedizinischen Institut. Dort teilt man ihm mit, dass er mit seiner Einschätzung höchstwahrscheinlich richtig liege, zuständig sei aber nun mal das entsprechende Jugendamt. Und von dem sei wenig Hilfreiches zu erwarten.

Vermutlich gibt es auch andere Jugendämter, aber ich finde solche Geschichten schon sehr bemerkenswert.

Child Sex Tourism – Mann muss sich doch was gönnen dürfen!

Sextourismus finden Sie nicht so schlimm? In einer aufgeklärten Gesellschaft müsse es doch möglich sein, dass sich erwachsene Menschen im Rahmen eines allgemeinen Entspannungsprogramms Partner für sexuellen Austausch suchen?

Na ja, die Realität, zum Beispiel in Hamburg, sieht so aus:

Ein Hautarzt erzählte mir von dem vermögenden Familienvater, der dreimal im Jahr nach Thailand reist und jedes Mal mit einer Geschlechtskrankheit wiederkommt. Als der Arzt ihn mit der Intention anspricht, sich in seinem, aber vor allem im Interesse der Kinder über Verhütung zu informieren, wird er pampig. Er ist keineswegs ein Einzelfall: 0,4 Prozent von 8718 deutschen Männern antworteten in einer anonymen Internetstudie, dass sie ins Ausland reisen, um dort Sex mit Kindern zu haben.[29]

Wieder mal rechnen: Wenn ich mich auf die gleiche Zahlenbasis wie oben beziehe, komme ich für die Bundesrepublik auf 124 000 Reisende in Sachen Kindersex, für Hamburg auf 2714. Da die Herren in die Länder ihrer Sehnsucht fliegen, ergibt das 354-mal eine Boeing 747-400 aus Deutschland, achtmal aus Hamburg. Ein extra Gate würde sich wohl lohnen. Wäre auch für die Diskretion gut.

Pädophilie ist auch hierzulande ein Geschäft, wie wir am Beispiel von Lügde gesehen haben, aber anderswo haben es Pädophile leichter. An leider etwas plastikverschmutzten, aber ansonsten paradiesischen Stränden in fernen, vor allem fernöstlichen Ländern gedeiht eine finstere Industrie, die aus dem Sex mit Kindern ein äußerst lukratives Geschäftsmodell gemacht hat.

Die nüchternen Zahlen haben durchaus ihre irdischen Hintergründe, denn den Kitzel des Risikos gibt man sich, indem man die Kinder ohne Kondome vögelt. Dabei übersehen diese Herren, dass zum Beispiel die Gonorrhoe weltweit nahezu behandlungsresistent geworden ist, das heißt, man kann daran sterben, die Kinder und ja, auch die Täter selbst.

Schätzungen besagen, dass international im Jahr 2000 1,8 Millionen Kinder weltweit zu Prostitution und Pornografie gezwungen wurden. Andere Schätzungen kommen auf 10 Millionen. Typisch Dunkelziffer, nichts Genaues, aber auf jeden Fall viele – viel zu viele. In diesem Bereich werden mehr als 5 Billionen US-$ pro Jahr verdient. Haben Sie eine Vorstellung, wie viel eine Billion ist?

Ach ja, noch etwas: Ich hatte Kontakt zu einem der Autoren der oben zitierten Studie aufgenommen und gefragt, wie hoch der Frauenanteil an den Tätern sei. Er meinte, der Frauenanteil sei so gering, dass man damit keine Statistik rechnen könne.

Sexualisierte Gewalt allgegenwärtig: Priester, Lehrer, Trainer und Pfadfinderführer

Mein Gott! Genau. Als Atheist wird Ihnen dieses Thema vielleicht nur ein zynisches Lächeln entlocken. Wenn Sie religiös aufgewachsen sind, haben Sie es nicht so leicht. Alles ist schmerzhaft: Opfer zu sein sowieso, aber auch wenn dieser Kelch an Ihnen vorbeigegangen sein sollte, ist es nur schwer auszuhalten, wenn im Zentrum aller Werte, der Moral, des Heiligen, plötzlich das Böse auftaucht. Der Begriff ist ziemlich aus der Mode gekommen. Gibt es einen besseren? Zuerst die Gerüchte, das Geraune, die Witze, später immer wieder der Versuch der Abwehr, so schlimm könne das doch nicht sein, bis dann, endlich, die Wahrheit ans Licht kommt, die man längst vermutet hat. Jede Leserin, jeder Leser, egal ob von Zeitungen oder Romanen, jeder Kinogänger, jede Kinogängerin kann es wissen, denn solche Geschichten werden oft erzählt. Ein sehr sichtbarer Elefant.

Josef Haslinger, ein österreichischer Autor von Bestsellern, Professor für literarische Ästhetik, Empfänger zahlreicher Preise, beschreibt, was er mit »Pater G.« erlebt hat und mit der sogenannten Aufarbeitung seines »Falles« durch die Gremien der katholischen Kirche, die sich mehr oder eher weniger für ihn zuständig fühlten. Es begann mit der Beichte, zu der er nach der Erstkommunion regelmäßig gehen musste: »Zur gründlichen Gewissenserforschung diente mir ein sogenannter Beichtspiegel, in dem die Zehn Gebote Gottes in eine Vielzahl von Untergeboten zergliedert wurden, von denen eine erstaunliche Zahl für mein junges Leben Bedeutung hatte. Jedes Mal fand sich auf meinem Beichtzettel auch die Formulierung ›Ich habe Unkeuschheit getrieben‹. Und meist wollte der Beichtvater wissen, was genau vorgefallen war […]. Ich hätte neugierig auf das Geschlecht anderer Menschen geblickt, mein Glied unnötig berührt und im Beisein anderer Kinder unkeusche Worte verwendet […] Mit meinen permanenten Sünden gegen das sechste Gebot gab ich ihm einen guten Anknüpfungspunkt für spätere vertiefende Gespräche […] Von meiner Seite gab es […] lange Zeit keinen Widerstand. Später allerdings entwickelte ich, wenn sich bestimmte physische Handlungen anbahnten, deren Vorstellungen bei mir mit Gefühlen des Ekels verbunden waren, erkennbaren Widerstand, sodass es zu diesen Handlungen nur andeutungsweise kam.«[30]

»Unser« deutscher Papst Benedikt XVI. mochte mit dem Thema wenig anfangen, auch sein Bruder Georg Ratzinger, der Leiter der »Regensburger Domspatzen«, hatte angeblich nichts mitbekommen. Sogar der charismatische und menschlich beeindruckende Johannes Paul II., der eine klare Sprache liebte, hat dieses Problem ignoriert.[31] Wahrscheinlich hat er abgewogen und entschieden, dass die Kenntnis solcher verbrecherischer Handlungen von Priestern die Position der Kirche im Kampf gegen den Kommunismus empfindlich geschwächt hätte. Eine Güterabwägung eben.

Erst Jorge Mario Bergoglio, Papst Franziskus, schrieb: »Angesichts des Übels des sexuellen Missbrauchs von Minderjährigen war es mein Wunsch, dass wir alle gemeinsam auf den Heiligen Geist hören und uns folgsam von ihm leiten lassen, um dem Schrei der Kleinen Gehör zu schenken, die Gerechtigkeit verlangen.«[32]

Den »Schrei der Kleinen« mithilfe des Heiligen Geistes hörbar zu machen – klingt gut. Ein Satz, der über den Missbrauch der Kleriker weit hinausgeht. Der Papst hat den Satz endlich ausgesprochen. Aber auch bei einem »Heiligen Vater« reicht sprechen eben doch nicht aus. Die »Kleinen«, kleinere, sehr junge, schwächere und ihnen körperlich unterlegene Menschen, die von geweihten Männern, denen sie vertrauen, sagen wir es mal so, misshandelt werden, bräuchten dringend mehr als Worte.

So gab die deutsche katholische Bischofskonferenz eine Studie in Auftrag, die 2019 unter der Überschrift »Sexueller Missbrauch durch katholische Kleriker. Retrospektive Kohortenstudie zum

Ausmaß und zu den gesundheitlichen Folgen der betroffenen Minderjährigen«[33] veröffentlicht wurde und auch im Internet frei zugänglich ist. An dieser Studie sieht man, was Wissenschaft kann. Es ist eine ebenso solide wie hochrangige Studie. Die Autoren sind renommierte Wissenschaftler aus verschiedenen Zentren, sie benennen sehr genau, was sie untersucht haben und was nicht, zeigen also auch die Begrenzungen ihrer Arbeit. Wenn es überhaupt so etwas gibt, ist diese Studie über jeden Zweifel erhaben. Und deswegen kommen dabei Ergebnisse heraus, die eine klare Vorlage für Kirche wie Politik wären, in Zukunft einiges anders zu machen.

Aus 38 156 Personalakten von Klerikern zwischen 1946 und 2014 wurden 1670 Kleriker anonym identifiziert, die »des sexuellen Missbrauchs an Jugendlichen beschuldigt waren«, eine Quote von 4,4 Prozent. Ganz nebenbei: Das Datum 1946 macht klar, dass Benedikt XVI. irrte, wenn er »als zentrale Ursache für Missbrauch ... Gottlosigkeit und eine Entfremdung vom Glauben [nennt], die sich seit den 1960er-Jahren auch in einer Abkehr von der katholischen Sexualmoral breitgemacht habe«[34].

3677 Betroffene wurden ermittelt, zu 62,8 Prozent männlich und in 66,7 Prozent unter 14 Jahren alt. In über 80 Prozent lagen Handlungen mit Körperkontakt vor. Auch Kleriker beschränken sich also nicht auf geistige Werte.

Falls Ihnen diese Zahlen wieder mal zu hoch vorkommen, müssen Sie Ihre Meinung anhand folgender Bemerkung der Autoren korrigieren: »Die ermittelten Zahlen sind als untere Schätzgröße des tatsächlich geschehenen Missbrauchs anzusehen.«[35] Aufschlussreich ist auch Folgendes: Die Quote von 4,4 Prozent ändert sich, wenn man die Untergruppen der Kleriker anschaut: Bei Diözesanpriestern beträgt sie 5,1 Prozent und bei Diakonen 1,0 Prozent. Warum das interessant ist? Diakone müssen nicht im Zölibat leben. Die Autoren erläutern: »Neben allgemeinen Mechanismen, die den sexuellen Missbrauch in Institutionen begünstigen (zum Beispiel asymmetrische Machtverhältnisse oder ein geschlossenes System), sind bei der katholischen Kirche auch spezifische risikoreiche Konstellationen zu bedenken. Dazu gehören der Missbrauch klerikaler Macht, eine restriktive katholische Sexualmoral, eine problematische Einstellung zur Homosexualität sowie ein problematischer Umgang mit dem Zölibat und dem Beichtgeheimnis.« Letzteres sieht Herr Haslinger sicher auch so.

Was hat diese Studie gebracht?

Mit hoher Konstanz wurden über einen Zeitraum von fast siebzig Jahren mit einer Mindestzuverlässigkeit – dafür sprechen die Angaben in Personalakten – fast 5 Prozent der Kleriker als Täter identifiziert, die über 3600 zu über 60 Prozent männliche Jugendliche, die zu über 65 Prozent unter 14 Jahren alt waren, in 80 Prozent der Fälle körperlich misshandelten. Dabei tragen die im Zölibat lebenden Kleriker ein höheres Täterrisiko. Kleriker werden also etwas seltener zu Tätern, als »normale« Männer, ein »Vorteil«, den man nicht recht würdigen mag, weil die katholischen Priestern durch die Gesellschaft entgegengebrachte Verehrung davon ausgehen dürfte, dass sie überhaupt nicht zu Sexualstraftätern werden.

Diese Befunde würden also ausreichen, um etwas zu unternehmen, zum Beispiel ein System von unabhängigen Überprüfungen zum Verhalten jedes einzelnen Priesters zu etablieren, eine Grundsatzdiskussion über Sinn und Unsinn des Zölibats zu führen oder Hilfestellungen für Priester zu etablieren, die mit ihrer Sexualität unter den besonderen Anforderungen ihres geistlichen Amtes nicht zurechtkommen. Ebenso hätte natürlich auch ein retro- und durchaus auch prospektives Entschädigungsverfahren etabliert werden können: Das Vorliegen solcher Studienergebnisse schließt ja keineswegs aus, dass es künftig weiter zu Missbrauchshandlungen kommen wird; sie bedeuten lediglich, dass Kirche und Gesellschaft jetzt von soliden Zahlen ausgehen können, in welchem Ausmaß es künftig dazu kommen und wie hoch die Zahl der zu Entschädigenden sein wird.

Was wird daraus?

Sagen wir es mal so: Kirche und Politik, also wir alle, waren dieser wissenschaftlichen Vorgabe offensichtlich nicht gewachsen. Die MHG-Studie beruht auf anonymen Daten. Entgegen einem immer wieder vorgebrachten Vorwurf sollte diese Anonymität nicht dem Schutz der Täter dienen, war auch nicht nur der Wunsch der Bischofskonferenz, sie war die schlichte Voraussetzung, um nach wissenschaftlichen Kriterien vorgehen zu können: Die Autoren konnten Phänomene beschreiben, die bei personalisierter juristischer Aufarbeitung wegen der infrage stehenden »Äußerungsrechte«, also der Veröffentlichung von Namen der Täter, wahrscheinlich nie veröffentlicht worden wären. Schon der Einspruch auch nur eines Beschuldigten hätte das verhindert. Das erstaunt Sie? Pardon, eigentlich sollten Sie wissen, wie die Persönlichkeitsrechte in der BRD geregelt sind.

Um nun das eigentlich für jeden Naheliegende zu tun, nämlich Konsequenzen aus der MHG-Studie auf der nächsten, der persönlichen Ebene zu ziehen, hätte die Politik den rechtlichen Rahmen schaffen müssen[36], also eine gesetzliche Grundlage, die aus den erhobenen Daten den hinreichenden Anfangsverdacht – Sie erinnern sich? – macht. Doch das hat sie bisher nicht getan.

Überhaupt verhält sich die Politik, der Staat, wir alle, merkwürdig distanziert gegenüber diesen Verbrechen, überlässt jede Art der Aufklärung der Kirche selbst, mischt sich nicht ein. Dabei erscheint es nicht nur durchaus möglich, sondern eher wahrscheinlich, dass der Grund für diese Verfehlungen nicht in den einzelnen Priestern, sondern auch im System Kirche liegt. Denken Sie an die Unterschiede in der Missbrauchshäufigkeit zwischen den Diakonen, die relativ »weltlich« leben, zum Beispiel verheiratet sein können, und den Diözesanpriestern, die zölibatär leben müssen: Letztere werden fünfmal so häufig zu Tätern.

Wäre die Ursache des Missbrauchs durch Kleriker ein Virus, das als möglicher pathogener Faktor das Missbrauchsverhalten fünfmal so häufig vorkommen lässt, würde man doch alles tun, um genau diesen Faktor zu reduzieren. Beim klerikalen Missbrauch spricht alles dafür, dass dieser pathogene Faktor der Zölibat ist.

Natürlich gibt es die Forderung nach seiner Abschaffung schon lange – von kirchlichen Randgruppen. Die Zentrale der sogenannten heiligen Römisch-katholischen Kirche aber fasst das Thema nicht an. Und wir, die Gesellschaft der Bundesrepublik, wundern uns nicht weiter und lassen die Kirche machen.

Die Aufgeregtheiten, zum Beispiel um irgendwelche Ungereimtheiten im Erzbistum Köln, die Absage einer Pressekonferenz im Herbst 2020 wegen »gravierender äußerungsrechtlicher Bedenken«[37], die Beschäftigung unterschiedlicher Anwaltskanzleien – das alles ist Theaterdonner, der die Vertuschung des Missbrauchs von Einzeltätern trotz der zweifelsfrei vorliegenden Daten weiter begünstigt, aber vor allem den Zweck hat, an der unheiligen, unsinnigen, weil unmenschlichen Erfindung des Zölibats nichts ändern zu müssen. So erscheint der Zölibat als eines dieser Ideale, das ungeachtet des Schicksals einzelner Leidtragender hochgehalten wird.

Die Reaktionen der hohen katholischen Kirchenmänner auf die sehr deutlichen Ergebnisse sind desillusionierend, besonders für alle, die der Kirche nahestehen oder standen. Damit meine ich nicht nur das – man kann es wirklich nicht anders bezeichnen – würdelose Feilschen um Entschädigungen: 50 000 Euro für ein zerstörtes Leben?[38] Schlimmer aber sind wir und unsere Gleichgültigkeit gegenüber dem kirchlichen Missbrauch.

Sind die Protestanten besser? Als evangelischer Christ wüsste ich das schon gerne. Was man derzeit über Zahlen mutmaßen kann, sieht nicht viel besser aus als in der katholischen Kirche. Wie steht es bei uns mit der Aufarbeitung? Im Dezember 2020 hat das »ForuM – Forschung zur Aufarbeitung von sexualisierter Gewalt und anderen Missbrauchsformen in der evangelischen Kirche und Diakonie in Deutschland« seine Arbeit aufgenommen. Die EKD sah rund 3,6 Millionen Euro für die Studie vor.[39] Lag die Verspätung daran, dass die evangelische Kirche deutlich jünger als die katholische Schwester ist?

Doch dann kam es schlimmer: »Der Vertrauensverlust ist enorm, nachdem die evangelische Kirche in Deutschland (EKD) mitgeteilt hat, nach nur sieben Monaten die Arbeit des Betroffenenbeirats bis auf Weiteres auszusetzen.«[40] Die Beteiligung Betroffener war wesentlicher Teil eines ehrgeizigen Elf-Punkte-Plans aus dem November 2018, der den Skandal des Missbrauchs in den Gemeinden und Einrichtungen konsequent aufarbeiten sollte. Doch fünf der Beteiligten haben sich inzwischen wieder zurückgezogen. Der Schwarze Peter für das Scheitern wurde den Betroffenen zugeschoben. Und in der Pressemitteilung der EKD[41] heißt es: Der Antrag auf Auflösung sei »aus dem Gremium heraus« gestellt worden. Eine Darstellung, der die verbliebenen Mitglieder im Beirat widersprechen. Ihre Botschaft: Wir würden gern weiterarbeiten, die EKD lässt uns nicht. Welch ein Desaster!

Schon beim Erscheinen der ersten Studie zum Missbrauch in der katholischen Kirche versuchten Wissenschaftler, auch die Dunkelziffer genauer zu erfassen:[42] »Bezogen auf die Gesamtbevölkerung ab 14 Jahren kann schätzungsweise von ca. 114 Tausend Betroffenen ausgegangen werden.« Schätzungen zufolge »zwischen 28 592 und 228 736 Personen«.

Hier bekommen Sie einen Eindruck, was es mit »Dunkelziffern« auf sich hat: Ungenauigkeit mit dem Faktor zehn. Aber die entscheidende Information kommt erst jetzt: Im Vergleich mit Fällen sexuellen Missbrauchs im Freizeitbereich sei die geschätzte Zahl der Betroffenen von sexuellem Missbrauch durch einen Priester in einer katholischen Einrichtung etwas höher als die geschätzte Zahl der Betroffenen sexuellen Missbrauch durch Musiklehrer (ca.

85 800 Personen) und etwas geringer als die geschätzte Anzahl der Betroffenen sexuellen Missbrauchs im sportlichen Kontext (ca. 200 000 Personen), hieß es in der Studie weiter. Im Vergleich zur geschätzten Anzahl Betroffener im schulischen Kontext (ca. 1 000 000 Personen) seien die Zahlen deutlich geringer.

Musiklehrer, der »sportliche« und der »schulische« Kontext – hätten Sie das gedacht, oder sind jetzt zur Abwechslung einmal Sie »fassungslos«?

Das Thema, das die Medien beschäftigte und das zu Recht Empörung auslöste, der klerikale Missbrauch, bleibt hinter dem Missbrauch von Kindern und Jugendlichen in Sport und Schule deutlich zurück. Aber darüber wird kaum geredet. Oder haben Sie etwas von Studien gehört, die Sportvereine und Schulträger in Auftrag gegeben hätten?

Apropos: Pfadfinder! Die *Tagesschau* berichtete:[43] »Mehr als 82 000 mutmaßliche Opfer sexueller Gewalt haben Klagen gegen die Pfadfinderorganisation Boy Scouts of America eingereicht. […] Die Dachorganisation Boy Scouts of America wusste schon früh, dass viele ihrer Schutzbefohlenen […] durch die Hölle gehen mussten: Allein die internen Unterlagen der Organisation aus der Zeitspanne 1965 bis 1985 dokumentieren 12 000 Pfadfinderführer, die sich an unzähligen kleinen Jungen vergangen haben sollen. Die Männer wurden ausgeschlossen, aber nie vor Gericht gebracht […] Die mutmaßlichen Täter zogen in vielen Fällen um in andere Landesteile – und sollen dort weiter vergewaltigt haben.« Allerdings ist die US-amerikanische Organisation in finanzieller Hinsicht offenbar cleverer als die Kirchen in Deutschland und hat angesichts der anstehenden Entschädigungsklagen vorsorglich Insolvenz angemeldet.

Die *Tagesschau* meldete das zur besten Sendezeit. Haben Sie es wahrgenommen? Wie sieht es bei den deutschen Pfadfindern aus? Das könnten Sie dank Internet schnell herausfinden. Zum Beispiel bei Schwarzzeltvolk.de.[44]

Die vorerst letzte aus der Reihe der traurigen Nachrichten heißt »Missbrauch in SOS-Kinderdörfern«[45]. Die von Herman Gmeiner 1949 gegründete Organisation zur besseren Betreuung von Waisenkindern hatte ein hohes Renommee, bis sie im Frühjahr 2021 wegen Korruption und Missbrauch von Schutzbefohlenen ins Gerede gekommen ist. Die Täter entsprächen einer kleinen Zahl von Mitarbeitern, während der Großteil großartige Arbeit leiste. »Der vorliegende Untersuchungsreport legt nahe, dass Berichte über Missbrauch nicht ausreichend ernst genommen wurden, Kindern und Zeugen nicht geglaubt wurde und Täter nicht zur Rechenschaft gezogen wurden.«[46] Kommt Ihnen bekannt vor?

Einige unvollständige Gedanken über Sexualität im Allgemeinen

Die Idee, etwas über Sexualität zu schreiben, kommt mir etwas merkwürdig vor, da heute wirklich jeder alles über Sex zu wissen scheint. Doch offensichtlich gibt es viele Unklarheiten und auch sehr merkwürdige Theorien, sodass es allein um einer eindeutigen Kommunikation willen gut wäre, ein paar Punkte festzuhalten.

Sexualität beeinflusst das Leben stark, bei Tieren sowieso und auch bei vielen Menschen stärker als alles andere. Sinnvoll wäre es, sich diese Tatsache bewusst zu machen, sie ernst zu nehmen und zu respektieren. Die meisten Probleme im Zusammenhang mit Sexualität kommen daher, dass sie nicht ernst genommen, verharmlost wird oder dass man glaubt, Sexualität ließe sich ohne Probleme kontrollieren. Das aber ist ein Irrtum.

Wie schwer ein rationaler Umgang mit Sexualität ist, könnte man eigentlich allein an der enormen Vermehrung von Menschen erkennen, die heute schon übersteigt, was die Erde noch verkraften könnte. Daran könnten wir etwas Grundlegendes erkennen, das aber gerne verdrängt wird: unsere »Natur«, unser biologischer Anteil, der von manchen Interessensgruppen noch dadurch überhöht wird, indem sie ihn als »gottgewollt« bezeichnen, ist weder »natürlich« noch positiv, sondern er bedroht das Überleben aller Lebewesen auf dieser Erde zunehmend und bald final. Viel sinnvoller, als diese angeblich »natürliche« Seite zu verherrlichen, wäre es, sie in ihren Auswirkungen ernst zu nehmen und Energie auf die Überlegung zu verwenden, wie man ihnen begegnen könnte. Das hat mehr mit Sexualität zu tun, als Sie auf den ersten Blick erkennen.

Manche Menschen erleben Sexualität als eine sehr starke, ihr Verhalten beeinflussende Kraft, andere verstehen das nicht, weil sie sich für bestimmte Lebensperioden oder generell als asexuell erleben.

Unterschiedliche Menschen erleben sich in unterschiedlichen sexuellen Identitäten, und das weitgehend unabhängig von ihrer biologischen Identität: Männer können sich als männlich, Frauen als weiblich erleben, aber auch umgekehrt oder in offener, nicht festgelegter Identität.

Außerdem fühlen sich Menschen mit unterschiedlicher sexueller Identität sexuell zu anderen Menschen mit wiederum unterschiedlicher Identität hingezogen: Männer zu Frauen, zu Männern oder zu beiden, Frauen und anders orientierte Menschen ebenso. Eine Gesellschaft, die diese Vielfalt menschlicher sexueller Orientierungen zur Kenntnis nimmt und akzeptiert, wird versuchen, ihr gerecht zu werden und entsprechende Regelungen des Zusammenlebens zu finden. Historisch generierten menschliche Gesellschaften jedoch leider großes individuelles Leid, weil sie illusionäre Vorstellungen über die Natur der menschlichen Sexualität pflegten.

Obwohl Sexualität offensichtlich eine ziemlich private Angelegenheit zu sein scheint, also einem oder zwei Individuen zugehörig, mischen sich immer wieder Männer mit Interesse an Macht, Diktatoren, offen oder unausgesprochen, Kirchen und Religionen mit angeblich gottgewollten Moralgesetzen in das sexuelle Verhalten Einzelner ein. Diese gehen eine folgenschwere Verbindung mit dem religionstypischen Wahrheitsanspruch ein. Der Versuch dieser Religionen, menschliche Interessen als göttliche Wahrheiten darzustellen, entlarvt sich allein schon dadurch als allzu menschlich und machtversessen, dass er vor dem Anspruch versagt, das Göttliche durch die Akzeptanz der Schöpfung zu würdigen.

In einer liberalen, offenen Gesellschaft könnte jede Art von sexueller Identität und Attraktivität als gleichberechtigt in ihrer Verwirklichung angesehen werden. Bei aller Liberalität steht der *Verzicht auf Sexualität mit Kindern* jedoch nicht zur Diskussion. Das hat folgende Gründe:

Kinder erleben in ihren unterschiedlichen Entwicklungsphasen durchaus Sexualität. Doch das ist nicht die Sexualität von Erwachsenen. Sexualität von Erwachsenen mit Kindern wird immer durch das erhebliche Machtgefälle geprägt sein, was dazu führt, dass Erwachsene ihre meist sehr dezidierten Wünsche zur Erfüllung ihrer Sexualität gegenüber den Bedürfnissen der Kinder durchsetzen werden. Und das ist der wichtigste Punkt: Nach allem, was wir wissen, schädigt Sexualität mit Erwachsenen Kinder und Jugendliche in schwerer, teilweise nicht therapierbarer Weise.

Ein wesentlicher Teil dieses Buches beruht darauf, dass menschliche Zivilisationen der Gegenwart mit dieser Problematik nicht klar umgehen, zur Sexualität der Kinder keine eindeutige Meinung generieren und sich nicht zu klaren gesetzlichen Regelungen bzw. zu einer eindeutigen Durchsetzung dieser Regelungen durchringen können. Dies mag damit zusammenhängen, dass Sexualität für manche Menschen besonders attraktiv wird, indem sie die für Sexualität typische Lust durch die Kombination mit Macht zu steigern versuchen. Das gilt besonders für Männer, wirkt sich aber vor allem auf Frauen und Kinder aus, die das ganz anders sehen. (Im weiten Kosmos menschlicher Sexualitäten gibt es Menschen, die aus der Polarität von Macht und Unterwerfung Lust gewinnen, etwa im Bereich sadistisch-masochistischer Praktiken. Wer solche Formen der Sexualität bevorzugt, weiß, dass sie nur funktionieren, wenn sich alle Beteiligten freiwillig darauf einigen und sehr eindeutige Regeln zur Kommunikation respektieren.)

Ein besonderes Problem haben Menschen mit sogenannter Kern-Pädophilie, da sie tatsächlich nur durch Kinder vor dem Eintritt in die Pubertät sexuell erregt werden. Wenn sie sich verantwortungsvoll verhalten wollen, bleibt ihnen kein anderer Weg, als der dauernde Verzicht auf sexuelle Erfüllung. Auch wenn es Therapieprogramme gibt, die sie dabei unterstützen können, ist dies eine harte Lebensentscheidung, die allen Respekt verdient. Die andere Alternative ist eine kriminelle Karriere, die sich Lust über das Leid von Kindern verschafft.

Pädophilie ist eine eigenständige, relativ seltene Form der sexuellen Orientierung. Anders als dies gelegentlich von interessierter Seite dargestellt wird, hat sie nichts mit Homosexualität zu tun, die, was ohnehin klar sein sollte, eine normale Form sexueller Orientierung ist und wie Heterosexualität unter Erwachsenen ausgeübt wird.

Erfüllte Sexualität hängt stark von unserer Fähigkeit ab, Gefühle wahrzunehmen – unsere eigenen und die unserer Sexualpartner. Und natürlich auch davon, dass wir darauf eingehen. Diese Fähigkeit ist zum großen Teil erlernt. Je geringer sie ausgeprägt ist, desto stärker wird ein Mensch, der sein Bedürfnis nach sexueller Lust wahrnimmt, nur auf eigene Fantasievorstellungen abheben und die Bedürfnisse seiner Gegenüber ignorieren. Sexualität wird dann als ein Trieb wahrgenommen, der unbedingt zu befriedigen ist, unter Nichtachtung des Sexualpartners oder der Sexualpartnerin und auch unter Nichtachtung des Verbots von Sexualität mit Kindern. So ist es wahrscheinlich zu erklären, wieso Männer mit erwachsener Sexualität – und seltener Frauen – sich ebenfalls an Kindern vergreifen, obwohl sie nicht pädophil sind. Sexualität ist eben polyvalenter und doch nicht so fest verdrahtet, wie uns das insbesondere religiös dominierte Theorien glauben machen wollen.

Pornografie beruht auf der Tatsache, dass die schriftliche, akustische oder filmische Darstellung von Sexualität eine erregende Wirkung auf uns hat, nicht nur, aber gelegentlich auch besonders, wenn Menschen keinen oder seltenen Zugang zur Sexualität haben. Pornografische Darstellungen regen unsere Fantasie an, was manchmal attraktiver sein kann als die Realität selbst, vor allem, wenn ich aufgrund innerer oder äußerer Hemmungen Schwierigkeiten habe, diese Realität zu leben. Erwachsene Menschen mögen sich zu so etwas entscheiden. Die heute zu beobachtende Tendenz, dass Kinder und Jugendliche ihren Zugang zur Sexualität vor allem über pornografisches Material finden, scheint für ihr späteres Leben mit realen Partnern nicht immer förderlich zu sein.

Der Ausweg, sich mit pornografischem Material zu erregen, erscheint besonders für Pädophile attraktiv, die ihre sexuellen Neigungen gar nicht oder nur mit dem Risiko von Freiheitsstrafen ausleben können. Das entscheidende Problem, das Kinderpornografie zu Recht strafbar und verfolgungswert macht, liegt darin, dass das pornografische Material nur durch Sex mit kleinen Kindern gewonnen werden kann. Da das eine Branche mit hohen Gewinnspannen ist, hat sich daraus eine verbrecherische Industrie entwickelt.

Kindesmissbrauch zu tolerieren ist eine Schande

Im Vergleich zu den anderen Primaten sind Menschenkinder bei der Geburt ziemlich unfertig. Um sich gut – »normal« finde ich in diesem Kontext schwierig – entwickeln zu können, brauchen Kinder eine Person, die sich ganz und gar auf sie einlässt und ihre

Bedürfnisse in körperlicher und seelischer Hinsicht befriedigt, die sich später mit ihnen auseinandersetzt und ihnen dabei hilft, wie sie die Diskrepanzen zwischen ihren Wünschen und dem, was ihnen die Welt geben will, bewältigen können. (Über diesen komplexen Prozess schreibe ich in Kapitel *Seelenkunde 1*).

Wenn diese Person fehlt, die meistens, aber nicht notwendigerweise immer, die Mutter ist – Menschenkinder sind in dieser Hinsicht flexibler als zum Beispiel Schimpansen –, oder wenn diese Person wegen eigener Probleme in ihrer Kindheit oder weil sie ständig von einem Partner fertiggemacht wird oder weil Krieg herrscht ihrem Kind nicht die volle Zuwendung geben kann, können sich Kinder nicht so gut wie möglich entwickeln. Auch dann muss nicht alles verloren sein, aber in diesen Fällen kommt es sehr darauf an, wie viel Widerstandsfähigkeit gegen alle Arten von Stress ein konkretes Kind genetisch mitbekommen hat.

Kinder können sehr genau zeigen, was sie nicht wollen, aber sie können es nicht verhindern: Babys können den Oralverkehr nicht verhindern, Kinder auch nicht, Jugendliche den brutalen Sex nicht. Kinder wollen so etwas nicht, weil es ihnen schadet, eigentlich sehr basal. Missbrauch schadet ihnen zum Beispiel, weil es sie daran hindert, normale Gefühle zu entwickeln. Die entstehen wahrscheinlich auf der Grundlage, dass ein Baby seine Bedürfnisse zeigt und die Bezugsperson darauf eingeht. Die Bezugsperson behebt also einen Mangel, ein Unbehagen. Das Kind bringt das daraus entstehende Wohlgefühl mit dieser Person in Zusammenhang, freut sich, wenn es sie sieht – so ungefähr. Wenn die Beziehung zu einer Bezugsperson fehlt, kann ein Kind keine differenzierten Gefühle entwickeln. Es spürt was, kann es aber nicht deuten. Wenn ihm von einer ihm eigentlich nahestehenden Person Schaden, Schmerz zugefügt wird, assoziiert es Nähe mit Schmerz. Wenn es gezwungen wird, Dinge zu schmecken, die für Kinder widerlich schmecken – sie haben einen anderen und viel differenzierteren Geschmacks- und Geruchssinn als Erwachsene, weil sie vieles nicht vertragen –, entsteht ein Gefühlswirrwarr, das nicht auflösbar ist. Kinder versuchen das auszuhalten, aber spätestens nach Einsetzen der Pubertät ist Schluss mit Aushalten, weil die Gefühle dann in einer Intensität anfluten, die schon Jugendliche ohne Missbrauchserfahrungen kaum managen können. Missbrauchskinder werden auffällig, fallen aus der Gruppe heraus und erfüllen zu allem Übel in der Gruppe ihrer Altersgenossen alle Zielscheibenkriterien für Bullying, der jugendlichen Version des Mobbing. Müssen sie auch das eben aushalten? Jugendliche mit Bullying-Erfahrungen bringen sich signifikant häufiger um, schädigen sich selbst oder entwickeln massives Übergewicht.[47]

Sie fragen sich, was Sie das angeht?

Auch wenn Ihre Empathie auf Dauerurlaub ist und Sie das Leiden anderer nicht berührt, sollten Sie nicht vergessen, dass auch schwer geschädigte Menschen selber Kinder bekommen werden, die sie infolge ihrer Schädigung in vielen Fällen nicht adäquat erziehen können, dass die als Kinder missbrauchten Männer eine hohe Neigung zu soziopathischem und aggressivem Verhalten haben, während die als Kinder missbrauchten Frauen eine enorm hohe Quote an seelischen, psychosomatischen und körperlichen Krankheiten bekommen und das Gesundheitssystem in einer Weise belasten, dass Corona dagegen Pillepalle ist, dass eine derart hohe Quote an missbrauchten Kindern für eine angeblich zivilisierte Gesellschaft eine Schande ist. Noch mal und unmissverständlich: Eine Gesellschaft, die Kindesmissbrauch in einem Ausmaß wie die unsere toleriert, ist eine Schande.

In solcher Deutlichkeit prangerte dankenswerterweise Bundespräsident Frank-Walter Steinmeier im Sommer 2021 das dauerhafte Wegsehen bei Kindesmissbrauch an und sprach von einem »gewaltigen Abgrund, der sich durch die gesamte Gesellschaft zieht ... nicht irgendwo fernab, sondern in nächster Nähe, mitten unter uns«[48].

Vielleicht erstaunt Sie, wie umfangreich die dunkle Seite von Männern ist. Würden Sie sich auch auf einen »von uns« Männern einlassen? Das wollen Sie nicht, Sie glauben, dass Sie zu den netten Männern gehören? Zu denen komme ich später noch ausführlicher (siehe Seite 233 ff.), aber hier und jetzt haben wir noch ein zweites Problem, das zur »dunklen Seite« hinzukommt: Wir wollen einfach nicht wahrnehmen, was doch vor aller Augen ist.

Sehr deutlich lässt sich das an unserem Umgang mit der Kinderpornografie zeigen: Lügde wurde nicht nur wegen des Ausmaßes der Kinderpornografie zum Skandal, sondern auch deshalb, weil bei den Ermittlungen, vorsichtig ausgedrückt, Pannen auftraten. »Die Missbrauchsfälle von Lügde, Bergisch Gladbach und Münster haben für Entsetzen gesorgt. Doch nun kommen weitere Details ans Licht, die zeigen, wie viel größer das Problem tatsächlich ist. Den Ermittlern in NRW liegen neue Hinweise auf 30 000 mögliche Tatverdächtige vor. Das hat NRW-Justizminister Peter Biesenbach (CDU) […] bekannt gegeben […] Es handele sich um internationale Netzwerke mit Schwerpunkt im deutschsprachigen Raum […] ›Ich habe nicht damit gerechnet, nicht im Entferntesten, welches Ausmaß Kindesmissbrauch im Netz hat.‹ Es handele sich um eine ›neue Dimension des Tatgeschehens‹, ihm sei ›speiübel geworden‹.«[49] Das sagte wohlgemerkt der Justizminister des Landes Nordrhein-Westfalen. Speiübel. Ist das so ähnlich wie fassungslos?

Ich komme ins Grübeln. Sollte sich ein Justizminister nicht mit Verbrechensstatistiken auskennen? Dann wüsste er doch, dass es in seinem Bundesland über eine Million Täter aus dem Bereich familiären Missbrauchs geben muss. Die bei ihm Übelkeit auslösenden Zahlen der Kinderpornografie liegen also in der Größenordnung von einem Vierzigstel des geschätzten familiären Missbrauchs. Warum erwähnte er das nicht?

In der Satzung seiner Partei findet sich unter »Aufgaben und Zuständigkeit« der Satz, dass »die Mitglieder der Christlich

Demokratischen Union Deutschlands (CDU) in Nordrhein-Westfalen [...] das öffentliche Leben im Dienste des deutschen Volkes und des deutschen Vaterlandes aus christlicher Verantwortung und nach dem christlichen Sittengesetz auf der Grundlage der persönlichen Freiheit demokratisch [gestalten]«[50].

Das klingt ja durchaus akzeptabel. Und das Folgende auch: »Familienpolitik ist für die CDU ein Herzensanliegen. In unserer Familienpolitik setzen wir auf Respekt anstatt Bevormundung. Familien sollen selbst entscheiden können, wie sie ihr Leben gestalten. Dafür haben sie unsere volle Unterstützung verdient. Und wir haben noch viel vor, um Familien den Alltag zu erleichtern.«

Mit diesem Herzensanliegen kollidiert nicht nur die Kinderpornografie, sondern auch die Realität des Missbrauchs.

Man muss nichts gegen Herrn Biesenbach haben, im Fernsehen wirkt er wie ein netter Mann. Und das »Netz« ist sicher noch mal ein ganz spezielles Problem. Es ist auch nicht unsympathisch, dass er empathisch auf das Schicksal der pornografisch misshandelten Kinder reagiert. Aber wäre nicht wenigstens eine nüchterne Einschätzung des Gesamtproblems »Missbrauch in NRW« angebracht gewesen? Und wäre es nicht angebracht, wenn die CDU mit ihrem starken Focus auf die Familie auch mal an die vielen Kinder denken würde, die in den Familien der Bundesrepublik Deutschland missbraucht werden? Sie erinnern sich an die Gerichtsmedizinerin Dragana Seifert?[51]

Um nicht missverstanden zu werden: Das ist keineswegs nur ein Problem der sogenannten christlichen Parteien. Oder kennen Sie eine Partei, die sich der missbrauchten Kinder annimmt? Wie sagte der Bundespräsident im oben genannten Zusammenhang: Trotz aller Anstrengungen in Politik und Gesellschaft sei es bisher noch nicht gelungen, das »unvorstellbare Ausmaß sexuellen Missbrauchs an Kindern und Jugendlichen« zu verringern. Vielleicht sind die Anstrengungen nicht groß genug und die Bereitschaft, das Grauen durch Hinschauen zu ertragen, um dann schnell und ohne Anfangsverdacht einzugreifen, viel zu klein. Und vielleicht sollte man jedem Justizminister, jeder Justizministerin empfehlen, die Arbeit ihrer Beamten in den Missbrauchsabteilungen, die tagtäglich das »Material« von Lügde und Co. anschauen, real zur Kenntnis zu nehmen und ein paar Stunden neben ihnen zu sitzen.

Am Ende des Prozesses um die Verbrechen von Lügde schrieb die erfahrene Gerichtsjournalistin Annette Ramelsberger: »Im größten Fall von Kindesmissbrauch in Deutschland, […] begangen unter den Augen von Jugendamt, Familienhelfern und Polizei […], soll niemand, wirklich niemand, außer den Tätern verantwortlich sein. Die Staatsanwaltschaft Detmold hat die Verfahren gegen einen Polizisten, Familienberaterinnen, sogar gegen die Mitarbeiterin und den Leiter des Jugendamts, die Akten gefälscht haben, eingestellt – mit zum Teil haarsträubenden formalistischen Begründungen. Keiner ist an irgendetwas schuld, nirgends. Niemand muss sich nun vor Gericht verantworten. Dabei wäre genau das notwendig gewesen. Ein öffentlicher Prozess hätte ein Beitrag sein können zur Fehlerkultur in den Behörden, ein Warnschuss für jene, die Dienst nach Vorschrift machen, ein Aufruf zur Verantwortlichkeit. Doch nun soll alles im Sande verlaufen. Wer aber nicht aus Fehlern lernt, begünstigt die nächsten Taten.«[52]

Und so ist zu vermuten, dass wir demnächst wieder über irgendwelche Taten und Täter lesen werden, die irgendwelche Minister fassungslos machen. Noch gar nicht dabei war die Geschichte von Bergisch-Gladbach. Lügde und ähnliche Hotspots der Kinderpornografie zeigen, dass die von uns gewählten Politiker nicht wahrhaben wollen, was beim Thema sexualisierter Gewalt abgeht. Sie unterscheiden sich darin nicht von uns selbst. Mit der zelebrierten Fassungslosigkeit folgen sie dem Verhalten ihrer Wähler, also von uns.

Zwischenbilanz: Hinsehen und einschreiten statt wegsehen und totschweigen

Das wäre es jetzt erst mal mit dem Missbrauch der Kinder.

Schrecklich, unfassbar, ekelhaft, zum Kotzen, traurig – war es das, was Sie dazu meinen? Leider reicht das nicht. Etwas »Nachhaltiges« wäre vielleicht nicht schlecht, damit diese Geschichten ein Ende finden. Unser Bundespräsident schlug dazu kürzlich eine »Haltung des Hinschauens«[1] vor. Doch ich vermute, Sie glauben nicht an die Idee, dass sich was ändern könnte. Sie denken wie die Mehrheit und auch wie die meisten Politiker, dass solche Verhaltensweisen eben die unabänderlich finstere Seite der Menschen sei, unsere Natur. Es sei gut, über diese harten Schicksale nachzudenken, aber das richtige, wichtige Leben muss weitergehen.

Ich verstehe Sie. Damit sich was ändert, müssten wir betroffen sein, mitleiden, die Geschichten müssten uns unter die Haut gehen. Und Sie haben Angst, dass Sie nicht mehr wie gewohnt weiterleben könnten, wenn Sie das zulassen würden.

Haut steht für Grenze – des Körpers und der Seele –, sie hat direkte und symbolische Funktionen, wobei diese Symbolik einen besonderen Zauber hat. Die meisten kriegen das gar nicht mit. Medizinstudenten merken es, die zum allerersten Mal in den OP dürfen, den ersten Hautschnitt sehen und sich plötzlich auf dem Kachelfußboden wiederfinden. Weil sie ohnmächtig geworden sind. Ohn-*mächtig*. Das ist natürlich peinlich, es fließt ja kaum

Blut beim Hautschnitt. Die Studierenden spüren aber genau, dass im Moment des Hautschnitts die Unversehrtheit der anderen Person verletzt wird. Unversehrtheit ist ein ziemlich starkes Tabu unter Menschen! Auch wenn sie mit Einverständnis und juristisch genau eingegrenzt verletzt wird, verlässt uns die Macht. Das Tabu signalisiert, dass das Eindringen in eine andere Person eine Grenzüberschreitung ist, der Hautschnitt, aber auch anderes Eindringen. Beim Missbrauch der Kinder kommt es zu Grenzüberschreitungen und Tabuverletzungen *en masse,* und wer wenn nicht ein Psychiater könnte verstehen, dass Sie sich dem nicht aussetzen wollen. Deswegen schalten Sie Ihre Empathie ab.

Total verständlich. Aber Ihrer Seele tun Sie damit keinen Gefallen. Männer haben mit diesem ruppigen Umgang mit ihrer Seele mehr Erfahrung als Frauen. Bei Männern gehörte das lange Zeit zur Sozialisation, und erstaunlicherweise hat sich das offenbar bis heute gehalten.

Wenn Sie also mutig sein und sich ansehen wollen, was Grenzüberschreitung tatsächlich bedeutet, haben Sie drei Blickwinkel zur Auswahl: den des »Zeugen«, den des »Täters« und den des »Opfers«.

Schon wenn Sie die Position des Zeugen einnähmen, wäre das ein Fortschritt gegenüber der Attitüde des Gemütlich-auf-dem-Sofa-Sitzens, des Weiterblätterns, wenn Ihnen dieser Text gerade auf die Nerven geht. Zeuge sein bedeutet, wahrnehmen und das Wahrgenommene bezeugen. Zeugen sollten unparteiisch, sachlich sein. Schaffen Sie das beim Missbrauch?

Vielleicht glauben Sie, da wäre klare Parteinahme angesagt, es geht schließlich um die Misshandlung von Kindern! Sicher wäre das auch nicht schlecht, aber ich glaube, da überspringen Sie etwas. Denn wir reden über eine zwielichtige Welt, über Dunkelziffern, über Taten, die eigentlich bemerkt worden sein müssten, aber »übersehen« wurden, teilweise jahrzehntelang. Deswegen wird oft gesagt, das stimme alles gar nicht, sei eine Übertreibung, zum Beispiel, um Männer zu diffamieren. Witze werden gemacht, ja, über die Neigung bestimmter Priester oder anderer Berühmtheiten zu »kleinen Jungens«. Und von einer endgültigen Aufarbeitung sind wir nach wie vor weit entfernt.

Anderes spielt sich in Familien ab, in der Privatsphäre, die bekanntlich zu schützen ist. Und sehr kräftig geschützt wird: Jede Ärztin, jeder Arzt, der in seiner Praxis bei der Untersuchung von Kindern ziemlich eindeutige Misshandlungszeichen entdeckt, muss sich genau überlegen, ob sie oder er etwas bezeugt. Hilfreich wäre ein guter Anwalt in *Standby*-Funktion, denn jede Meldung an Jugendamt, Polizei, Staatsanwaltschaft ist rechtlich gesehen ein Bruch der Schweigepflicht, die bei Kindern die Eltern mit einbezieht. Und wenn nicht sehr sicher ist, dass die engen Kriterien für den Bruch der Schweigepflicht gegeben sind, kommt schnell die Approbation der Ärztin, des Arztes in Gefahr, was vor allem fraglich missbrauchende Eltern mit viel Geld zum Prozessieren genau wissen. Auch eine Schulung von Polizisten für diese Besonderheiten der Privatsphäre wäre nicht schlecht.

Im Nachhinein wird immer wieder von Familien von Schulkameraden, Freundinnen in der Nachbarschaft erzählt, man habe ja nichts »mitbekommen«. Nichts mitbekommen zu wollen, hat eine beachtliche Tradition in diesem Land. Sie müssen gar nicht bis in die Nazizeit zurückgehen; nehmen wir noch mal Lügde: mehr als 18 Jahre, so viele Beobachtungen, die nicht ins Bewusstsein gelangten, dass da etwas zu tun gewesen wäre, oder sogar Anzeigen, die angeblich zu »vage« blieben, um zu Konsequenzen zu führen.

Wir brauchen eine andere Zeugenkultur, die Zeugen in der Ermittlungsphase schützt, die ernste Hinweise auch ernst nimmt und die Privatsphäre nicht ernster nimmt als die Schicksale der Kinder. Bemühen wir nochmals den Bundespräsidenten als Fürsprecher: »Wir müssen einschreiten und helfen, sobald es kleinste

Hinweise und Vorkommnisse gibt.«[2] Das klingt einerseits höchst selbstverständlich, andererseits geradezu utopisch angesichts einer Wirklichkeit, die Lügde möglich machte.

Was bringt es, wenn wir uns in die Täter hineinversetzen?

Ein paar Gründe: Nur wenn wir »Täter« verstehen, besteht eine Chance auf Veränderung. Abscheu, Entsetzen, Wut sind zwar verständliche Regungen, tragen aber zum Verstehen nichts bei und verhindern gar nichts. Wir sehen das bei den Gräueltaten des Nationalsozialismus: Hannah Arendt hat den Begriff von der »Banalität des Bösen« geprägt. In ihrem Buch über den deutschen Massenmörder Adolf Eichmann[3] hat sie ihr Erstaunen darüber ausgedrückt, wie banal diese Ungeheuerlichkeit, die Ermordung von 6 000 000 Juden organisiert war. Banal, das durfte vor den Ohren der Überlebenden nicht gesagt werden. Banal hat mit Fassungslosigkeit wenig zu tun. Wenn Sie sich mal Tondokumente von Eichmanns Verteidigung anhören, werden Sie vermutlich den gleichen Eindruck haben: ein zutiefst gewöhnlicher, banaler Mann. Die ihn verhörenden Polizisten und Staatsanwälte hatten eine Bestie erwartet und fanden nur Banalität.

Ahrendt hatte auch überlegt, ob die mit den Nazis notgedrungen kooperierenden Judenräte nicht ebenfalls einen Anteil an der Umsetzung des Judenmordes haben. Das wollte die Welt noch weniger wissen. Und doch wäre dieses Wissen so wichtig für die Zukunft: Wo mindert Kooperation das Böse, wo hilft sie und wo leistet sie dem Verbrechen Vorschub? Chamberlain hätte das auch interessieren sollen. In einer Diskussionsrunde mit jungen Männern mit Migrationshintergrund fragte neulich einer, ob wir unsere wirtschaftlichen Kooperationen mit China nicht angesichts der Behandlung der Uiguren überdenken sollten.

Banal sind auch die Situationen, aus denen heraus in Familien misshandelt wird. Oder wenn kleine Kinder auf dem Campingplatz über Jahre entsetzlich gequält werden. War es das Banale, das

Jugendämter, Polizei und Staatsanwälte jahrelang davon abhielt, etwas zu tun, was die Kinder von Lügde gerettet hätte?

Das Nächste wird Ihnen gar nicht gefallen: Vieles spricht dafür, dass auch wir, jeder von uns, das Potenzial zum Täter in uns tragen. Wir könnten das erkennen, wenn wir uns auf die Täter einließen. Nette Menschen haben in guter Absicht immer wieder ziemlich fürchterliche Dinge getan, und auch wir, Sie und ich, wären dazu in der Lage. Horchen wir in uns hinein und nutzen wir unser Insiderwissen, damit das Furchtbare ein Ende findet. Beim Thema »Gewalt« werden wir noch mal darauf kommen.

Der Schaden ist erheblich. Schaden, ganz nüchtern: finanzieller Schaden. Ich traue Ihnen zu, dass Sie auch versuchen würden, seelischen Schaden zu ermessen, aber ökonomische Statistiken sind doch etwas handfester und passen besser in eine so durch und durch ökonomisierte Gesellschaft wie die unsere.

Lassen wir also nur die Zahlen sprechen: »Häusliche Gewalt [ist] mit Abstand am teuersten, pro Jahr verursacht sie weltweit Kosten von rund 6,1 Billionen Euro [...] Die wirtschaftlichen Schäden durch häusliche Gewalt sind damit 6,5 Mal größer als die durch Tötungsdelikte und mehr als 50 Mal größer als die durch Bürgerkrieg verursachten Verluste. Auf jeden toten Zivilisten in Kriegsgebieten kommen ungefähr neun Menschen, die in zwischenmenschlichen Streitigkeiten getötet werden, schreiben Anke Hoeffler von der Universität Oxford und James Fearon von der Universität Stanford. [Ihnen] zufolge haben die rund 30 Bürgerkriege der vergangenen Jahre im Schnitt 167 Milliarden Dollar, umgerechnet 129,2 Milliarden Euro, pro Jahr gekostet. Tötungsdelikte dagegen verursachten rund 700 Milliarden Dollar Kosten pro Jahr, etwa 541 Milliarden Euro – eine verschwindend geringe Zahl, verglichen mit den Kosten häuslicher Gewalt, die die Forscher mit rund acht Billionen Dollar, etwa 6,1 Billionen Euro, ansetzen.«[4]

Das ist doch schon mal was, klare Zahlen, klarer Handlungsauftrag, klare Prioritäten. Oder?

Um den seelischen Schaden der »Opfer« ermessen zu können, müssten wir sie verstehen. Fassungslos sein reicht auch hier nicht. Die zum Oralverkehr gezwungenen Babys, die zur Fellatio oder zum Analverkehr oder zu »normalem Sex« gezwungen Jugendlichen, die zur Zielerreichung häufig auch noch geschlagen werden – wie sollen wir die verstehen?

Das berührt eine Diskussion, mit der ich mich schwertue: Dürfen nur die über Verletzungen sprechen, die selbst verletzt wurden? Können also allein Frauen etwas über ihre Vergewaltigungen sagen, nur rassistisch Diskriminierte über den Rassismus, nur Juden über den Holocaust? Und die Frage betrifft natürlich auch dieses Buch: Darf ein alter weißer Mann über die Verletzungen von Kindern, Frauen und anderen schreiben, ist es ihm überhaupt möglich?

Zum Dürfen habe ich eine klare Meinung: Ich komme aus einer Generation, in der Maulkörbe eine zentrale Rolle spielten, und ich glaube, dass es nicht sinnvoll, sondern verhängnisvoll ist, jemandem den Mund zu verbieten. Das Problem liegt im Können. Wenn wir nicht auf der Stufe des oberflächlichen Laberns bleiben wollen, müssen wir zugeben, dass die Annäherung an von uns selbst nie erlittene, sondern allenfalls verursachte Opfergeschichten ans Unmögliche grenzt. Das lässt sich für alle genannten Beispiele zeigen. Hier geht es um die missbrauchten Kinder, und wenn Sie zu verstehen versuchen, was das ihnen Angetane bei ihnen angerichtet hat, kommen Sie schnell an Grenzen, die Sie nicht überschreiten können: Das Verstehen funktioniert miserabel, und Sie laufen Gefahr, den »Opfern« Ihre Vorstellungen von der Realität überzustülpen und ihnen damit wieder nicht gerecht zu werden.

Trotzdem. Wenn wir nicht wenigstens versuchen, anderen empathisch zu begegnen, verstummen wir, und unsere Gesellschaft zerfällt. Für dieses »trotzdem« gibt es zwei Argumente:

Das erste liegt in dem, was wir Empathie nennen. Wenn wir sie nicht unterdrücken, stellen wir fest, dass sie einfach passiert, unabhängig von unseren Intentionen. Ein Neonazischläger kann Empathie entdecken, wenn ihn sein schwarzes Opfer, das er gerade schlägt, einfach nur anschaut.[5]

Das zweite stammt aus den Gelöbnissen eines Bodhisattva im Buddhismus, der alle Wesen erlösen will, obwohl ihre Zahl unendlich ist, der seine üblen Seiten überwinden will, obwohl sie unendlich sind, der den Lehren folgen will, obwohl sie zahllos sind, und der dem Weg des Buddha folgen will, obwohl das unmöglich ist.[6]

Vielleicht ist es immer noch besser, Unmögliches zu versuchen, als denen das Feld zu überlassen, die andere nicht nur nicht verstehen, sondern sie wieder und wieder verletzen wollen.

Jeder Versuch des Verstehens, ob im therapeutischen, zwischenmenschlichen oder politischen Rahmen, ist nur sinnvoll, wenn wir die »Opfer«, so wie sie sind, respektieren. Der erste Schritt in den Respekt bedeutet, sie nicht mehr »Opfer« zu nennen.

Im Zwielicht – Lust auf Macht

Macht ist doch nichts Schlechtes. Das sagen viele, nicht nur Männer. Und natürlich ist da was dran: Mit Macht lässt sich Gutes realisieren, Böses verhindern.

Aber wir sollten es uns nicht zu einfach machen. Auffällig ist, dass es völlig unterschiedliche Gesellschaftsformen wie die Buschmänner der Kalahari oder die Plutokratie der Venezianer gab, die sehr, eigentlich extrem vorsichtig mit der Vergabe der Macht an ausgewählte Mitglieder ihrer Gesellschaft umgingen.

Und sehr viel banaler, um nicht zu sagen brutaler: Macht ist der Wirkfaktor ziemlich vieler Missbrauchsformen.

Missbrauch von Nähe zwischen Therapeut und Patient

Missbraucht werden Menschen, obwohl sie einen Anspruch auf Schutz vor Gewalt und erzwungener Sexualität genießen. Das macht die bisher genannten Formen von Missbrauch moralisch so verwerflich. Im Grunde ist das nicht anders, wenn Therapeuten zu Tätern werden. Allerdings sind die Klienten oder Klientinnen meist Erwachsene (über die Missbrauchsquote bei Kinder- und Jugendtherapeuten liegen mir keine Zahlen vor), von denen man erwarten würde, dass sie in der Lage sind, sich gegen den Missbrauch zur Wehr zu setzen. Diese Erwartung wird der besonderen Beziehung zwischen Klient und Therapeut nicht gerecht. Ich bin Therapeut und habe gelernt, dass Psychotherapie Verständnis und Vertrauen in ganz besonders großem Ausmaß voraussetzt; diese Nähe ist die Grundlage von Therapie, ein kostbares Gut, das missbraucht werden kann. Gerade Klientinnen mit sexuellen Missbrauchserfahrungen aus der Kindheit, die sich schwer abgrenzen können, passiert es öfters, dass ihre Therapeuten genau diese schlecht gesicherte Grenze überschreiten und eine sexuelle Beziehung mit ihnen anfangen. Dadurch werden sie erneut schwer geschädigt, und ihre Chance auf Heilung verzögert sich oft über Jahre.

In der Therapieausbildung kommt das Thema vor. Aber wie so oft, beim »Missbrauch«, bei #metoo, liegt dieses Fehlverhalten in einem eigentümlichen Zwielicht: Natürlich ist es falsch, ja klar. Aber wenn es geschieht, glaubt man oft, die Voraussetzungen für eine konsequente Strafverfolgung seien irgendwie doch nicht gegeben. Was auch hier dadurch begünstigt wird, dass sich die »Opfer« schämen und die Schuld bei sich suchen. *Business as usual* – nur fatal, dass so etwas in Therapien passiert, die frühere Verletzungen heilen sollten. Eigentlich.

Dieses Zwielicht verbreitete sich schon in der Urzeit der Psychotherapie. War da nicht was zwischen C. G. Jung und Sabina Spielrein? C. G. Jung, auch heute noch als Koryphäe der Psychoanalyse angesehen, der die Schweizer Version von Sigmund Freuds Theorie gestaltet und etabliert hat, fing 1904 offenbar eine Beziehung zu einer 18-jährigen Frau an, die im Burghölzli, der psychiatrischen Universitätsklinik von Zürich, behandelt wurde, Sabina Spielrein. Er konnte diese hochintelligente Frau nicht abschieben oder diskreditieren, wie es heutige Therapeuten meist versuchen, wenn sie ihre Klientinnen missbrauchen; vielmehr hat sie es geschafft, selbst Analytikerin zu werden. Und was für eine! Sie promovierte als erste Frau in Psychoanalyse. Durch Vermittlung von Sigmund Freud gelang ihr der Zutritt zum engeren Kreis der Psychoanalytiker, und sie war Analytikerin von Jean Piaget, dem später berühmten Entwicklungspsychologen[1]. Ihre Auseinandersetzung mit dem großen Thema von Liebe und Tod gab Freuds Theorie vom »Todestrieb entscheidende Impulse [...] Auf der Suche nach Beispielen in

Literatur und Mythen bedient sich Spielrein großzügig bei Wagner […] Brünnhilde singt, bevor sie in die Flammen reitet, eine großartige Aria von Vernichtung und Wiedergeburt. Und natürlich zitiert Spielrein das Duett von Tristan und Isolde zum androgynen Verschmelzen […] Bei Wagner ist der Tod öfters nichts anderes als die destruierende Komponente des Werdeinstinktes […] Sie verleiht Wagners Frauen eine neue Form von Handlungsmacht, weil sie sich nicht länger nur opfern, um den Mann zu erlösen. Männliche und weibliche Identität verschmelzen zu einer vereinigten Subjektivität; das ›Ich‹ wird zum ›Wir‹«.[2]

Damals wie heute eine Rarität: eine Frau, die sich in einem Männerclub durchsetzt. Sie hat zumindest die Übergriffe einigermaßen gut überstanden, was allerdings auch C. G. Jung, ihrem analytischen Übervater und Täter, sehr souverän gelang.

Im Verlauf ihres bewegten Lebens, sie stammte aus Russland und ging mit ihrem Mann später auch wieder dorthin zurück, wurde sie 1942 von den Nazis, Einsatzgruppe D[3], während des Russlandfeldzugs zusammen mit ihren zwei Töchtern umgebracht. Weil sie Jüdin war. Für die Täter war das ein hinreichender Grund. »Sie selbst konnte nicht glauben, dass Deutsche solche Gräueltaten begehen könnten, wie man sich erzählte. Sie versuchte nicht zu fliehen.«[4] Auch hochbegabte Menschen können sich täuschen.

Dass das Zwielicht auch heute nicht ganz verschwunden ist, zeigt sich unter anderem daran, dass es keine halbwegs sicheren Zahlen zur Realität therapeutischen Missbrauchs gibt. Der viel zu früh verstorbene Psychotherapieforscher Harald Freyberger hat sich dazu sehr eindeutig geäußert:

»Prof. Freyberger: Wir haben Daten aus Befragungen von ärztlichen und psychologischen Psychotherapeuten in Kanada, England und Deutschland aus den 1990er-Jahren und um 2000. Auf dieser Basis schätzen Experten, dass etwa 8 Prozent aller niedergelassenen Psychotherapeuten einmal im Leben einen sexuellen

Übergriff begehen. Männliche Therapeuten stellen die absolute Mehrheit der Täter, die meisten Opfer sind weiblich.

Gibt es Erkenntnisse zur Täterpsychologie?

Prof. Freyberger: Eine relativ kleine Gruppe von dissozialen Tätern sind im Grunde für den Beruf ungeeignete Wiederholungstäter. Als zweite Gruppe fallen eher *narzisstisch gestörte* Täter auf. Auch sie sind relativ oft Wiederholungstäter, sie nutzen die Grenzverletzungen zur Selbstwertregulation. Als weiteres Risikoprofil stellten sich *persönliche Krisen* von Psychotherapeuten heraus, zum Beispiel nach einer Trennung oder weil sie sich in ihrem Job ›ausgelutscht‹ fühlen. Diese größere Tätergruppe, vermutlich über 50 Prozent, neigt eher dazu, sich selbst anzuzeigen, Supervisionen zu suchen, Schuld und Scham zu entwickeln.«[5]

Interessant erscheint, dass ganz ähnliche Persönlichkeitsprofile bei den klerikalen Tätern gefunden wurden:[6] Neben einem pädophil fixierten Typus fand sich ein narzisstisch-soziopathischer Typus und auch Stress- und Überforderungssituationen spielen eine Rolle. Im Interview mit Freyberger heißt es weiter:

»Gibt es Erkenntnisse zum ›Wie‹?

Prof. Freyberger: Besonders erschreckend ist, dass schätzungsweise 25 Prozent der sexuellen Übergriffe durch Gewalt gekennzeichnet sind, also mit Gewalt-, Druck- und Vergewaltigungsszenarien einhergehen.«

Bemerkenswert ist, dass sich Freyberger leider nur auf Zahlen beziehen kann, die mehr als 20 Jahre alt sind. In der sonstigen medizinischen Forschung haben so alte Daten allenfalls anekdotischen Wert. Das Thema scheint die Kammern der Ärzte und Psychotherapeuten nicht nachhaltig umzutreiben. Es sind Männer mit auffälligen Persönlichkeiten, die von den Ausbildungsinstituten eigentlich hätten entdeckt werden müssen, und Männer in Lebenskrisen: Wissen Therapeuten denn nicht, wie sie mit Krisen umgehen sollen? Wer, wenn nicht sie? Was bringen wir ihnen bei?

Ein Viertel der sexuellen Übergriffe wird durch Gewalt erzwungen; in der Psychotherapie! Wird Gewalt in Ausbildung und Supervision vielleicht verdrängt?

Sie sind wahrscheinlich kein Therapeut. Aber ich. Da Sie nie in dieser Situation gewesen sind, können Sie nicht wissen, wie nahe man sich in Therapie kommen kann! Diese Nähe ist manchmal unglaublich. Die meisten glauben, Missbrauch entstünde nur aus der Körperlichkeit, aus dem Druck der Hormone oder ähnlichen Männermythen. Kann passieren, okay, jeder ist anders. Doch die Versuchung sieht ganz anders aus: Wenn ein Mensch sich in seiner Not und Bedrängnis über die unbegreiflichen Vorgänge der eigenen Seele einem anderen öffnet und dieser andere mitfühlend empathisch ist, dann kommen sich beide näher, als das sonst zwischen Menschen passiert. Diese Erfahrung kann so überwältigend sein, dass der Rest der Welt in den Hintergrund tritt. Und mit dem Rest der Welt auch ihre Regeln. Dann haben Sie den Salat. Und deswegen ist es so absolut unverzichtbar, dass Therapeutinnen und Therapeuten in ihrer Ausbildung auf solche Möglichkeiten vorbereitet werden, damit ihnen in der Auflösung der Grenzen der rettende Gedanke kommen kann: Da war doch noch etwas.

Natürlich gibt es auch Therapeuten, bei denen es nicht zu so kostbaren Gedanken kommt, die einfach nur finden, dass sie in ihrem Leben bisher zu wenig Sex gehabt hätten und dass jüngere Frauen in Not leichte Beute sind. Man sollte sie rauswerfen, ihnen die Approbation entziehen. Es ist ein schweres Versäumnis, dass sich unsere berufsständischen Kammern darum nicht oder entschieden zu wenig kümmern.

Übergriff als männliches Prinzip: Vergewaltigung

Sollte ich als Mann über Vergewaltigung Bescheid wissen? Ich habe mich nie dafür interessiert, finde Vergewaltigung abartig. Punkt.

Wahrscheinlich trägt diese meine Haltung dazu bei, dass die Situation so ist, wie sie ist. Es gibt einiges zu wissen über Vergewaltigung. Zum Beispiel ist bei ihr die Geschlechtsaufteilung – wer ist Täter, wer ist Opfer? – eindeutig. Obwohl manche Männer sogar hier die Diskussion führen, schuld seien die Frauen. Schauen wir, wohin uns eine kleine Konfrontation mit dem Thema bringt.

So furchtbar weit ist diese Realität gar nicht von mir entfernt, denn die im Vorangehenden referierten Übergriffe der Therapeuten, von denen 25 Prozent durch Gewalt gekennzeichnet waren, fallen in die Oberkategorie Vergewaltigung. Vergewaltigung passiert keineswegs nur in dunklen Straßenecken, wenn nach dem Volksfest betrunkene (verminderte Schuldfähigkeit!) Männer über Frauen herfallen, wenn die Sieger eines (Bürger-)Kriegs die Frauen der Verlierer demütigen. Wenn ein Mann eine Frau intim berührt, ohne dass sie damit einverstanden ist, oder er sie gar vergewaltigt, dann kann das so zartbitter daherkommen, dass viele von uns Männern mit ihrer geschlechtstypisch reduzierten Sensibilität übersehen, wo das Problem ist. Vergewaltigung oder Nötigung bleibt es allemal: »Iris wurde von ihrem Mitbewohner, einem guten Freund, an den Brüsten angefasst. In ihrem Zimmer, ihrem Bett. Sie wollte das nicht. Er habe nicht gefragt […] Sie sagt, dass sie nicht schlecht über ihn sprechen wolle, dass sie nicht möchte, dass die anderen denken, er sei ein schlechter Mensch. Sie sagt, dass er nicht wisse, was er machen solle, und dass sie es auch nicht wisse […] ›Ich habe ihn geliebt. Er war der tollste Mensch auf der Welt. Ich wollte versinken in ihm. Ich wollte ihm nah sein, wollte geliebt sein. Ich wollte es so gerne wollen. Aber nicht so, noch nicht. Er hat mir das Gefühl gegeben, etwas stimmt nicht mit mir, dass ich komisch und verklemmt bin. Ein Teil von mir hat ihm geglaubt. Er war ja alles, er war jeder. Trotzdem. Ich habe Nein gesagt.‹«[7]

Seine Replik würden wieder die meisten Männer, zum Beispiel vergewaltigende Ehemänner, nicht über die Lippen bringen: »Ich hatte so meine Vorstellung, und ich wusste schon, dass ich dich gedrängt habe, und ich wusste auch, dass das irgendwie dumm war im Nachhinein, aber ich dachte nicht, dass dich das so trifft, so nachhaltig beeinflusst. Dass das so schlimm ist.«[8]

Ja, war dumm schon im Vorherein, und im Nachhinein war das Kind im Brunnen. Dieses »ich dachte nicht« macht den ego-zentrierten Irrtum deutlich, der einem immer wieder bei Entschuldigungen von Männern unterkommt. Wer hat uns auf die Idee gebracht, ich könne mit meinem Denken klären, wie die andere Person fühlt, was sie will, wie sie sehr sie getroffen wird? Ich könnte das schon herausfinden, sogar als Mann. Diese Empathie entsteht über anschauen, miteinander sprechen, zuhören, die andere respektieren. Keineswegs über egozentriertes Denken, bei dem ich um meine Wünsche und Ansprüche kreise, sie bei jeder Umdrehung immer mehr aufheize und sie zum Schluss nicht mehr steuern kann, womit sich Vergewaltiger dann auch noch entschuldigen zu können glauben. Der Druck der Hormone eben und ähnliche Männermythen.

Eine andere, ebenso abgestandene »Entschuldigung«: Frau habe ihn, Mann, durch ihre aufreizende Kleidung gereizt, und sie sei deswegen selbst schuld. Stammt aus dem internationalen Fundus von Männersprüchen, die von Kiel bis Nigeria[9] immer wieder gerne gebracht werden. Wenn man sich dann anschaut, was an der Kleidung aufreizend gewesen sein soll, erfasst einen tiefe Ernüchterung: Allein dass eine Frau als weiblich erkennbar ist, reicht aus, um für Männer aufreizend zu sein.

Vergewaltigung ist häufig und wird in einem unfassbar niedrigen Prozentsatz verfolgt und bestraft. Der Kriminologe Christian Pfeiffer hat 1992 und 2011 zwei repräsentative Befragungen zum Thema Vergewaltigung gemacht.[10] »Die Täter der Vergewaltigung stammten [1992] zu 71 Prozent aus der Familie bzw. dem Haushalt der Frau. Ganz überwiegend handelte es sich um ihre Ehemänner. Für die Frauen waren die Vergewaltigungen innerhalb eines Haushaltes besonders belastend, vor allem, weil sie sich meistens wiederholten. 2011 war die Quote der Frauen, die in einem Fünfjahreszeitraum Opfer sexualisierter Gewalt geworden waren, von 4,9 auf 2,5 Prozent gesunken, die Vergewaltigungen innerhalb eines Haushaltes waren von 3,3 auf 1,7 Prozent gesunken.« Eine positive Entwicklung, ganz klar. Auch eine stabile? Ich habe so meine Zweifel, dass diese schönen Zahlen die Pandemie überstanden haben.

Aber da war noch dieser andere, gar nicht selbstverständliche Begriff: der »Haushalt«, die Familie ist der Ort des Geschehens; nicht nur kindlicher Missbrauch, sondern auch Vergewaltigung spielt sich in der wohlgehüteten Privatsphäre ab. Deswegen bricht die Frau, die aus dieser Privatsphäre heraustritt und ihren Mann beschuldigt, ein Tabu, das natürlich nicht nur sie wahrnimmt, sondern auch die ermittelnden Polizisten, Staatsanwältinnen, Richter. Was die niedrige Aufklärung und Verurteilung wenigstens zum Teil erklären dürfte. Tabus bleiben so lange wirksam, bis sie immer wieder, jederzeit angesprochen, diskutiert, infrage gestellt werden.

Eine andere Geschichte: Eine gebildete, promovierte Frau aus heilem Elternhaus, sportlich, hervorragend verbalisiert, mit vier zum Teil schon erwachsenen Töchtern und Söhnen in Süddeutschland lebend, kommt zu mir wegen der Randerscheinungen einer schmutzigen Scheidung von einem Spitzenmanager. Nach einigem Nachfragen stellt sich heraus, dass das Sexualleben des Paares schon seit vielen Jahren durch seine ultimativen Ansprüche auf Sex, wann auch immer er ihn wollte und völlig unbeeindruckt von ihrem Widerstand, beeinträchtigt war. Meine Frage »Sind Sie vergewaltigt worden?« bejahte sie nach einigem Zögern mit den Worten »Ja, so muss man das wohl nennen«.

Die Möglichkeit, Anzeige zu erstatten, sei ihr nicht in den Sinn gekommen und kam ihr auch jetzt, nachdem sie sich das überlegen wollte, nicht in den Sinn. Und das im Jahr 2021, nach #metoo, nach »Nein ist Nein«. Vielleicht wollte sie sich dem nicht aussetzen, was auf sie zukommen würde.

Denn die Praxis der Strafverfolgung macht einen sprachlos: Mehrere Tausend Frauen werden pro Jahr in Deutschland vergewaltigt – die Täter jedoch selten verurteilt. »Von hundert Frauen, die vergewaltigt werden, erlebt nur etwa eine einzige eine Verurteilung des Täters […] das liegt daran, dass 85 Prozent der Frauen keine Anzeige machen, und dann gibt es folglich auch keine Verurteilungen. Und von den 15 Prozent, die übrig bleiben, werden letztendlich nur 7,5 Prozent der Täter verurteilt. Das ist indiskutabel.«[11] Was den Rückschluss erlaubt, dass die 85 Prozent, die eine Vergewaltigung gar nicht erst zur Anzeige bringen, von einer Überlegung ausgehen dürften, gegen die es nicht viele gute Argumente gibt: Warum sollen sie sich dem demütigenden Vorgang eines Strafprozesses, den Fragen des gegnerischen Anwalts aussetzen, wenn trotzdem weniger als 10 Prozent der Täter verurteilt werden? Dass Frauen bewusst lügen oder die Unwahrheit sagen, komme immer wieder als Argument bei dem Thema, so Kriminologe Pfeiffer: »Nach unserem Kenntnisstand sagt die große Mehrheit der Frauen, rund 80 Prozent, die Wahrheit, und denen müssen wir gerecht werden.«[12]

Das Ganze ist noch viel absurder, denn auch der Wohnort spielt eine Rolle, ob der Täter letztendlich verurteilt wird. Laut Berechnungen von Pfeiffer schneiden die Bundesländer Berlin, Bremen und auch Niedersachsen schlecht ab. »Für mich gibt es mehrere denkbare Ursachen, angefangen von der unterschiedlichen Ausstattung der Polizei, der Arbeitsbelastung in Polizei und Justiz bis hin zur Ermittlungsarbeit selbst: Hier müssten zum Beispiel alle Vernehmungen auf Video aufgezeichnet werden.«[13]

Wir Männer müssen uns entscheiden

So, da stehen oder sitzen wir nun. Sie und ich vergewaltigen nicht. Davon geh ich mal aus. Auch viele andere Männer tun das nicht, verabscheuen solche Taten ebenso sehr wie Sie und ich. Und trotzdem sind Frauen in aller Welt in ihren Lebensgewohnheiten davon beeinträchtigt, trotzdem findet die Verfolgung und Bestrafung dieses Delikts auf einem Niveau statt, dass ein Täter sich gute Chancen ausrechnen kann, ungeschoren damit durchzukommen. Und wie bei so vielen Männertypen gibt es einige wenige Nutznießer dieser hier durchaus als toxisch zu bezeichnenden männlichen Dominanz und viele, die ihre Hände in Unschuld waschen.

Ja, meine Herren, Sie ahnen es: Ich finde, dass Sie, die wichtigen Männer in Politik, Wirtschaft und sonstiger Gesellschaft, sich dieses Themas annehmen sollten, auch diejenigen von Ihnen, die in den Rotary- oder Lion-Clubs und anderswo wohlgefällige Dinge tun. Setzen Sie dieses Thema auf Ihre Agenda.

Warum sollten Sie so etwas tun? Weil Sie sich dann nicht mehr schämen müssten.

Das ist eine dieser grundlegenden Situationen, in der wir Männer uns entscheiden können und müssen. Wir müssen eine Antwort geben auf die Frage, welche Gesellschaft, welchen Umgang zwischen Männern, Frauen und anderen wir wollen: Vollverschleierung als der ultimative Schutz, um nicht als attraktive Frau erkennbar zu sein, oder eine Kleidung, die nach persönlichem Geschmack auch mal geschlechtsbetont sein kann, und bitte ohne mitgekaufte Garantie, demnächst vergewaltigt zu werden.

Wir sollten auch über ein paar grundlegende Ansichten ins Gespräch kommen. Zum Beispiel über die, dass Ansprüche ein unsinniges Konstrukt sind, obwohl wir uns mit ihnen so schön im Recht fühlen. Die Offenheit, dass niemand weiß und niemand bestimmen kann, wie der Abend mit dieser attraktiven (eigenen oder fremden) Frau endet, gibt dem Leben doch erst den Geschmack. Ansprüche produzieren ausschließlich Eintopf. Wer's mag ...

Weil dies so grundlegende Fragen im Umgang mit uns Männern sind – ja, bei dem Thema sind wir das Problem –, sollten wir uns zu einer öffentlichen Diskussion darüber bequemen, wie es denn überhaupt zur Vergewaltigung kommt und welche

Möglichkeiten wir haben, das zu verhindern. Denn hinter den Geschichten von Vergewaltigungen zeigt sich das traurige Gesicht der Männerfantasien von Sexualität. Doch bevor wir uns dieses Gesicht im Spiegel anschauen, geht es erst mal um die tödliche Folge männlicher Übergriffe, um Mord.

Bei Mord hört der Spaß auf

Offensichtlich hat Mord eine andere Qualität als Vergewaltigung oder Missbrauch. Für die Opfer sowieso, aber vor allem, was die Reaktion der Gesellschaft angeht. Bei Mord hört der Spaß auf. Die Ignoranz gegenüber den Zahlen, die Nachlässigkeit bei der Strafverfolgung, die milden Urteile, all das ist bei Mord anders. Mord verjährt im Gegensatz zum sexuellen Missbrauch nicht, Mord wird zu fast 95 Prozent aufgeklärt. Mord führt oft zu sehr langen Freiheitsstrafen. Mord soll es in unserer Gesellschaft nicht geben. Auch wenn es nicht gelingt, ihn ganz zu verhindern, gehen wir dabei durchaus effektiv vor.

Vor diesem Hintergrund ist zweierlei bemerkenswert: Wie Frauenmörder ihre Taten begründen. Und dass es Aktivitäten im Internet gibt, die Gewalt gegen Frauen – inklusive Mord – propagieren und wie sie von ihren Anhängern verherrlicht werden.

Mord an Frauen aufgrund ihres Geschlechts wird »Femizid« genannt. »Die Zahlen sind schockierend«, so die damalige Bundesfamilienministerin Franziska Giffey (SPD): Im Jahr 2019 wurde statistisch betrachtet alle 45 Minuten eine Frau durch ihren Partner verletzt oder angegriffen, an fast jedem dritten Tag sei eine Frau durch die Tat ihres Partners oder Ex-Partners gestorben.[14] Im Jahr 2018 mindestens 122.

Gegenwärtig gibt es im Internet unter change.org eine Initiative von Frau Prof. Dr. Kristina Wolf, die sich für die Umsetzung der Istanbul-Konvention durch die Bundeskanzlerin einsetzt und die in 2021 in Deutschland ermordeten Frauen auflistet: »1. MAI 2021 – In Deutschland haben (*) 63 Mädchen und Frauen die männlichen Gewaltexzesse mit ihrem Leben bezahlen müssen, drei weitere Frauen wurden von Männern totgerast und eine Frau wurde von einem deutschen Staatsbürger in der Schweiz umgebracht. DER 1. MAI 2021 IN ÖSTERREICH – Nach dem 9. #Femizid in Wien wird ein Sicherheitsgipfel anberaumt. DER 1. MAI 2021 IN DEUTSCHLAND – Selbst nach dem 67. #Femizid in Hamburg: NICHTS. Frau Giffey macht Wahlkampf, Frau Lambrecht duckt sich weg, Herr Spahn tut, als ginge ihn das alles nichts an, und Herr Seehofer ignoriert das innenpolitische Sicherheitsrisiko Misogynie komplett.«[15]

Zwei Journalisten der *ZEIT* haben versucht, die Einzelfälle im Jahr 2019 zu recherchieren. Ihr Text ist wegen der Mischung aus äußerster Brutalität der Taten und äußerster Banalität der Begründungen schwer zu lesen. »Sindelfingen: Er, ein Physiklehrer, lauert ihr auf einem Parkplatz auf, zieht sich eine Faschingsperücke über und sticht, mitten am Tag, vor den Augen zahlreicher Passanten mit einem 20 Zentimeter langen Messer minutenlang auf seine von ihm getrennt lebende Ehefrau ein. Lässt erst von ihr ab, als ein herbeigerufener Polizist mit einer Maschinenpistole im Anschlag ruft: Messer weg. Er sah nicht ein, ihr den Unterhalt zahlen zu müssen, den ein Gericht ihr zugesprochen hatte. ›Die Tat war geboten‹, sagt er vor Gericht. ›Das natürliche Recht ist auf meiner Seite‹. Sie wurde 57 Jahre alt und hinterlässt zwei Söhne.«[16]

Was fällt mir ein?

Das Physikstudium ist anspruchsvoll. Der Physiklehrer muss also intelligent sein. Trotzdem sagt er: »Das natürliche Recht ist auf meiner Seite.« Offenbar leben auch intelligente Männer in ihrem Privatkosmos, in dem nur sie wichtig sind und wo ausschließlich ihr privates Recht gilt, das Gewalt rechtfertigt. Dieser Mann ignoriert trotz seiner Intelligenz, dass Mord, hier wäre es wohl heimtückischer Mord, in

dieser Gesellschaft sanktioniert wird. In ähnlicher Weise sind gewalttä-
tige Rechte oder Linke, Incels und andere misogyne Männer[17] von ih-
rem absoluten Recht, Frauen zu unterwerfen, zu quälen und zu töten,
überzeugt. Eigentlich sind sie ja sicher, dass Frauen keine Rechte haben.

Weiter zählen die Autorinnen des ZEIT-Artikels als 21. Fall ihrer
Recherche auf: »Amberg (Bayern): Sie erlitt zwei Hirninfarkte und
wurde zum Pflegefall. Er kümmert sich um sie und den Haushalt.
Man habe die Frau manchmal am Stock beim Spaziergang gesehen, sagen die Nachbarn. Und: Die Wohnung sei immer pico-
bello gewesen. Doch er trinkt jeden Abend ein Sixpack Bier. Eines
Nachts setzt er sich rittlings auf seine Frau, während sie schläft,
und erwürgt sie. Er habe entschieden, dass ›für meine Frau […] jeder Sinn des Lebens verloren gegangen‹ sei, erklärt er vor Gericht.«

Eine Assoziation:

Während des Nationalsozialismus war Valentin Faltlhauser Di-
rektor der Heil- und Pflegeanstalt Kaufbeuren. Er lebte eine krasse
Diskrepanz: Obwohl er als »Reformpsychiater« galt, weil er glaub-
haft versuchte, Erleichterungen in dem damals unvorstellbar schwe-
ren Leben psychiatrischer Anstaltspatienten durchzusetzen, bereitete
er die »Kinder-Euthanasie« vor und war Gutachter der sogenannten
Aktion T4, in deren Rahmen Menschen mit seelischen, körperlichen
und geistigen Krankheiten und Behinderungen getötet wurden, insge-
samt ungefähr 70 000. Unter seiner Leitung wurden zunächst über
600 Patienten in Gaskammern spezieller Tötungsanstalten ermor-
det, danach ließ er durch Injektionen mit dem Barbiturat Luminal
oder Morphin-Scopolamin ca. 1600 Patienten, darunter über 200
Kinder, töten. Schließlich erfand er eine fettfreie »Sonderkost«, mit
der man nicht mehr arbeitsfähige Patienten verhungern ließ. Weil
sich Menschen ab Unterschreiten eines gewissen Gewichts nicht mehr
erholen, starben viele dieser Patienten noch nach Ende des Krieges,
also als sie eigentlich in Sicherheit waren. Valentin Faltlhauser wurde

1949 wegen Anstiftung zur Beihilfe zum Totschlag (!) zu einer Haft-
strafe von drei Jahren (!) verurteilt, trat die Strafe aber aus Gesund-
heitsgründen nicht an und wurde 1954 begnadigt (!).

   An dieser Geschichte fällt mir als Psychiater so einiges auf, nicht
zuletzt das absurd niedrige Strafmaß angesichts der großen Zahl der
unter seiner Leitung umgebrachten seelisch kranken und behinderten
Menschen. Auch nach dem Ende der Nazis ging die Wertschätzung
für die Menschen mit »unwertem« Leben nicht sprunghaft in die
Höhe. Die Verbindung zu dem oben geschilderten Frauenmord ergibt
sich aus Faltlhausers eigener Erklärung: »Mein Handeln geschah je-
denfalls nicht in der Absicht eines Verbrechens, sondern im Gegenteil
von dem Bewusstsein durchdrungen, barmherzig gegen die unglück-
lichen Geschöpfe zu handeln, in der Absicht, sie von einem Leiden zu
befreien, für das es mit den heute bekannten Mitteln keine Rettung
gibt, also als wahrhaft und gewissenhafter Arzt zu handeln.«[18]

   Offenbar fand er damit ja auch Gehör. So hat es eine lange, düs-
tere Tradition, wenn Männer glauben, über den Lebenssinn anderer
entscheiden zu können. Wie die »unglücklichen Geschöpfe« es erleben,
wenn sie erstickt, vergast, vergiftet oder verhungert werden, ist für auf
diese Art mitfühlende Männer anscheinend irrelevant gewesen.[19]

Sex als Schlachtfeld – die armselige Seite männlicher Sexualität

Das Erleben der eigenen Sexualität kann eine wunderbare Erfahrung sein, ein Höhepunkt des Lebens! Eine völlig unerwartete Le-
bendigkeit, ganz unmittelbarer Kontakt zu Körper und Seele! All
das zusammen mit dieser anderen Person, die ich begehre und die
mich begehrt, was mich ganz besonders heiß macht, ein Einklang
der Lust!

   Schön. Viele Menschen kennen nichts Schöneres. Viele. Und
weil es so toll ist, muss es unbedingt möglichst oft passieren und

immer in gleicher Weise. Im Überschwang dieser am besten immer gleich reproduzierbaren Lust vergessen wir einiges: Auch wenn Sie so empfinden, müssen nicht alle so empfinden. Es gibt sogar Menschen, die ganz ohne Sex leben und völlig normal sind.

Der nächste Punkt ist vielleicht für Männer am schwersten zu begreifen: Selbst wenn viele Menschen Sex toll finden, findet jede und jeder Einzelne etwas anderes toll: Sie will dabei reden, er schweigen oder umgekehrt. *Dirty talk* turnt an oder ab. Sie will in einer bestimmten Weise gestreichelt werden, an bestimmten Stellen, aber nirgendwo anders, er will das gar nicht oder vielleicht ganz genauso. Der uralte Witz: mit Vorspiel, ohne Vorspiel. Wer ist oben, wer unten. Submissiv, dominant. Oral. Und so weiter. Jede und jeder mag es anders.

Warum ist es so kompliziert? Sexualität ist so umfassend individuell, dass man besser gleich von »Sexualitäten« spricht. Sex ist divers, so wie wir Menschen divers sind. Das ist unsere größte Gemeinsamkeit. Was Menschen sexuell gut finden, was sie erfüllt, befriedigt, lässt sich nicht normieren, es ist eine höchst individuelle Angelegenheit[20] und natürlich ist es legitim, nicht nur beim Sex auf dieser Individualität zu bestehen.

Sie wollen das nicht glauben? Sie denken, weil etwas für Sie so spitzenmäßig toll ist, muss es doch auch für das Objekt Ihrer Begierde, Ihre Partnerin, Ihren Partner genauso sein? Der Funke, der ein so überwältigendes Feuerwerk zündet, muss doch überspringen?

Muss er nicht. Genau genommen springt er ziemlich selten über, und oft springt er am besten, wenn sich zwei gut kennen und sich trotzdem noch aufregend finden. Weswegen der hoch bewertete *one-night-stand* oft eine Enttäuschung ist. Das gilt leider auch für den Sex mit dem festen Partner, wenn die beiden nicht mehr neugierig sind, keine Lust mehr aufeinander haben.

Um es noch unübersichtlicher zu machen: Es kann sein, dass Sie heute mit dieser einen Partnerin zum absoluten Höhepunkt

Ihres bisherigen Lebens kommen, und morgen – tja. Höhepunkte lassen sich nicht reproduzieren. Weil Sie aber die Erwartung haben, den Anspruch, heute müsse wie gestern sein, sind Sie enttäuscht, zweifeln an der Beziehung. Unsinn. Das Leben ist so. Es liegt weder an ihr noch an Ihnen, sondern erfreulicherweise lassen sich die wirklich wichtigen Dinge des Lebens nicht kontrollieren. Und nur weil wir Ansprüche haben, lassen sie sich schon lange nicht in den Griff kriegen. Es ist und bleibt komplex. Wie können Sie bei dieser ganzen Komplexität überhaupt zu einer erfüllenden Sexualität kommen? Indem Sie sie akzeptieren und dann vergessen.

Denn dass zwei Menschen aufeinandertreffen, Zuneigung entwickeln, immer mehr und vielleicht schließlich gemeinsam zu einer erfüllenden Sexualität kommen, das passiert zum Glück auch, ohne dass sie darüber nachdenken. Dieses »gemeinsam zu etwas zu kommen« ist ein Merkmal von uns Menschen. Der amerikanische Anthropologe Michael Tomasello hat gezeigt, dass schon zwei- bis dreijährige Menschen mit dem Ziel von Kooperation kommunizieren, und nennt dies »kommunikative Kooperation«.[21] Eine Begabung nur von Menschen, die sich lange vorher zeigt, ehe wir überhaupt anfangen, an Sex zu denken.

Doch sie hört erfreulicherweise in diesem Alter nicht auf! Im Gegenteil. Wenn sich diese Fähigkeit aus Anlage und konkreten Erfahrungen unbehindert entfalten kann, wird sie im Lauf der Jahre zum Erfolgsmodell. Und eines Tages, während oder nach der Pubertät – auch hier ist alles divers –, entdecken zwei Menschen, homo-, hetero- oder irgendwie anders sexuell, dass ihre Fähigkeit, kooperativ zu kommunizieren, auch Liebe und Sex wunderbar bereichern kann. Die »kooperative Kommunikation« ist nicht nur etwas für Handwerksberufe! Dort hilft sie auch, aber beim Sex ist der Anreiz viel höher. Wenn etwas so vielfältig ist, erhöht es meine Chance auf Befriedigung beträchtlich, weil es mir hilft, herauszufinden, wie es die oder der andere gerne hätte, und klarzumachen, wie das bei mir so ist. So können Sie Vielfalt leben.

Nur eine Regel: kein Zwang, keine Gewalt. Vergewaltigung ist kein Sex, die Lust auf Macht bemächtigt sich einiger sehr reduzierter Aspekte der Sexualität, um die andere Person zu demütigen. Gewalt macht alles kaputt, auch die Sexualität, auch die Begabung der Menschen, etwas lieber zusammen als allein zu machen. Gewalt in jeder Form, seelische, körperliche. »Der typische Täter zeichnet sich nicht durch eine erhöhte sexuelle Potenz aus, sondern er ist so sozialisiert, dass es ihm etwas gibt, Frauen gegenüber […] brutale Macht zu inszenieren, sie in Panik zu versetzen, sie lustvoll zu beherrschen und zu erniedrigen […] er ist zudem in seiner Familie und seinem soziokulturellen Selbstverständnis von dominanter Männlichkeit geprägt, die Gewalt zur Durchsetzung von sexuellen Wünschen beinhaltet.«[22] Aber gibt es nicht Menschen, die es gerne etwas härter oder submissiver mögen? Gibt es. Doch bei kaum etwas anderem sind so genaue Absprachen üblich wie bei Menschen, die auf Sadomaso stehen.

Wie funktioniert Sexualität, wenn man keinen Zugang zu den eigenen Gefühlen hat? Schlecht.

Wer in seiner Gefühlsentwicklung gestört oder – oft durch Erziehung – blockiert wurde, keinen oder nur einen gestörten Zugang zur eigenen Emotionalität hat, wird befriedigende Sexualität vermutlich nur in sehr reduzierter Form erleben. Bedenken Sie das, wenn Sie Ihre Kinder erziehen. Nicht zum Sex, das wissen die längst, sondern zur emotionalen Härte. Mit all ihren Folgen.

Befriedigend sind die Gefühle und nicht irgendwelche Muskelzuckungen. Sie sollten sich selbst und Ihre Emotionalität erfahren können beim Sex. Und nicht nur sich, sondern auch noch die andere Person. Etwas fühlen, spüren, und das wechselseitig. Merken, wie sich Ihr Gefühl verändert, wenn Sie das Gefühl der oder des anderen mitkriegen. Gefühle kommen lassen, gehen lassen, zulassen, dass sie durch andere ersetzt werden, immer mehr werden.

Wenn Sie nichts spüren, fühlen, merken können, geht das nicht: »I can't get no satisfaction.« Kennen Sie vielleicht noch. Weltberühmter Stones-Song. Diese paar Worte bringen das Dilemma patriarchalischer Männer auf den Punkt: Wer in der Pubertät oder drum herum gezwungen wurde, seine Gefühle abzuschalten und hart zu sich selber zu sein, wird immer Probleme haben, erfüllende Sexualität zu erleben. Und leider sind das viel zu viele.

Aber das darf doch nicht sein! Das will dieser Mann natürlich nicht hinnehmen. Es muss doch funktionieren! Patriarchalisch geschädigte Männer glauben irgendwie, dass Sexualität eine fest verdrahtete Angelegenheit wäre, die auch ohne Seele funktioniert. Und die ihnen zusteht. Deswegen probieren sie es wieder und wieder. Mithilfe moderner Informationstechnologie – zum Beispiel *Tinder*. Ein Bekannter sang auf einer Party das Hohelied auf Tinder. An einem Tag habe er vier Frauen »durchprobiert«. Ich sagte ihm nicht, dass ich das nicht glaube, sondern fragte nur, wie es gewesen sei. Die Frage fand er unangemessen, er dachte, die Menge spräche für sich.

Sex wird so leider oft zum Schlachtfeld zwischen männlicher und weiblicher Macht, wo ständig wieder die Frage geklärt wird, wer die Kontrolle hat. Und dann ist da auch noch diese peinliche Geschichte mit dem Penis, der dem Machtwillen allzu oft nicht gehorcht. Da das nicht sein darf, muss es an der Frau liegen, die auch noch meine Erektion kontrolliert – welch Höhepunkt der Erniedrigung!

Wenn man wie ich beruflich mit gestörten Gefühlen zu tun hat, liegt einem der Gedanke nicht so fern, *Patriarchy as illness of disordered desire*, als »Krankheit der gestörten Sehnsucht«[23], zu bezeichnen. Warum erkennen auch und gerade die schlauen Köpfe in unserer Gesellschaft das Krankhafte an diesem alles durchsetzenden Männlichkeitswahn nicht? Das Problem bei der Definition einer seelischen Störung ist die Normalität. Konkret: Aus

Sicht einer Psychologie des Normalen wäre es einfach, den männlichen Umgang mit Gefühlen, die Negation der Sensibilität und Verletzlichkeit als nicht mehr normal, dysfunktional, also pathologisch zu definieren. Aber wenn die Mehrheit, die Gruppe mit der größeren Zahl, sich so verhält, reklamiert sie Normalität für sich, ungeachtet aller Nachteile, die sie dafür erleiden muss. Und weil so viele Männer zur Härte gegen sich selbst erzogen wurden, halten sie etwas durch und durch Pathologisches für Normalität.

Noch ein Versuch: Wäre es nicht Zeit für eine männliche Initiative gegen unsägliches Männerverhalten? Nicht, um etwas Tolles, Staunenswertes zu tun, nicht für die Frauen so à la weißer Ritter, der die Jungfrau vor dem Drachen rettet! Der fiese, schleimige, hinterhältige, geile Drachen sind wir leider selbst. Sondern weil es besser für unsere Seele wäre. Wir hätten ja auch noch mehr zu gewinnen: Sich zu schämen ist ein erster Schritt, um Zugang zu bekommen zu unseren Gefühlen, zu unserer Sensibilität. Wir könnten uns öffnen für andere und lernen, dass Diversität Reichtum bedeutet.

Die Internationale
der Frauenverächter

Trotz internationaler Proteste ist die Türkei zum 1. Juli 2021 aus der Istanbul-Konvention zum Schutz der Frauen vor männlicher und häuslicher Gewalt ausgestiegen. Vor zehn Jahren wurde mit diesem Abkommen ein Rahmen für den besseren Schutz von Frauen und Mädchen geschaffen. Die Unterzeichnerstaaten verpflichten sich, Gewalt gegen Frauen zu bekämpfen, auch indem sie ihre Gesetze reformieren. »Die Istanbul-Konvention ist eine zivilisatorische Errungenschaft.«[1]

Auch in anderen Ländern Europas wird die Konvention in konservativen Kreisen kritisiert. Das ist entlarvend, denn es lässt sich nicht aus einer konservativen Lebenseinstellung begründen, hat nichts mit Religionszugehörigkeit oder kulturellen Traditionen zu tun. Es geht ganz allein um Macht, die das männliche Establishment für sich behalten und den Frauen verwehren will. Es geht auch jetzt im 21. Jahrhundert immer noch und wieder darum, Frauen mit allen Mitteln das Recht auf ein freies und selbstbestimmtes Leben verweigern. Frauen dürfen nur leben, wenn sie sich den Regeln und dem Zugriff des Mannes beugen.

Warum gibt es Frauen, die aus Afrika fliehen wollen?[2]

Sie fragen sich, warum zahlreiche Frauen so verbohrt sind, sich auf den lebensgefährlichen Weg vom afrikanischen Kontinent nach

Europa zu machen? Verbunden mit einem beachtlichen Risiko, im Mittelmeer zu ertrinken, mit den eigenen Kindern!

Ich bin überzeugt, dass sich kein weißer Mann in Europa oder in den USA in eine afrikanische Frau hineinversetzen kann, die versucht, als Geflüchtete nach Europa zu kommen. Warum tut sie das? Weil sie um ihr Leben fürchtet und wahrscheinlich zu Recht annimmt, dass der Weg nach Europa trotz aller Risiken und Gefahren für sie immer noch eher zu überleben ist, als wenn sie in Afrika bleibt. Sie ist vorher und auf dem Weg nach Nordafrika, von wo aus sie über das Mittelmeer will, wahrscheinlich mehrfach vergewaltigt worden, ganz einfach, weil Vergewaltigung in den Männergesellschaften, durch die sie ihr Weg führte, ein Disziplinierungsverhalten gegenüber Frauen ist. Oft hat sie eines oder mehrere Kinder, die aus diesen Vergewaltigungen stammen. Die Möglichkeit, diese Kinder abtreiben zu lassen, bestand für sie nicht.

Wie gesagt, weiße Männer haben nur geringe Chancen, solches Erleben zu begreifen, was erklärt, dass sie dieser Frau raten würden, zu bleiben, woher sie kommt, und nicht die Risiken der Flucht auf sich zu nehmen. Aber einen Versuch, die Zusammenhänge zu erfassen, können wir ja machen. Vergewaltigt worden zu sein, ist für eine europäische Frau furchtbar, aber rein theoretisch hat sie die Möglichkeit, die Vergewaltigung zur Anzeige zu bringen, sich in Traumatherapie zu begeben und vielleicht irgendwann wieder ein halbwegs normales Leben zu führen. Von einem halbwegs normalen Leben ist die afrikanische vergewaltigte Frau unendlich viel weiter entfernt. Denn vergewaltigt worden zu sein, bedeutet für sie, dass sie von nun an automatisch in Lebensgefahr ist. Und zwar nicht nur durch andere Männer, potenzielle weitere Vergewaltiger, sondern durch die eigene Familie. Da staunen Sie? Ja, der Umgang mit gequälten Frauen ist so, dass Ihre Fantasie fürs Ausmalen vermutlich zu wenig ausgeprägt ist. Auf meist religiös verquastem Machodenken beruhend, wird die Vergewaltigung einer Frau als deren Schuld interpretiert, weil sie den Vergewaltiger zum Beispiel verführt habe – Männer tun so was ja sonst nicht. Da ist sie wieder, die Internationale der Frauenquäler.

Und weiter geht es: Weil sie ihn verführt hat, hat sie Schande über die Familie gebracht, und diese Schande kann die Familie nur tilgen, wenn sie die Frau tötet. Religiös, wie gesagt. Deshalb muss sie von nun an ständig nicht nur auf fremde, zukünftige Vergewaltiger achten, sondern fast noch mehr darauf, dass sie nicht von einem der selbst ernannten Rächer aus der eigenen Familie entdeckt und erschlagen, erschossen, verbrannt oder irgendwie anders verstümmelt wird. Mit Benzin überkippen und anzünden scheint ein beliebtes Verfahren zu sein. Wen wundert es noch, dass die Gefahr, bei der Flucht über das Mittelmeer in irgendwelchen kippeligen Booten zu ertrinken, von solchen Frauen im Vergleich zu den sonstigen möglichen Heimsuchungen als relativ gering eingeschätzt wird?

Weil wir gerade bei Schätzungen sind: Internationale Flüchtlingsorganisation schätzen, dass es überhaupt nur einer von 50 Frauen gelingt, bis nach Nordafrika zu kommen.[3]

Wieder einmal die Frage: Was hat das mit Ihnen zu tun? Mit mir? Mit uns Männern?

Ich gehe davon aus, dass wir nicht vergewaltigen, weder deutsche noch afrikanische Frauen. Aber sind wir damit raus aus der Geschichte? Wie reagieren Sie, wenn Sie so etwas lesen? Sind Sie empathisch oder meinen Sie, dass Sie sich ja nicht um alles Leid der Welt kümmern können. Oder differenzieren Sie: Ja, die deutsche Praxis im Umgang mit Vergewaltigung ist unzureichend, schlecht, da muss sich etwas ändern, doch Afrika ist Ihnen einfach zu weit weg, Sie verstehen nichts davon, die afrikanische Geflüchtete ist Ihnen fremd?

Das sind einige Fragen, die das Spannungsfeld umreißen, wie nette, zivilisierte Männer mit Vergewaltigung umgehen. Irgendwann werden wir uns fragen, ob das reicht.

Liebe ist keine Option: Zwangsehen

Ich schreibe im Folgenden über Menschen aus einem anderen Kulturkreis, mit anderen Wertesystemen und kritisiere sie. Geht gar nicht. Ich weiß. Ich tue es trotzdem, denn ich glaube, dass Menschenrechte und besonders die Rechte von unterdrückten und gequälten Menschen nicht durch Religion oder Politik, durch Landes- oder Kulturgrenzen, aber auch nicht durch Überzeugungen eingeschränkt werden sollten, was politisch korrekt ist. Vielleicht finden Sie das falsch. Auch okay.

Beim Kennenlernen und Verlieben als Vorstufe der Ehe spielt für die meisten deutschen Paare Gewalt nicht die zentrale Rolle. In türkischen Familien kann das anders sein. »Mit 16 habe ich einen Mann aus der Türkei geheiratet. Aber nicht aus Liebe.«[4] Aila wächst in Deutschland auf, ihre Eltern sind türkische Kurden. Schläge des Vaters, einem stolzen Patriarchen, gehören für sie und ihre vier Schwestern zum Alltag Da sie einen Mann heiraten wollte, der kein Kurde war, lehnte ihn der Vater ab, doch sie heiratete ihn trotzdem und zog mit ihm in die Türkei. »Ich habe in der Türkei massive Gewalt erlebt [...] Wenn ich auf der Terrasse Wäsche aufgehängt habe, hörte ich nebenan Frauen schreien, [...] jeder im Dorf ging es wie mir.«[5]

Sie flieht wieder zu den Eltern, und nach kurzer Zeit überrascht der Vater sie mit der Botschaft, dass er ihr wieder einen Mann ausgesucht habe. Diesem Desaster entgeht sie, indem sie sich an den Berliner Verein *Papatya*[6] wendet, der Frauen und Mädchen auf der Flucht vor Gewalt aufnimmt. Mädchen aus der Türkei, Syrien, Afghanistan, Libanon, Saudi-Arabien, Bangladesch, Pakistan, Serbien, Bosnien, aus Sinti- und Roma-Familien, Jesidinnen.

Ich finde gut, dass es solch einen Verein in Deutschland gibt und dass Frauen aus Familien, die aus irgendeinem Grund nach Deutschland geflüchtet sind, vor der Gewalt ihrer Männer dort Schutz finden können. Aber sind die Menschen aus diesen

Ländern, Männer, Frauen und Kinder, denn nicht vor unerträglicher kriegerischer Gewalt nach Deutschland geflohen? Syrien? Afghanistan? Bangladesch? Serbien? Bosnien? Gehörten die Geflüchteten dort nicht verfolgten Minderheiten an? Die Jesidi, die Sinti und Roma?

Schon. Doch aller idealistischen Erwartung zum Trotz verhindert die eigene Vergangenheit voller Flucht und Vertreibung nicht, dass Männer, die selbst Opfer von Gewalt wurden, ihren Familien gegenüber gewalttätig werden und Frauen Zuflucht suchen müssen. Entgegen einem weit verbreiteten Irrtum macht Traumatisierung die Menschen nicht empathischer.

Offensichtlich ist diese Diskussion komplex. Ich bin dafür, Geflohene aus dem syrischen Elend, aus Afghanistan, aus allen diesen Ländern aufzunehmen, ich weiß von der Ermordung der Muslime in Bosnien, vom Schicksal der Jesidi in der Türkei, habe verinnerlicht, wie schwer es Sinti und Roma mit Diskriminierung haben. Ich weiß, dass nach Meinung unserer führenden Politiker und Politikerinnen die Türkei einen wesentlichen Beitrag leistet, Deutschland bei dem, was wir das Flüchtlingsproblem nennen, zu unterstützen.

Das alles ändert nichts daran, dass wir, durchaus auch im Sinn von Integration, die Menschenrechte bei uns wahren, die Frauenrechte sicherstellen sollten. Es werden aber auch Deutsche für Tradition und Ehre gewalttätig. Doch dies rechtfertigt nicht, dass Menschen, die zu uns kommen und hier leben wollen, jene Werte, die wir im Grundgesetz festgeschrieben haben, allem voran den Gleichheitsgrundsatz, missachten dürfen. Der Grundsatz, dass alle Menschen gleich sind, duldet keine Einschränkungen, wie sie Gewalt gegen Frauen bedeuten würde. Egal, welcher Nationalität, Religion und Kultur Männer angehören, die solche Gewalt ausüben. Dies wird keineswegs dadurch relativiert, dass auch deutsche Männer gelegentlich keine Ahnung vom Gleichheitsgrundsatz bzw. seiner praktischen Umsetzung haben.

Eine andere Frau wollte einen Mann heiraten, dem die Familie nicht zustimmte. Sie bekam Todesdrohungen »Wir werden dich erschießen, [...] wir werden Dich mit Säure übergießen, [...] Hure, Schlampe, Verräterin!«[7]

Laut einer Studie von 2020 ist Afghanistan zusammen mit Syrien das Land, in dem Frauen am gefährlichsten leben. Ist dieses Urteil gerechtfertigt? Knapp 90 Prozent der Afghaninnen werden in ihrem Leben mindestens einmal Opfer von Gewalttaten. »Die Menschen bei uns erleben seit 40 Jahren alltägliches Töten und Sterben.«[8] Diese Zeilen wurden geschrieben, als noch amerikanische und deutsche Soldaten in Afghanistan waren.

Man könnte auf die Idee kommen, dass sich die Internationale der verfolgten Frauen und die der schlagenden und mordenden Männer über Ländergrenzen hinweg gegenüberstehen, dass es unabhängig von Kultur oder Religion immer wieder um das Gleiche geht, nämlich dass Männer, koste es, was es wolle, über Frauen, Kinder und andere dominieren wollen.

Männersache: Kriege, Völkermord, Kolonialismus

Kaum jemand spricht aus, dass Kriege Männerangelegenheiten sind. Wieder eine Selbstverständlichkeit, von der man sich als vermeintlich Unbeteiligter leicht distanzieren kann. In der aufgeschriebenen Geschichte sind wir Männer das wesentliche, oft das einzige Element. *The shortest history of Germany*[1] führt in 2518 Jahren deutscher Geschichte mit dem Fluss Elbe, der weiblich personifiziert wird, mit der den meisten wahrscheinlich unbekannte Markgräfin Mathilde von Tuszien (Besitzerin der Burg Canossa, auf der Heinrich IV. angeblich drei Tage kniete, bevor er von Papst Gregor VII. empfangen wurde) und mit Rosa Luxemburg ganze drei weibliche Personen auf (wovon eine noch ein Fluss ist!).

Obwohl Frauen ungefähr die Hälfte der Menschheit ausmachen, spielen sie in der Geschichtsschreibung keine aktive Rolle, sondern die der Leidtragenden. Obwohl Menschen in der Weltgeschichte in enormen Mengen verbraucht werden, ist nicht einmal deren Produktion durch Frauen als Beitrag zur Geschichte erwähnenswert.

Eine kleine, ziemlich willkürliche Auswahl von kriegerischen Aspekten der Weltgeschichte:

Julius Caesar war nicht nur ein großer Gestalter von Weltgeschichte – für ihn und viele seiner Zeitgenossen war das Römische Reich die Welt –, sondern auch wertender Beschreiber seiner eigenen Taten: in *De bello gallico*[2] beschreibt er unter anderem, dass er in der Auseinandersetzung mit den Germanen im Jahr 55 vor Christus 430 000 dieser grimmigen Feinde töten oder in den Tod treiben ließ. Damals war das eine enorme Zahl, zu deren Rechtfertigung er wohl jenes Büchlein schrieb.[3]

Ein großer Zeitsprung: Gustav Adolf von Schweden, Kaiser Ferdinand, Kurfürst Maximilian I., Martin Luther, verschiedene Päpste und die Feldherren Wallenstein und Tilly sind nur einige der herausragenden Persönlichkeiten, die mit ihren emotionalen und existenziellen Problemen die historische und belletristische Darstellung des Dreißigjährigen Krieges prägen. Über diesen Krieg ist vieles geschrieben worden, doch die Tatsache, dass es drei bis neun Millionen Opfer gab, wird nirgendwo beklagt oder gewürdigt.[4] Sie haben vollkommen recht: Diese Angabe ist in fast schon grotesker Weise ungenau. Doch ist das ein Phänomen, das uns auf dem Weg in die Neuzeit ständig begegnen wird.

Ein weiterer Sprung: Erzherzog Ferdinand, Kaiser Franz-Joseph, Zar Nikolaus II., Kaiser Wilhelm II., Großadmiral Alfred von Tirpitz und Generalstabschef Helmuth von Moltke waren einige der bedeutenden Männer, die den sogenannten Ersten Weltkrieg zu verantworten hatten. Das Entsetzen dieses Krieges beschreibt selbst der konservative und mit dem höchsten Orden Preußens geehrte Ernst Jünger so nüchtern und anschaulich, dass man es fast nicht aushält.[5] Noch nüchterner sind die Zahlen: 10 Millionen in vier Jahren gefallene Soldaten, 9,7 Millionen Tote unter der Zivilbevölkerung.

Trotzdem wissen heute die meisten über diesen Krieg nichts mehr, was sicher zum Teil erklärt, warum überraschend viele die Idee vom Nationalen derzeit wieder für eine Chance halten. Dass es keine ist, hat dieser Erste Weltkrieg unzweifelhaft und, man sollte meinen, ein für alle Mal klargemacht: Es war ein Krieg, in dem alle beteiligten Länder, an der Spitze Deutschland, nationale Ideale bis zum bitteren Ende durchexerziert haben.[6] Die

Deutschen hatten einen erheblichen Anteil daran: Unter »allerhöchster« Führung – Kaiser Wilhelm II., Großadmiral Alfred von Tirpitz und Generalstabschef Helmuth von Moltke[7] – beging der noble deutsch-kaiserliche Generalstab sofort am Anfang ein Kriegsverbrechen, indem er ohne jede Hemmung ins neutrale Belgien einmarschieren ließ. Doch die so generierte Westfront kam sehr schnell ins Stocken. Millionen »Gefallene« – ein seltsam verharmlosender Ausdruck angesichts furchtbarer Kämpfe, in denen Menschen, Land und Vegetation in Nordfrankreich und Belgien buchstäblich zerfetzt wurden – änderten nichts daran, dass sich die jeweils kriegsführenden Männer auch seelisch »eingegraben« hatten, was die Zahl der Gefallenen und Verwundeten mit jedem Tag entsetzlicher machte. Trotz unfassbarer Verluste an Menschen und Material wollte keine der kriegsführenden Parteien nachgeben und das Elend beenden. Zum Kriegsende wurde es nicht besser: Hochwohlgeborene, adelige Militärmänner wie Hindenburg und Ludendorff opferten jeden Rest von Ehrgefühl auf dem Altar ihres Egoismus und leugneten selbstverständlich ihre Verantwortung. Am Beispiel der »Dolchstoßlegende«, einem frühen Beispiel von *fake news,* lässt sich das im Detail studieren.[8] Und damit war der nächste Krieg schon vorbereitet.

Der Zweite Weltkrieg war der bisher letzte Krieg, der von Deutschland ausging. Konkret von Adolf Hitler. Dieser Führer der Nationalsozialisten stand für eine ganz besondere Version von Männlichkeit: die Braunhemden der SA, die schwarze Waffen-SS und Himmlers Geheime Staatspolizei – alles Männer. Die den Krieg und vor allem die begangenen Gräueltaten begründende Rassentheorie wurde von Männern formuliert und durch Männer umgesetzt. In Hitlers Führungsriege finden Sie auch bei genauem Hinsehen keine einzige Frau – die Damen Eva Braun, Emmi Göring und Magda Goebbels waren Staffage. Obwohl es durchaus auch weibliche Fans in großer Menge gab. Hitler wurde schließlich von fast ebenso vielen Frauen wie Männern gewählt.[9]

Die Auseinandersetzung mit dem Nationalsozialismus muss eigentlich jeden, der keine umfänglichen Verdrängungsmechanismen mobilisiert, in die ultimative Sprachlosigkeit führen. Der »Führer« und seine Spießgesellen schufen das exzessivste Desaster, das männliche Macht bisher angerichtet hat: Am Ende des Krieges waren 13 000 000 russische Soldaten, 407 000 Amerikaner, 5 170 000 deutsche Soldaten, 14 000 000 Zivilisten, Frauen, Kinder, Männer, im Krieg getötet worden. Dazu 6 000 000 Juden, 2900 Sinti und Roma, 200 000 psychisch und körperlich Kranke und *last, not least* 6000 Deutsche, die im Rahmen des Sterilisationsprogramms wegen angeblicher Erbkrankheiten – insgesamt 400 000 Männer und Frauen wurden zwangssterilisiert[10] – durch stümperhaftes medizinisches Vorgehen quasi »aus Versehen« getötet wurden.

Was dieser Krieg in aller Deutlichkeit zeigt, hat der heute uralte Chefankläger im Einsatzgruppenprozess der Nürnberger Kriegsverbrecherprozesse Benjamin Ferencz 2018 auf den Punkt gebracht: »Der Krieg ist das Schlimmste, was Menschen tun können [...] Als wir nach Buchenwald kamen oder nach Mauthausen, ganz gleich: Menschen, die im Müll nach etwas Essbarem suchten [...] Dann der beißende Geruch von verbranntem Fleisch. Ich werde nie vergessen, wie KZ-Insassen einen deutschen Wärter verfolgten und ihn dann lebend verbrannten [...] (weinend). Noch immer sind diese Szenen in meinem Kopf. Da wurde ein Mensch geröstet, er wurde gekocht. Ich habe es nicht stoppen können. Der Krieg ist das Schlimmste, was Menschen tun können [...] Wir könnten die Welt verändern, wenn die Kriege enden würden. Aber wir dehnen sie aus und führen heute Cyberkriege. Menschen, die ohne Krieg ein anständiges Leben führen würden, werden im Krieg zu Kriminellen. Der Krieg vereinigt alle Verbrechen.«[11]

Im Krieg werden menschliche Verhaltensweisen freigesetzt, die sonst keine Existenzberechtigung zu haben scheinen, die »Anständige zu Kriminellen« machen, wobei die meisten Kriminellen sich für diesen Vergleich wohl bedanken würden. Ferencz räumt mit der Illusion auf, es gäbe so etwas wie einen »sauberen« Krieg. Den Beweis, dass er recht hat, haben dann ausgerechnet auch die Amerikaner geliefert, die »Befreier« von den Nazis, die das Kriegselend, das Elend der KZs so dicht vor Augen hatten: in Vietnam, in Kambodscha und später im Irak. Niemand, kein Mann, der in den Krieg zieht, wird mit sauberen Händen zurückkommen.

Der Sprung zu Stalin ist nicht groß; er war aus schieren Überlebensgründen zu einem der erbittertsten Gegner Hitlers geworden, nachdem er zunächst noch mit ihm paktieren wollte. Über dem durch Deutsche in Russland verursachten Leid wird manchmal übersehen, dass Stalin selbst, der gesagt haben soll, ein einzelner Tod sei eine Tragödie, eine Million Tote seien eine Statistik, dieser Art von Statistik eine ganz eigene Qualität gab: Zwischen 7 und 22 Millionen Menschen starben unter seiner Herrschaft, über 4 Millionen allein in der Zeit des großen Terrors zwischen 1936 und 1938. Stalins Gefolgsleute hatten keine Skrupel, Gewalt einzusetzen, denn ihr Herrscher machte ihnen vor, wie eng der Bezug zwischen emotionalen und körperlichen Aspekten von Gewalt und männlicher Machtfülle ist: »Das größte Vergnügen ist es, den Feind auszumachen, Vorbereitungen zu treffen, richtig Rache zu nehmen und dann ins Bett zu gehen.«[12]

Stalin stirbt, mit Chruschtschow kommt das »Tauwetter«, später die Breschnew-Doktrin, irgendwann Gorbatschows *Perestroika*. Russische Männer. Da war sie, die Hoffnung auf das Ende des Kapitels der großen Menschheitskriege. Wie Stalin selbst schien auch der von ihm geschaffene Terror tot.

Bis Putin sich entschlossen hat, Baschar al-Assad zu unterstützen. Russische Jets decken Assad den Rücken, wodurch dieser in »seinem« Land jede Opposition morden kann, vor allem die Frauen und Kinder der Opponenten. Bei den russischen und syrischen Luftangriffen werden immer wieder auch Krankenhäuser und andere lebenswichtige Infrastrukturen getroffen. Kritiker werfen den

Verbündeten vor, diese gezielt ins Visier zu nehmen. Die Opferlage in Syrien ist komplex:[13] Von 2011 bis 2020 sollen mehr als 380 000 Menschen getötet worden sein[14], darunter seien 115 000 Zivilisten gewesen, davon rund 22 000 Kinder. Unter den Toten seien mehr als 128 000 syrische und nicht syrische Kämpfer, die Assad unterstützten. Auch 69 000 Oppositionskämpfer, Islamisten und kurdisch geführte Kämpfer seien getötet worden. Die Zahl der Toten berücksichtigt nicht die rund 88 000 Menschen, die in syrischen Gefängnissen zu Tode gefoltert wurden. Auch Tausende Vermisste, die von verschiedenen Konfliktparteien verschleppt worden sein sollen, sind nicht berücksichtigt. Wegen des Bürgerkriegs wurden rund 13 Millionen Syrer in die Flucht getrieben, ein Thema, das Deutschland noch Jahrzehnte beschäftigen wird.

Mindestens 350 000 Tote auf der Seite von Assads – und damit Putins Gegnern: Im Vergleich zu Stalins Zahlen ist das nicht viel. Und doch, bezogen auf die Kriterien von Mord oder in diesem Fall wohl der Beihilfe dazu sind es unglaublich viele Menschen.

Die Lichtgestalt John F. Kennedy, Lyndon B. Johnson, Richard Nixon und *last, not least* Henry Kissinger sind einige der Protagonisten, die den Vietnamkrieg auf westlicher Seite zu verantworten haben, Ho Chi Minh war das Idol der Nordvietnamesen. Hier versage ich mir die Erwähnung der Millionen Toten, rutsche einige Stufen auf der Militärhierarchie nach unten und komme zu William Calley.

Wissen Sie noch: My Lai? Wenn Sie zu denen gehören, die gegen den Vietnamkrieg protestiert haben, werden Sie My Lai nicht vergessen können. Dabei sollte niemand davon wissen: Die US-Streitkräfte vertuschten dieses Massaker, und nicht nur die Streitkräfte, sämtliche US-amerikanische Medien lehnten Veröffentlichungen dazu über ein Jahr lang ab. Bis Seymour Hersh 1970 dann doch den Pulitzer-Preis bekam. Was berichtete er?[15]

Am 16. März 1968 wurden 504 vietnamesische Dorfbewohner, Frauen, Kinder, Alte, von einer Gruppe amerikanischer Soldaten ermordet. Vorher wurden Frauen vergewaltigt. Nur ein amerikanischer Hubschrauberpilot, Hugh Thompson, rettete 11 Frauen und Kinder, nachdem er Soldaten seines eigenen Landes durch seine Bordschützen hatte bedrohen lassen.

William Calley, der verantwortliche militärische Vorgesetzte, wurde von einem Militärgericht am 31. März 1971 zu lebenslanger Haft verurteilt. Am nächsten Tag (!) wandelte der amtierende Präsident Richard Nixon die Strafe in Hausarrest um, drei Jahre später begnadigte er ihn.

Erinnert Sie das an irgendetwas? Faltlhauser, der während der NS-Zeit die Ermordung Tausender psychisch Kranker auf dem Gewissen hatte, wurde wegen Anstiftung zur Beihilfe zum Totschlag zu drei Jahren (!) verurteilt, trat die Strafe aber aus Gesundheitsgründen nicht an und wurde 1954 begnadigt (!). Die Begnadigung männlicher Massenmörder durch männliche Staatsführer ist international. Wenn wir davon erfahren, irritiert uns das. Leider haben wir uns angewöhnt, diese Irritation dadurch zu beenden, dass wir den Vorgang vergessen. Ich komme darauf zurück.

Das war eine willkürliche Auswahl. Es gäbe noch viel, viel mehr Kriegstote, noch viel mehr Tote von staatlichem Terror, die Millionen Opfer von Mao Zedongs »Großem Sprung nach vorn«, von Pol Pots Rotem-Khmer-Terror.

Doch vielleicht sollten wir noch kurz den Kolonialismus erwähnen:

Der Ost-Historiker und Gewaltforscher Jörg Baberowski beschreibt, was sich fern der Heimat tat: »Außerhalb Europas konnten Europäer ohnehin tun, was auf dem alten Kontinent nicht mehr möglich war. Kein General wäre auf den Gedanken gekommen, auch in Afrika müssten Zivilisten geschützt und Kriegsgefangene nach den Regeln der Haager Landkriegsordnung behandelt werden […] In den asymmetrischen Kolonialkriegen gab es für die Unterlegenen kein Pardon, weil sie nicht als gleichwertige

Kombattanten anerkannt wurden [...] Solche Verachtung aber
konnten sich die weißen Herren nur leisten, weil sie nicht mit
Vergeltung rechnen mussten [...] Keine demokratische Zurich-
tung und keine zivilisatorische Abrichtung haben die Eliten der
europäischen Nationalstaaten daran gehindert, den Tod in Räume
zu bringen, die sie nicht für zivilisiert hielten [...] Zivilisierte
Männer töteten, vergewaltigten und plünderten.«[16]

Im Kongo plünderten und töteten die Belgier. Ein prominen-
tes Opfer war Patrice Lumumba, ermordet 1961, als die Kolo-
nialmacht Belgien eigentlich schon abgezogen war. Er hatte eine
berühmte Rede gehalten.[17] »Patrice Lumumba sitzt auf seinem
Stuhl, ein Stapel Papiere auf dem Schoss. Er macht wie rasend No-
tizen. Wenige Meter neben ihm spricht der junge belgische König
Baudouin I. Dessen Vorgänger Léopold II., der auch als Schlächter des Kongo gilt, habe dem Land die Zivilisation geschenkt.
›Kongos Unabhängigkeit stellt die Krönung des Werkes dar, das
Leopolds Genie ersann‹, sagt Baudouin. Diese Äußerung ist selbst
bei einem Festakt grotesk. Denn Leopold II., der sich den Kongo
als sein Eigentum überschreiben ließ, war ein menschenmorden-
des Monster, das die abgeschlagenen Hände der schwarzen Bevölkerung in Körben sammeln ließ. Für Lumumba, den ersten
Ministerpräsidenten des Kongo, klingt das wie Hohn. Man hat
uns mit Ironie behandelt, Herablassung, Beleidigung, Schlägen
[...] Wer wird die Erschießungen vergessen, die Kerker, in denen
jene schmachteten, die sich der Ausbeutung nicht unterwerfen
wollten?«[18]

Lumumbas Einspruch, der im Radio übertragen wird, ist eine
der berühmtesten Reden des 20. Jahrhunderts. Aus belgischer
Sicht ist sie unerhört. Sechs Monate später wird Lumumba ermordet. Der amerikanische Präsident Dwight Eisenhower soll höchst-
persönlich angeordnet haben, Lumumba zu beseitigen.

Lumumbas Ende war der Beginn seines Mythos. Jean-Paul
Sartre schrieb über ihn: »Seit Lumumba tot ist, hört er auf, eine

Person zu sein. Er wird zu ganz Afrika.«[19] Auch Sartre war kein Prophet: Wenn Sie heute Lumumba googeln, springt Ihnen ein auf Schokolade und Rum basierender Cocktail ins Auge.

Afrikanische Kolonien hatten auch die Deutschen. Die entsprechenden Geschichten waren längere Zeit nicht im Bewusstsein, weil sie mit dem Ende des Ersten Weltkriegs aus der Erinnerung verbannt wurden.[20] Deutsch-Ostafrika und Carl Peters, Deutsch-Südwest und Trotha oder Lettow-Vorbeck – die unsäglichen Verbrechen des deutschen Kolonialismus waren untrennbar mit deutschen Männergestalten verbunden. Mit den Folgen ihres Wirkens muss sich der derzeit heutige Bundespräsident Steinmeier bei seinem Besuch in Namibia auseinandersetzen.[21]

Männerseelen im Krieg mit sich und der Welt

Im 21. Jahrhundert sehen wir, wie groß die Illusion war, das Zeitalter der Kriege, der Unterdrückung, des Genozids sei vorbei. So viele hatten geglaubt, endlich sei nach dem Jahrhundert der großen Kriege und Massenvernichtung von unvorstellbar vielen Menschen die Zeit gekommen, dass wir alle, ungeachtet von Geschlecht, Hautfarbe oder Kultur, ohne Angst leben könnten – egal wo auf der Erde. Dass Geld in Lebensqualität anstatt in Rüstung gesteckt würde, dass Grenzen nicht mehr benötigt würden. Es gibt viele politische Analysen, wie die Chance auf den Weltfrieden vertan werden konnte, sicher spielen ökonomische Gründe eine zentrale Rolle. Doch mir geht es um einen anderen Mechanismus, den ich hier anreißen und im Kapitel *Exkurs Trauma: Wie sieht das Elend aus?* (siehe S. 172) ausführlich aufnehmen werde: Menschen einer Generation, die mit Krieg, mit unvorstellbarem Terror konfrontiert waren und ihn zwar überlebt haben, aber die Auslöschung ihrer Familien, ihrer Dorfgemeinschaften, ja ganzer

Städte miterleben mussten, funktionieren nicht einfach in einer anderen Modalität weiter, bloß weil eben irgendwann Frieden ist. Sie sind vielmehr in ihren kognitiven und emotionalen Strukturen, in ihren Reaktionsweisen, in dem, was sie für gut oder schlecht, für aussichtsreich oder für verhängnisvoll halten, durch die Erfahrung des Terrors geprägt, die sich in ihre Nervenzellen, in die Expression bestimmter genetischer Informationen eingebrannt hat. Manchmal hält sich das Eingebrannte auch noch über die nächste Generation. Frieden leben, das können diese Menschen nicht einfach so, dafür hätte man vieles tun müssen; zum Beispiel den Versuch machen, sich mit den individuellen und kollektiven Traumatisierungen auseinanderzusetzen. Wie wir noch sehen werden, spielen gerade wir Männer bei der emotionalen Nichtaufarbeitung schrecklicher Erfahrungen eine zentrale Rolle, weil uns Schweigen männlicher erscheint als das Sprechen über den Terror.

Mal unter uns – finden Sie es eigentlich fair, wenn ich nach Missbrauch und häuslicher Gewalt den Männern nun auch noch Kriege, Völkermord und Kolonialismus in die Schuhe schiebe? Sie könnten doch argumentieren: dass eben die ein Land regierenden Menschen verantwortlich gemacht werden, wenn sich dieses Land auf solche Unternehmungen einlässt. Hätte es Frauen-Regierungen gegeben, so wären es eben die Frauen gewesen, die sich die Hände schmutzig hätten machen müssen.

Ist das so?

Na ja, zum einen lässt sich eben nicht »ein Land« auf solche Unternehmungen ein, sondern Menschen, die sich nach mehr oder weniger sorgfältigem Abwägen entschließen, Kriege zu führen, Menschen anderer Länder oder Ethnizitäten auszurotten oder andere Erdteile auszubeuten. Und da spielt es schon eine Rolle, ob diese Menschen eher gewaltbereit und wenig empathisch oder konfliktvermeidend und auf Ausgleich bedacht sind.

Zum anderen befinden wir uns ja hier nicht in einem Tribunal mit mildernden oder verschärfenden Umständen, sondern es geht eigentlich eher um die Frage, ob wir Männer mit dem von uns Hervorgebrachtem leben können, ob unsere Rolle, ja, eben nicht nur in der Partnerschaft, sondern auch in der Welt, unser Selbstbild, unser Gewissen und last not least unsere Seele zufriedenstellt.

Überhaupt nicht kompetent bin ich für historische Zusammenhänge oder große politische Debatten. Doch fällt die Frage sehr wohl in mein Fachgebiert, ob es mir und anderen Männern guttut, immer wieder solche »Drecksarbeiten« zu übernehmen, angeblich heldenhaft und in Selbstverleugnung, oder ob ich und meinesgleichen nicht besser dran wären, weniger Alkohol – bei den Jüngeren wohl eher Kokain – bräuchten und seltener an Suizid denken müssten, wenn wir die Maschinenpistolen, Handgranaten und Landminen in die Ecke legten und nach Hause gingen. Ich würde zumindest bezweifeln, dass ausgerechnet die Frauen dann diesen Job übernähmen. Vielleicht würde die Welt einfach besser.

Seelenkunde 1: Das Kind im Mann – wie es entsteht

Wir Männer sind, wie gesehen, die Quelle extremer Ereignisse mit gewaltigen Konsequenzen für den Rest der Welt, für Männer, Frauen, Kinder, für die Natur und das Klima. Diese Tatsache nicht weiter zu ignorieren und unter den Teppich zu kehren, sondern sie als Ausgangspunkt für Änderung zu nehmen, das würde Verantwortung bedeuten. Warum sollten wir das tun? Ganz einfach: Um mit unserer Seele ins Reine zu kommen. Nassim Nicolas Taleb hat das so ausgedrückt: »Ich habe keine andere Definition von Erfolg, als ein ehrenvolles Leben zu führen […] Unehrenhaft ist, andere an Deiner Stelle sterben zu lassen.«[1]

Andere an unserer Stelle sterben zu lassen – da sind wir mittendrin in den Problemen der klimabedingten Dürren oder Überflutungen, in den Gründen für Migration, in den Folgen von Missbrauch und Traumatisierung. Als Seelenkundler würde ich Taleb so interpretieren, dass es vor allem unserer Seele guttut, wenn wir für den Schlamassel einstehen, den wir verursacht haben.

In den bisherigen Kapiteln habe ich Sie und mich mit Fakten konfrontiert, die uns Männern nicht gefallen können. Ich habe Befunde gesammelt, wie es ein Psychiater tut, und habe teilweise durchaus subjektive Erkenntnisse formuliert zu dem desaströsen Zustand, den Männer über die Gesellschaft im Allgemeinen, Frauen und Kinder im Besonderen bringen. Und, das sei unbedingt betont, auch über sich selbst. Im Folgenden soll es nun um Ursachen gehen, die ich qua Beruf vor allem in der Männerseele verorte. Denn nur auf der Basis solchen Wissens rund um die große Frage nach dem Warum können wir uns abschließend mit dem alles Entscheidenden befassen: Wie wir uns Männer, Frauen und Kinder, unsere Welt in Zukunft aus diesem Teufelskreis aus Unfrieden, Gewalt, Macht, Leid auf allen Seiten befreien können.

Änderung setzt voraus, dass wir begreifen, wie wir Männer eigentlich zu dem geworden sind, was wir heute sind. Wir Männer waren auch mal Kinder. Nein, das ist keine banale Feststellung. Denn die Kinderzeit war nicht unsere schlechteste Zeit.

Die meisten Männer haben das allerdings vergessen. Dazu ein paar Überraschungen der Kinderentwicklung[2]: Kommunikation beginnt gleich am Anfang, also früher, als wir uns das lange träumen ließen. Zwischen Mutter und Kind. Allein hat auf dieser frühesten Lebensstufe niemand eine Chance. Sogar Männer überleben nur durch eine andere, die ausgerechnet eine Frau ist. Dieser Kontakt prägt unser gesamtes Leben. Die anfänglichen Bedürfnisse, die in diesem Kontakt befriedigt werden, sind sehr basal: Berührung, Wärme, Nahrung. Werden sie nicht befriedigt, sterben wir schnell. Gefühle fangen als Versuch an, das körperliche Befinden in den Griff zu bekommen. Da Neugeborene das nur durch eine andere Person können, wird diese erste Bezugsperson enorm bedeutsam, wichtiger als alles andere. Diese Beziehung ist die Keimzelle von Emotionalität. Schon kleinste Kinder versuchen, diese Interaktion zu kontrollieren, einfach damit sie sich möglichst wohlfühlen.

Die Ausgestaltung der individuellen Beziehung zwischen Mutter und Kind beschreibt die Bindungstheorie. Sie heißt nicht Freiheitstheorie, Freiheit wird später wichtig. Die Entwicklungspsychologin Mary Ainsworth untersuchte in den 1950er-Jahren in einer Feldstudie in Uganda die Trennungsreaktion der Kinder beim Abstillen. Daraus entwickelte sie zusammen mit John Bowlby die Grundlagen der Bindungstypen[3]: sichere, vermeidende, ambivalente, chaotische

Bindung. Jeder Mensch braucht eine feste Bezugsperson, der es selbst gut geht und die für eine Zeit lang große Teile ihrer Aufmerksamkeit ganz diesem Kind zur Verfügung stellt. Das wär's schon. Aber ohne geht es eben nicht. Wenn die erste feste Beziehung fehlt oder beschädigt ist, wird das Kind sein Leben lang große Schwierigkeiten haben, sein Potenzial zu erreichen. Kinder werden schnell gemacht, ohne dass jemand dafür Sorge trägt, dass ihnen die erste, wichtigste Beziehungsstruktur garantiert werden kann. Im Zeitalter der Geburtenkontrolle wäre das eigentlich Minimalstandard. Kindern diese Voraussetzung vorzuenthalten, ist zynisch.

»Die Welt ist meine Idee. Ich bin die Welt. Die Welt ist Deine Idee. Du bist die Welt. Meine Welt und Deine Welt sind nicht dieselbe.«[4] Wie kommen deine und meine Welt zueinander? Ziemlich früh. Durch die Zeigegeste[5]: Da bin ich, und da ist ein anderer. Dem zeige ich, was ich an unserer gemeinsamen Welt für besonders halte. Kann sein, dass er das bisher nicht gesehen hatte. Oder er zeigt mir, was mir helfen könnte. Dadurch bekommt etwas eine Bedeutung, was bisher keine für mich hatte. Das kann mir bei einer konkreten Aufgabe helfen und/oder meine Perspektive auf die Welt erweitern. Vor allem ermöglicht es kooperative Kommunikation, eine Besonderheit des Menschen. Schimpansen sind im Alter von drei Jahren cleverer und stärker, Menschenkindern in vielem überlegen. Aber sie kooperieren nicht uneigennützig. Auch später nicht. So nützt dem starken Schimpansen seine Stärke nicht so viel, weil ihm die Vielfalt der Verhaltensmöglichkeiten unzugänglich bleibt, die der viel schwächere *Homo sapiens* von anderen lernt. Auf diesem Weg gewinnt der Mensch seine Überlegenheit.

Kein Grund, eingebildet zu werden! Wir sind eine Laune der Evolution, nur eine sehr wirksame, viele sagen: zu wirksam. Angebrachter wäre, diese Errungenschaft als Geschenk zu sehen, aus der wir unser Bestes machen könnten. Noch viel mehr, als vor allem wir Männer derzeit daraus machen!

Die Alternative zur Kooperation ist die Abgrenzung, eine Vorstufe der aggressiven Auseinandersetzung, der Gewalt. Da Letztere immer mit einem hohen Risiko verbunden ist, hat der einen Überlebensvorteil, der sie vermeiden kann, weil er Besseres weiß. Kooperation ist nach Tomasello eine grundlegende Verhaltensweise menschlicher Kinder – es sei denn, sie kommen aus Familien, in denen sie missbraucht wurden.[6]

Sorry, das kam jetzt wohl etwas unvermittelt. Aber man kann gar nicht zu früh darauf hinweisen, wie sehr Missbrauch mitten ins Leben eingreift und menschliches Potenzial zerstört. Nicht nur das der unmittelbar Betroffenen, sondern auch das seiner Gruppe. Wenn die Gabe der kooperativen Kommunikation eines Gruppenmitglieds beschädigt wird, werden alle beschädigt. Sie meinen vielleicht, das ginge Sie nichts an? Weil Sie ja so was nicht tun? Weil das selten ist? Erinnern Sie sich? Mehr als 10 Prozent. Mehr als 10 Prozent sind nicht selten. Tatsächlich beeinflusst »so was« die Lebens- und Beziehungsqualität unserer Gesellschaft grundlegender als alles andere.

Empathie, Mitgefühl oder Abgrenzung – wir könnten ruhig etwas genauer über uns Bescheid wissen!

Sich gegenseitig etwas zu zeigen, klingt fast nüchtern, handwerklich. Aber wir können sogar Gefühle übertragen, wenn wir uns zeigen. Wenn ich das Gleiche zu fühlen meine wie eine andere Person, wenn sich unsere Gefühle synchronisieren, spricht man von Empathie. Man könnte auch Mitleid sagen, aber Kommunikation besteht Gott sei Dank nicht nur aus Leiden: wenn eine oder einer leidet, leidet die und der andere mit, wenn eine oder einer sich freut, lacht sie oder er, wenn eine oder einer hasst, hasst sie oder er auch. Das kann etwas mit Spiegelneuronen zu tun haben,[7] manchmal synchronisieren sich sogar die Hirnströme. Wenn es einer Person sehr schlecht geht, kann dieser Gleichklang für die anderen regelrecht quälend sein, weswegen sie dann alles tun, um die Ursache dieses schlechten Befindens zu ändern. Das geschieht quasi automatisch, besonders zwischen Kindern und Eltern, in beide Richtungen.

Empathie wird meistens als etwas Positives verstanden. Das ist schon richtig, wenn man von der Alternative »haben oder nicht haben« ausgeht: Wer nicht empathisch sein kann, hat überhaupt keine Chance, etwas über die Gefühlswelt der oder des anderen zu erfahren. Aber eigentlich ist Empathie wertfrei: Ich kriege mit, was die oder der andere empfindet, fühlt, vielleicht nicht ganz genau, aber in Annäherung. Jetzt kommt es darauf an, was ich daraus mache. Nutze ich meine Kenntnis, um die andere Person auszuspionieren oder zu manipulieren, oder entwickele ich Mitgefühl: Ich versuche zu verstehen, wie diese Person in diese Notsituation gekommen ist, ich versuche, ihre oder seine Beweggründe zu erfassen. Mitgefühl belässt die andere Person in ihrer Besonderheit mit ihren Eigenheiten und Begrenzungen und versucht, ihr trotzdem beizustehen.

Abgrenzung ist einfacher: Der andere erscheint mit fremd; wie er will ich nicht sein; das passt nicht zum Bild, das ich mir von mir gemacht habe, zu meinem Ego. Entwertung kann dazukommen, Erniedrigung, Diskriminierung, es geht schnell dahin, und am Ende dieses Prozesses hat man vergessen, dass der andere doch auch ein Mensch ist. In diesem Stadium überprüfen wir die Abgrenzung nicht mehr, machen keinen Realitätscheck, sondern agieren blind. Heutzutage meistens im Internet, wo man das Kino im Kopf nicht hinterfragen muss, anders als in der realen Begegnung mit Fremden, wo eine Überprüfung selbst unter extremen Bedingungen immer noch möglich ist.

»Wenn wir einen der schwarzen Teenager erwischten, schlugen wir ihn übel zusammen. Sein Gesicht war dann so geschwollen, dass Du ihn gar nicht mehr als ein menschliches Wesen erkennen konntest. Doch als ich ihn trat, schaffte er es in einem Moment, seine Augen zu öffnen. Und da bekam ich Verbindung mit ihm. Und zum ersten Mal drangen die Realität und die Konsequenzen meines Tuns für den Bruchteil einer Sekunde in mein Bewusstsein.«[8]

Bei allem Entsetzen bleibt irgendwie tröstlich, dass selbst in einer so extremen Situation Kontakt und damit Empathie möglich wird: Der ist irgendwie ähnlich wie ich. Damit etwas daraus wird, müsste ich mich auf diese Ähnlichkeit einlassen, mit-*fühlen*.

Zu Empathie und Mitgefühl kann es nur im realen Kontakt zwischen zwei Menschen kommen. Kontakt ist die einzige Chance, wie Menschen herausfinden können, was zwischen ihnen los ist. Diese drei Versionen von Kontakt, also Empathie, Mitgefühl oder Abgrenzung, gibt es schon in der Beziehung zwischen Mutter und Kind. Das Kind sucht Blickkontakt oder sucht ihn nicht, die Mutter geht darauf ein, gibt dem Kind, was es braucht, oder manipuliert es, damit Ruhe ist. Oder sie geht aus dem Kontakt, macht etwas anderes, bringt zum Beispiel ihr Handy zwischen sich und das Baby im Wagen. Wenn sie sich als Muster etablieren, führt jede dieser Alternativen in völlig unterschiedliche Welten der Kommunikation. Denn der erste Kontakt, den wir zulassen oder verhindern, beeinflusst und prägt eben auch, wie wir künftig im Leben miteinander umgehen, ob Annäherung oder Isolation, Akzeptanz oder Feindschaft unser Ding sein werden.

Interesse hilft viel: Wenn ich mich für diesen anderen Menschen interessiere, der mir ähnelt und sich doch von mir unterscheidet, dann bekommt er die maximale Aufmerksamkeit.[9] In der Auseinandersetzung mit ihm kann ich mich, meine Grenzen erweitern, mich weiterentwickeln – oder mich sicherheitshalber auf das beschränken, was ich schon kenne, und mich vor dem anderen verbergen.

All das bisher Beschriebene – die Mutter-Kind-Interaktion, die Bindung, die kommunikative Kooperation, die Abgrenzung von Fremden – gilt für Menschen, also für Männer und Frauen in gleicher Weise.

Jetzt kommt, noch diskret, der erste Unterschied, der zeigt, dass weibliche Empathie etwas anderes als männliche sein könnte: Auch Männer können empathisch sein, aber egoistisches Verhalten führt bei ihnen zu »wohligeren« Gefühlen; für Frauen dagegen ist »pro-soziales« Verhalten attraktiver, weil es ihr Belohnungssystem stärker aktiviert.[10] Wenn man den für die Belohnung zuständigen Transmitter Dopamin, der diesen Effekt auf neuronaler Ebene vermittelt, pharmakologisch blockiert, dreht sich der Effekt um: Frauen werden egoistischer, Männer sozialer.

Manch einer würde jetzt argumentieren, diese Pharmakologie mache doch klar, dass die Grundlagen der Gefühle »biologisch« vermittelt, also irgendwie fest verdrahtet und deswegen nicht beeinflussbar seien. Etwas verkürzt, diese Argumentationslinie! Denn die Aussage, Verhalten sei biologisch bedingt, besagt ja nur, dass man es sowohl auf der Verhaltensebene als auch auf der Ebene von neuronalen Netzwerken oder einzelnen Nervenzellen abbilden kann. Das Lernen, also die Modifikation von Reaktionen in Abhängigkeit von Umweltbedingungen, ist ein allgemeines Merkmal biologischer Systeme und nicht zuletzt eine Grundlage der Evolution.

So ist es auch bei der Empathie: Belohnungsempfinden wird zwischen Mädchen und Jungen unterschiedlich gelernt, weil Erziehung diesen Geschlechts*unterschied* eben unterschiedlich vermittelt.[11]

Zwischen Männern und Frauen gibt es in diesem Zusammenhang einen weiteren Unterschied: Wenn es darum geht, ob man Empathie mit Menschen empfindet, die einem sympathisch oder wegen ihres Verhaltens unsympathisch sind, zeigen Männer

Mitgefühl mit den sympathischen, aber Schadenfreude, wenn ihnen unsympathische Personen Schmerzen erleiden, während Frauen diese Unterscheidung nicht machen. Dieser Unterschied könnte bemerkenswert sein, denn sympathisch sind einem die, die man kennt. Möglicherweise beschreibt er auf einer anderen Ebene, dass Frauen mit Fremden, anderen besser zurechtkommen könnten als Männer. Es ist kein »Hammereffekt«, aber auf diesem Gebiet sind Nuancen wahrscheinlicher.

Liebe Leser, ahnten Sie nach den ersten zugegeben sehr düsteren Kapiteln eigentlich, wie viele kooperative Elemente menschliches und auch männliches Verhalten bereits in der Kindheit hat? Wir Menschen verfügen über einen hochdifferenzierten psycho-biologischen Apparat, der die Fähigkeit zur Kommunikation reguliert, unseren großen Evolutionsvorteil. Bei Männern wie Frauen ist er weitgehend ähnlich. Woher kommen dann aber die großen Unterschiede? Was ist der Grund, dass die kooperativen Elemente vor allem bei Kindern beobachtet werden und im Erwachsenenleben in den Hintergrund treten oder ins Hintertreffen geraten?

Interessant erscheint auch, dass diese Verhaltenselemente nicht »fest verdrahtet« und unausweichlich sind, sondern Alternativpaare bilden, von denen wir eine Möglichkeit wählen können. Tatsächlich kommt es genau auf diese Wahl an.

Kinder können Gefühle

Hilfsbreit, altruistisch, kooperativ, empathisch – ein bisschen egoistisch, aber nicht zu sehr, sensibel für den Wert von Gleichheit und Autorität und mit einem soliden Sinn für soziale Rationalität ausgestattet – wen beschreibe ich? Normale Kinder. Die Darstellung beruht auf kinder- und entwicklungspsychologischer Forschung der letzten Jahrzehnte.[12]

Kinder sind ungefähr ab ihrem ersten Geburtstag hilfsbereit und kooperativ, zumindest können sie so sein. Wenn sie merken, dass ein Erwachsener hilflos ist, zum Beispiel weil er etwas nicht findet, versuchen sie, ihm zu helfen, ihm das Gesuchte zu zeigen. Kinder machen das spontan, anders als Sie vielleicht denken, ist dieses Verhalten nicht von Erwachsenen abgeschaut.

Damit sage ich nicht, dass Kinder nicht egoistisch sind. »Alle lebensfähigen Organismen [haben] eine egoistische Ader ... andernfalls würden sie nicht viele Nachkommen hinterlassen.«[13] Aber hier geht es nicht um schwarz oder weiß. Altruistisches Verhalten tritt relativ früh, im Alter von 14 bis 18 Monaten, auf, bevor die meisten Eltern überhaupt prosoziales Verhalten von ihren Kindern erwarten. Manche erwarten es ja nie. Belohnungen oder Ermutigungen durch die Eltern steigern dieses hilfsbereite Verhalten der Kinder nicht; teilweise wirkt sich »motivierendes« Verhalten der Eltern sogar kontraproduktiv aus. Trotzdem ist der Altruismus kleiner Kinder keine unabhängige Eigenschaft, sondern hängt von »Räumen« und »Situationen« ab.

Wenn man uns als Kinder machen ließe, wären wir bereits in früher Kindheit Wesen, mit denen wir es selbst gerne zu tun hätten: hilfsbereit, unterstützend, sozial und nur in Maßen egoistisch. Auch die Jungen. Bleibt das so? Das hängt von unserer Sozialisierung ab: in ihrer Gruppe, zum Beispiel im Kindergarten oder auf dem Spielplatz, lernen Kinder, dass positives Verhalten und Hilfsbereitschaft zu entsprechendem Verhalten bei anderen führen kann; sie lernen aber auch, dass so ein Verhalten ausgenutzt werden kann. Sie richten ihr Verhalten nach ihrer Gruppe aus, mit der sie zusammenleben. Zur »Gruppe« gehören die Gleichaltrigen, aber auch die Erwachsenen. Beide tragen dazu bei, warum Kinder soziale Normen respektieren.

Nach der Einschulung treten neue Gruppenmitglieder von einiger Bedeutung auf: die Lehrer. Warum hat ein Lehrer Macht? Nach Jean Piaget spielen zwei Quellen eine Rolle:[14]

Zum einen Autorität, die aus der Interaktion mit Erwachsenen stammt; Kinder lernen, dass Erwachsene sich mit Macht durchsetzen können, egal, was die Kinder dazu meinen. Macht? Aha! In Gesprächen mit erwachsenen Männern entsteht manchmal der Eindruck, Macht sei nur ein, vielleicht feministisches, Konstrukt. Im realen Leben einer Demokratie spiele Macht keine wesentliche Rolle. Kinder wissen das offenbar besser.

Ein Zitat dazu: »Ein Fürst muss lernen, nicht gut zu sein.« Der Begriff »Fürst« ist etwas aus der Mode gekommen, weckt aber in vielen Männern erhebende Gefühle. Dieses Zitat stammt aus einem Klassiker über Männer mit Macht und einer guten Portion Skrupellosigkeit: »Il Principe«, der Erfolgsleitfaden für Fürsten, Anfang des 16. Jahrhunderts von Nicolo Machiavelli verfasst. Tomasello hat dieses Zitat dem Kapitel über die altruistischen Kinder vorangestellt. »Soziale Rationalität« war Machiavellis Thema nicht, er sagt vielmehr in schöner Offenheit, dass wir das »Gutsein«, also unsere ursprüngliche Natur, überwinden müssen, wenn wir machtvoll werden wollen.

Ob die mächtigen Männer ihren Machiavelli wirklich gelesen haben?

Als zweite Quelle nennt Piaget Gegenseitigkeit, die aus dem Umgang mit Gleichaltrigen entsteht. Die entwickelt sich erst im späten Vorschulalter, wenn Kinder merken, dass es nicht nur sie und ihre unmittelbaren Bezugspersonen gibt, sondern auch andere, die sie als gleichberechtigte, unabhängige Handlungspartner erleben. Ein sozialer Pakt, der auf gegenseitigem Respekt aufbaut. (Im Gegensatz zu den machtbasierten Normen nennen die Forscher das »echte« Normen.)

Im frühen Vorschulalter orientiert sich das Verhalten der Kinder weniger an ihnen selbst, sondern an anderen. Und dabei entwickeln sie ein Gefühl für Gleichberechtigung, für soziale Normen. Es spielt also durchaus eine Rolle, mit welcher Art von Gruppe Kinder in dieser Phase konfrontiert werden oder wie die

Erwachsenen, mit denen sie es zu tun haben, sich ihnen gegenüber verhalten.

Im Hinblick auf die Funktionsfähigkeit unseres Gemeinwesens und der Demokratie empfinde ich es als eine gute Botschaft, dass unser Bewusstsein für Gleichberechtigung so früh einsetzt. Dass Kinder sich tatsächlich für solche sozialen Normen interessieren, merkt man daran, dass sie sich auch an ihrer Durchsetzung beteiligen.

Das Fazit Tomasellos: »Mein Vorschlag lautet daher, dass der kindliche Respekt für soziale Normen nicht nur auf ihrer Sensibilität für Autorität und Gerechtigkeit basiert. Kinder besitzen von klein auf eine Art sozialer Rationalität [...] Indem sie andere wie sich selbst betrachten (»er ist ich«), identifizieren sie sich mit ihnen und sehen sich selbst als einer unter vielen [...] Die Universalität sozialer Normen und ihre grundlegende Rolle in der menschlichen Evolution sind offensichtlich. [...] Schuld- und Schamgefühle werden dabei als eine Art Selbstbestrafung interpretiert, die verhindern soll, dass ich den gleichen Regelverstoß in der Zukunft wiederhole [...] All dies reflektiert [...] auch eine Art Gruppenidentität und soziale Rationalität.«[15]

Brauchen Kinder Erziehung, um glücklich zu werden?

So also sieht es aus: Diese Kinder, die auf dem Weg sind, Männer, Frauen und andere zu werden, bringen so einiges mit, was für das Zusammenleben von Menschen nützlich und hilfreich ist. Ist Ihnen bewusst, was für ein Kind in Ihnen steckte, wie Sie sich an welcher Stelle weiterentwickelt haben? Erinnern Sie sich, dass Sie schon sehr früh altruistisch waren? Auch ohne Vermittlung Ihrer alles besser wissenden Eltern? Grundlegende soziale Vernunft? Und haben Sie sich mal geschämt, wenn Sie gegen Regeln verstießen, die wichtige Werte Ihrer Gruppe ausmachten?

Aus alldem ergibt sich eine spannende Frage: Müssen wir unsere Kinder eigentlich erziehen? Wie die meisten Eltern gehen Sie vermutlich davon aus, dass Sie »Ihre« Kinder erziehen müssen, damit aus ihnen »etwas« wird. Aber was? Ohne Zweifel brauchen Kinder Unterstützung, vor allem, wenn sie klein sind. Andererseits bringen sie erstaunlich viel mit.

Auf welches Lebensziel sollte Ihr Kind sein Leben ausrichten? Reich werden, durchsetzungsfähig, erfolgreich im Job oder sozial akzeptiert und vielleicht sogar glücklich?

Wie sinnvoll sind solche Ziele? Es gibt eine aus wissenschaftlicher Sicht faszinierende Studie, die an der Harvard-University gemacht wurde. 1938 fing man mit 268 Studierenden an und schloss im Verlauf bis heute 1300 Menschen ein. Was ist so besonders an dieser Studie? Über so lange Zeit und so ausdauernd durchgezogene Studien gibt es sonst nicht. Ein Grund ist die erforderliche Selbstlosigkeit der Forscher, denn sie bekommen während ihrer Karriere ja nie den ganzen Schatz der Ergebnisse. Eine andere Besonderheit ist die Vielfalt des untersuchten Kollektivs, die von einem amerikanischen Präsidenten bis zum Obdachlosen reichte. Entsprechend außergewöhnlich ist das Ergebnis[16]: »Der überraschende Befund ist, dass unsere Beziehungen und wie glücklich wir in diesen Beziehungen sind, einen mächtigen Einfluss auf unsere Gesundheit haben, [...] mehr als Geld oder Ruhm. [...] Sie helfen, den seelischen und körperlichen Verfall zu verlangsamen, und sind bessere Prädiktoren eines langen und glücklichen Lebens als die soziale Klasse, der IQ oder sogar die Gene. Der Grad der Zufriedenheit der Menschen mit ihren Beziehungen im Alter von 59 war ein besserer Prädiktor ihrer körperlichen Gesundheit als ihre Cholesterol-Spiegel. Einsamkeit tötet [...] genauso wirkungsvoll wie Rauchen oder Alkohol [...] Gute Beziehungen [...] schützen unsere Gehirne.«

Vielleicht denken Sie, verehrter Leser, jetzt: Beziehungskram, klar, dass es Frauen damit besser geht! Da irren Sie! Die Studie war anfangs eine reine Männerstudie, weil in den 1940er-Jahren nur Männer in Harvard studierten; Frauen wurden erst vor mehr als zehn Jahren eingeschlossen. Beziehungen und gute Sozialkontakte begünstigen ein langes und glückliches Leben – von Männern. Über welches Organ kann das bitte vermittelt sein als über die Männerseele?

Und unsere Fähigkeit, Beziehungen aufzunehmen und zu erhalten, drückt sich in dem aus, was wir bereits als »soziale Rationalität« kennengelernt haben. Diese bringen Kinder zum großen Teil von sich aus mit, oder sie lernen sie im Kontakt mit anderen »gleichberechtigten und unabhängigen Handlungspartnern«.

Wäre es also nicht naheliegender, mehr darauf zu setzen, was unsere Kinder spontan mitbringen, als sie auf Teufel komm raus zu erziehen?

Kinder sind kein Besitz

Ihr Kind? Gehört es Ihnen? Nein, natürlich nicht, aber …?

Der Eigentumsbegriff – was für eine seltsam schillernde Angelegenheit. Einerseits ganz klar: Ein Kind ist niemandes Eigentum, die Frau auch nicht – die Sklaverei wurde bei uns ja abgeschafft. Andererseits behandeln wir Kinder de facto wie Besitz: Wir entscheiden über sie, auch gegen ihren ausdrücklichen Willen, wir zwingen sie zu Verhaltensweisen, die sie nicht wollen, üben Macht über sie aus. Bis vor 40 Jahren durften Lehrer und Eltern Kinder schlagen; heute dürfen Lehrer das nicht mehr, und von den Eltern tun es »nur« noch 4 Prozent[17]. Wir unterwerfen Kinder unseren sexuellen Wünschen, wenn auch »nur« 10 Prozent von ihnen. Extremfälle?

Ich glaube, dass wir einen anderen Umgang mit unseren Kindern finden sollten. Zuallererst müssen wir akzeptieren, dass sie uns nicht gehören. Auch wenn wir durchaus den Eindruck haben können, sie seien uns geschenkt. Geschenkt, aber nicht wie ein Stück Besitz, sondern wie ein besonderes Erlebnis, ein Eindruck, »ein Leuchten, das in der Weite der Welt erscheint«[18].

Kein Besitz, nicht Ihr Besitz, auch nicht von jemand anderem. Wenn ich etwas besitze, dann kann ich damit machen, was ich will. Das aber sollten wir mit Kindern nicht tun, sonst führt das zu den Dystopien, die ich im ersten Teil dieses Buches beschrieben habe.

Wer Kinder »bekommt«, hat eine Aufgabe, keinen Anspruch. In unserer Gesellschaft glauben wir, dass aus Besitz Ansprüche resultieren, und man kann als Faustregel festhalten: Überall dort, wo inadäquate Anspruchshaltungen gegenüber anderen geäußert oder durchgesetzt werden, wird etwas zum Besitz gemacht, das sich als Besitz nicht eignet: Kinder, »eigene« und fremde Frauen. Von Männern.

Hierzulande verlieren wir immer wieder auffällig schnell aus den Augen, dass unfassbar viele Kinder hungern, verhungern und unter Krieg und Terrorismus leiden, obwohl wir es wissen können. Jeder Bewunderer der sogenannten starken Männer wie Putin, Trump, Erdoğan sollte sich immer wieder klarmachen, welch entsetzliche Schicksale von Kindern diese Gestalten zu verantworten haben, in Texas[19], Syrien, Tschetschenien, Bergkarabach[20] oder Kurdistan[21]. Wollen wir solche Männer als nachahmenswert zulassen? Sie gar bewundern? Sind sie nicht vielmehr eine Warnung, welche Konsequenzen jene falschen Erziehungsmuster, jenes Besitzenwollen haben?

Und natürlich sollten wir alle nicht vergessen, was in den Flüchtlingslagern mit Kindern passiert oder was afrikanische Kinder auf der Flucht erleben, im Moment ihres Ertrinkens oder wenn sie miterleben, wie ihre Mutter im Wasser versinkt, weil sie entweder keine Schwimmweste hatte oder zu schwer dafür war.[22]

»Unsere« Kinder haben es dagegen relativ gut, aber auch sie sind bis zum 18. Lebensjahr nicht geschäftsfähig, sie dürfen nicht wählen, dürfen sich keinen Anwalt nehmen, um gegebenenfalls ihre Ansprüche gegen ihre Eltern oder andere durchzusetzen, was besonders relevant im Fall von Gewalterfahrungen ist.

Während der Corona-Pandemie trafen alle möglichen wichtigen Menschen Entscheidungen für Kinder und Jugendliche über ihren Kopf hinweg, ohne ihre Meinung einzuholen. »Die Politik hat Kindern in Stil, Geste und Inhalt die Solidarität aufgekündigt.«[23] Diesen Satz hat Hilmar Klute in einem flammendem Appell für die unter den Corona-Maßnahmen der Politik leidenden Kinder geschrieben, und er ergänzt: »Aber dass der Staat seine vulnerabelsten Bürger, die Kinder, derart brutal aus der Solidargemeinschaft ausschließen würde, wer hätte das gedacht?«[24]

Bei aller Sympathie für Klute und seinen Appell, das hätte jeder denken können, der Augen und Ohren hat. Die Politik hat den Kindern nicht die Solidarität aufgekündigt, sondern diese Solidarität gab es nie.

Und diese fehlende Solidarität spielt den Missbrauchern in die Hände, weil sie genau wissen, dass sie es nicht mit einem gleichberechtigten Gegenüber zu tun haben. So bringt die Respektlosigkeit den Kindern gegenüber, der Blick von oben herab aus der Sicht des Größeren, das Elend ihrer Seelen jene seelisch verarmten Männer hervor, mit denen wir es hier zu tun haben.

Seelenkunde 2: Wie geht das Kind im Manne verloren?

Wie entsteht denn nun der Mann mit seinen akzeptablen, faszinierenden und aber fürchterlichen Seiten? Seiten, die vom *Herrschaft*sgebaren im häuslichen Alltag, von seiner immer noch weitgehend unangetasteten Vor*macht*stellung in den Gesellschaften des 21. Jahrhunderts bis zu Missbrauch und Gewalt reichen. Eben war er doch noch ein Junge mit erheblichem Potenzial für sozialverträgliches Verhalten.

Eine Geschichte: »Immer wieder erzählten mir Männer über ihren frühen Gefühlsüberschwang, eine nicht unterdrückte Freude, das Gefühl, mit dem Leben und anderen Menschen verbunden zu sein – bis ein Bruch geschah, ein Riss, und das Gefühl, geliebt zu sein, umarmt zu sein, war weg. Irgendwie war es der Männlichkeitstest, so erzählten mir die Männer, diesen Verlust zu akzeptieren.«[1]

Freude. Sich ganz fühlen. Manchmal durchaus Begeisterung für das Leben, für sich selbst, für andere. Und dann: plötzlich ein Bruch – von nun an ist alles anders, alles aus. Kennen Sie solche Formulierungen, die immer wieder auftauchen, wenn Therapeuten über das Mannwerden ihrer Klienten berichten? Irgendwann wird die Seele einbetoniert: Nur wer das Verstummen des eigenen Frühlings als normal bejaht, darf Mann unter Männern sein.

Die Autorin, Bell Hooks, erlebte das an ihrem Bruder, der es mit seinem Vater viel schwerer hatte als sie: »Als er ein Junge war […], hatte mein Bruder einfach das Bedürfnis, sich selbst auszudrücken. Die Folge war, dass unser Vater ihn verachtete und lächerlich machte.«

Jungen, die ihre Gefühle spüren und sie ausdrücken, werden vom Vater verachtet, weil weiche Gefühle unmännlich sind. Was bleibt ihnen? Aufstand ist riskant, es könnte ja alles zu Bruch gehen. Alternativ bleibt der Abschied von den Gefühlen. Ist der so schlimm? Gefühle machen doch sowieso ständig Ärger.

Dazu lernte unsere Autorin, »es gibt nur eine Emotion, die das Patriarchat an Männern wertschätzt, der Ärger. Richtige Männer werden wütend«. Nun ist es raus: die Wut des Patriarchats! Männer gebrauchen den Begriff »Patriarchat« kaum: »Männer, die dieses Wort gehört haben und es kennen, assoziieren es mit [...] Feminismus. Ich gebrauche dieses Wort täglich, und Männer, die das hören, fragen mich oft, was ich damit meine.«

Sie, lieber Leser, der Sie dieses P-Wort natürlich kennen, verbinden wie so viele Männer vermutlich Positives damit, die Herrschaft des Vaters, der Männer, die Gewähr, dass es auf der Welt effektiv zugeht. Doch Bell Hooks, unsere Autorin, sieht das anders: »Das Patriarchat ist die einzige lebensbedrohliche soziale Krankheit, die den männlichen Körper und Geist in unserem Land angreift.«

Die lebensbedrohliche soziale Krankheit für die Körper und Seelen der Männer schlechthin? An dieser Stelle müssen wir wohl entscheiden, über uns zu reflektieren, auch wenn das nicht unser beliebtestes Hobby ist. Doch diesem feministischen Angriff sollten wir wohl standhalten. Ja, Männer, wir sollten uns stellen.

Die alles entscheidende Lücke oder: Wie wird ein Mann ein Mann?

Ich kann mir vorstellen, dass Sie, wie viele andere gebildete, weiße, wahrscheinlich ältere Männer, hier abwinken: Was ist in diesen psychiatrischen Professor gefahren, den wilden feministischen

Überlegungen einer Afroamerikanerin so viel Platz einzuräumen? In den eigenen vier Wänden denken Sie vielleicht sogar das N-Wort statt Afroamerikanerin. Ich kann Ihnen schon sagen, was in mich gefahren ist: Ich bin überzeugt im tiefen Grunde meiner Therapeutenseele, dass sie recht hat. Diese »wilden« Überlegungen bilden die traurige Realität so vieler Männer angemessen ab. Diese Frau findet Worte, die den meisten Männern für die Darstellung unseres gesellschaftlichen Elends fehlen.

Halten wir als zentrale Erkenntnis über den Seelenzustand von viel zu vielen Männern fest: Dieses Elend liegt begründet in der uns im Verlauf des Erwachsenwerdens anerzogenen Unfähigkeit, Gefühle wahrzunehmen und zu ihnen zu stehen. Liebe zum Beispiel, Mitgefühl zum Beispiel. Beides spielt in männlichen Diskursen keine wichtige Rolle, beides können viele Männer weder wahrnehmen noch äußern. Der Preis dafür?

»Etwas fehlt da drinnen.« Da drinnen, dort, wo die Seele sitzt, an diesem persönlichsten und existenziellen Ort fehlt etwas. Eine Lücke ist entstanden. Doch sie darf nicht bleiben, und deshalb wird sie mit Ärger, Aggression und Gewalt gefüllt, raumgreifende Gefühlsäußerungen, die sich in der Gesellschaft ausbreiten. Wie ein Nebel, der aus allen Ritzen kriecht. Diese Lücke scheint seit Jahrtausenden zu bestehen, wie meine kleine Kriegsgeschichte nahelegt. Heute ist sie zivilisatorisch verkleidet, aber ungebrochen wirksam.

Aber – sind denn alle Männer so? Nein! Es sind auch manche Frauen so! Ja. Obwohl Sie da schon ganz schön suchen müssen. Ich finde, diese Diskussion lassen wir jetzt mal weg, weil sie eine realitätsverschleiernde, den Blick aufs Eingemachte vermeidende Diskussion, also ein Vorwand, ist. Damit haben wir uns oft genug auseinandergesetzt. Nicht schon wieder.

Wichtiger wäre, uns anzusehen, was aus den verdrängten Gefühlen entsteht, also wie das Patriarchat im seinem Kern, in den Männerseelen, funktioniert. Da gibt es einiges Interessantes: Das

Patriarchat behandelt nicht nur erwartungsgemäß Mädchen und Frauen, sondern erstaunlicherweise vor allem Jungs und Männer schlecht. Sie müssen die Botschaft vom Sinn der Härte weitertragen. In unserer deutschen Geschichte war der Krupp-Stahl mal die Referenz für Härte. Obwohl diese Referenz etwas zerbröselt ist, gilt immer noch erstaunlich oft: »Männer kennen keinen Schmerz.«

Das Ergebnis ist ein soziales Prinzip, das nicht für die von ihm sozialisierten Menschen sorgt, sondern nur für den eigenen Erhalt. Ein Apparat, der sich selbst ständig verstärkt, aber vor allem diejenigen schwächt und ausbeutet, die ihn am Laufen halten: die Männer.

Bell Hooks fasst die Komplexität des Patriarchats als »imperialist white-supremacist capitalist patriarchy« zusammen: Männer sind allen anderen überlegen, haben das Recht, alle anderen zu dominieren, und tun das heute mit den Instrumenten des Geldes. »Geld ist die stärkste Droge«, sagt ausgerechnet die erfolgreichste Kinderbuchautorin Deutschlands Cornelia Funke.[2] Das liegt daran, dass Geld gefühlsfrei ist, hocheffektiv und es stinkt nicht, selbst wenn es mit den fürchterlichsten Dingen verdient wird. »Es muss sich rechnen«, ist das perfekte Totschlagargument gegenüber idealistischen, jungen Menschen, die sich als weltverbessernd profilieren wollen. Dieser Logik folgen sogar die »grünen Aktien«, die gerade so *in* sind.

Und natürlich: Richtig reich sind weiße Männer! Googeln Sie mal »reichste Menschen der Welt«. Weiße, *herrschaftsbewusste* Männer sollte man vielleicht noch ergänzen: Peter Thiel, der sein Geld mit der wirklich praktischen Bezahlhilfe *Paypal* verdiente, unterstützte nicht nur Donald Trump, sondern sorgt sich schon jetzt wieder um das Schicksal der Republikaner bei den nächsten Wahlen; daher unterstützt er den »netten Reichen« J. C. Vance, dem Familie angeblich wichtiger ist als Steuersenkungen, mit 10 Millionen US-$ bei der Kandidatur für einen Senatssitz. Wobei Vance »sich zuletzt von einem Trump-Gegner zu einem seiner größten Cheerleader entwickelt und auf seinem Twitter-Account zumindest andeutungsweise Verschwörungsmythen der QAnon-Sekte legitimiert«[3].

Geld als weißer Gefühlsersatz, geiler und ungleich besser zu manipulieren als diese komplizierte Empathie. Geld hilft aber leider nicht gegen die innere Leere, sondern zerstört selbst seine Fans: Ein 30-jähriger Karrieremann vermutete irgendeinen Mangel hinter seiner zunehmenden inneren Unruhe, die bald in »sehr starke Verspannungen, Kopfschmerzen, Druck im Bauch« übergingen, Alkohol half nur vorübergehend, »die Zeiten, in denen ich den Erfolg genossen hab, wurden immer kürzer, die innere Leere wurde immer größer«[4].

Leere, wo eigentlich Gefühle sein sollten, ist eine Illusion, wie jeder Psychotherapeut weiß. Sie entsteht, wenn emotionale Erinnerungen weggedacht werden, weil sie nicht auszuhalten sind. Kinder und Frauen machen das nach Traumatisierung. Bei männlich sozialisierten Männern gehört dieser Vorgang quasi zur Grundausstattung, um ihre Emotionalität wegzurationalisieren. Wenn Menschen erwähnen, dass ihre Biografie »weiße Flecken« hat, heißt dies nicht, dass damals nichts gewesen wäre, sondern etwas, das man sich um keinen Preis anschauen will. Vermeiden ist aber auf die Dauer keine sinnvolle Maßnahme, denn das, was sich da als »leer« maskiert, also vorgibt, nicht da zu sein, beeinflusst das Verhalten ganz gewaltig. Es macht krank – Verspannungen, Schmerzen, Druck –, weshalb »weiß-fleckige« Menschen ja auch Therapie suchen, allerdings vorwiegend die Frauen.

Die Emotionalität, an die sich Männer aus der Kindheit oft noch erinnern, ist nicht einfach weg. Sie ist als Sehnsucht meist deutlich spürbar. Ist Sehnsucht männlich? Na ja. Oft bleibt nur die Gewissheit des Verlusts.

Eine Therapeutin, die mit Männern arbeitet, deren schwieriges Verhältnis zu ihren Gefühlen sie alkoholkrank gemacht hat, erzählte mir: »Wenn ich mit Männern in der Therapie sitze, die dann so garstig zu sich selbst sind, zum Teil überhöhte Ansprüche an sich stellen, fies zu ihrem Körper sind etc., dann hole ich manchmal die Seele als Instanz ins Boot: ›Mensch, wenn ich das so höre, dann denke ich an Ihre Seele, die möchte doch auch gesehen werden, wieso gehen Sie so arg mit ihr um ...?‹ Manchmal erlaubt das, bei Männern die verwundbare Seite benennbar zu machen. Ich bilde mir zumindest ein, die Männer könnten dies dann leichter zulassen wie ein erlaubter emotionaler Zugang.«[5]

Patriarchalische Männlichkeit ist teuer – auch für Männer

Verlust gehört zum Leben, er ist nicht zu vermeiden, Menschen sterben, Menschen verlassen uns. Was tun? Männer stehen doch auf Werkzeuge. Tatsächlich gibt es ein »Verarbeitungswerkzeug« für Verluste: die Trauer. Sie ist die einzig sinnvolle Maßnahme: Verlust muss betrauert werden. Doch weil sie von Gefühlen nichts wissen wollen, verbauen sich Männer sogar diesen Weg: Heulen ist nicht! Wenn Sie das verkürzt finden, darf ich Ihnen sagen, dass Trauern nur über Jammern und Heulen, Haareraufen und Kleiderzerreißen funktioniert. Für Menschen in nordwestlichen patriarchalischen Gesellschaften geht das gar nicht, und auch in südöstlicheren Gesellschaften ist es meistens den Frauen vorbehalten. Der Weg in die Trauer ist vermint, die Gefahr spüren Männer genau. Wer ein Gefühl erlaubt, hat es schnell auch mit anderen zu tun, solchen, die Mann nun überhaupt nicht will. In der »Gefühlssphäre« stecken Gefühle nicht in separaten Schubfächern, sondern man muss sie sich eher als kommunizierendes Netzwerk vorstellen. Wer sich einmal hineinbegibt, kann nicht mehr kontrollieren, wohin er als Nächstes gerät.

Männer, die den Zugang zu ihren positiven Gefühlen verloren haben, zu Empathie und Mitgefühl, leiden an diesem Defizit. Als Ersatz müssen starke Reize herhalten: Sex, Kokain, Opiate, Alkohol. Ob der gewaltig gestiegene Kokain-Gebrauch in der Bundesrepublik – zwischen 2019 und 2020 um 12 Prozent[6] – etwas damit zu tun hat? Die Sucht nach Starkem bleibt ein Leben lang und wird zum Desaster, wenn Sex nicht mehr geht, Drogen und Alkohol nicht mehr vertragen werden und die innere oder äußere Einsamkeit das Leben dominiert. Die Suizidrate älterer Männer – bei den 85-Jährigen bringen sich ca. 70 von hunderttausend Männern um, im Vergleich zu 15 Frauen[7] – ist ein nicht gelöstes Problem der Gesundheitsprävention, aber richtig furchtbar ist sie für diese Männer selbst: Haben Sie sich schon mal überlegt, wie das Umbringen funktioniert und wie Sie danach aussehen, Ihr Körper, von der Seele ganz zu schweigen? Haben Sie schon mal Suizidopfer gesehen?

Spätestens an diesem Punkt könnte Ihnen dämmern, dass patriarchalische Männlichkeit einen viel zu hohen Preis fordert. Leider sind wir mit den Nebenwirkungen und Risiken des Patriarchats noch nicht am Ende. Das Unterdrücken der Gefühle erstreckt sich natürlich auch auf das Mitgefühl, das normalerweise entsteht, wenn eine andere Person glücklich ist oder wenn sie leidet. Wenn ich das aber nicht mitfühlen kann, muss ich schon ziemlich viel Charakter haben, um meinen Neid nicht zu zeigen, den anderen ihr Glück nicht madig zu machen – und es ihnen nicht zu zerstören. Schöne Gefühle bei anderen, vor allem Kindern, zu zerstören, ist so richtig mies. Aus der Kategorie gibt es noch mehr. Charakter hat was mit Anstand zu tun, und anständig zu leben ist mühsam, wenn man keine Unterstützung und Korrektur durch die eigenen Gefühle bekommt. Vielleicht ist Anstand deshalb in unseren patriarchalischen Gesellschaften zu einer Erinnerung aus fernen Zeiten geworden.

Last exit Gewalt

Doch Mitgefühl ist vor allem das Antidot zum Hass, zur Feindschaft, zur Gewalt. Wer kein Mitgefühl empfinden kann, wird zum Spielball seines eigenen Hasses, seiner eigenen Gewalt.

Wurden die berühmten Gesetzeswerke deswegen etabliert, weil das Gewaltproblem patriarchalischer Gesellschaften nicht durch Mitgefühl und Empathie kontrolliert werden kann? Beispielsweise von Hammurabi, dem sechsten König der ersten Dynastie in Babylon, oder von Moses, dessen Zehn Gebote, der Kern der Thora, auch im Christentum weiterwirken. Ich will hier nicht den Rechtshistoriker geben, aber das Thema ist schon interessant: Solche Gesetzeswerke entstanden offenbar an der Schwelle zur Sesshaftigkeit. Wer ohne Grundbesitz herumzog, konnte flexibel sein, dem Streit ausweichen, wenn es nichts mehr zu sammeln gab, denn die Pflanzen gehörten ihnen nicht, Tiere hatten sie nicht gezüchtet, sondern nur gejagt. Nur wer sich niedergelassen hatte, war auf Gesetze angewiesen, insbesondere des Eigentums.

Ein Gesetz teilt die Vielfalt möglicher Verhaltensweisen in berechtigte und unberechtigte auf, in Gut und Böse. Durch mein Verhalten entscheide ich, wohin ich gehöre. Doch tatsächlich ist das keine Wahl. Wer will denn bestraft werden? Menschen sind ja nicht blöd! Deshalb wollen wir alle, vor allem die dominanten Männer, als Gute gelten, obwohl wir bei einiger Selbsterkenntnis wissen müssten, dass wir das im Inneren gar nicht sind. Außerdem wären Gesetze sonst überflüssig.

Deswegen haben Fassungslosigkeit und dramatisch geäußertes Entsetzen ihre großen Auftritte, wenn das Böse angeblich in unser Leben einbricht, obwohl es doch als alltägliche Möglichkeit mitten unter uns ist. Das Privileg der Fassungslosigkeit beanspruchen diejenigen für sich, die jeden Zweifel an ihrem Gutsein von vornherein ausschließen wollen. Der Theaterdonner verschleiert, dass es gar nicht um Prävention geht: Wollten wir wirklich verhindern, dass Hass und Gewalt sich Bahn brechen, müssten wir das Patriarchat auf den Prüfstand stellen und beispielsweise dafür sorgen, dass unseren Kindern, vor allem den männlichen Kindern, ihre Emotionalität nicht ausgetrieben wird. Das wäre nämlich ein viel besserer Schutz als Normen, die für die wirklich wagemutigen Männer nur ein Anreiz zu ihrer Überschreitung sind.

Hier wird die Verbindung zur Gewalttätigkeit sichtbar. Wenn ich verlernt habe, mit meinen eigenen, unter der Oberfläche ständig rumorenden Gefühlen zurechtzukommen, bin ich ständig vom Kontrollverlust bedroht. Die Kontrolle erlange ich scheinbar zurück, wenn ich gewalttätig werde; denn das schafft vielleicht unangemessene, aber jedenfalls eindeutige Fakten – *last exit* Gewalt. So erzählen es verurteilte und erfolgreich resozialisierte Täter. Und deshalb sorgen wohl auch amerikanische Polizisten in unsicheren Situationen dafür, dass der Fremde, der andere, der Schwarze keine Luft mehr kriegt. So entsteht eine unumkehrbare Eindeutigkeit.

Und der Ausgangspunkt dieses Buchs, der Missbrauch, ist auch er ein Effekt des Patriarchats? Was glauben Sie? Hier müssen Sie leider Ihren mehr oder weniger gesunden Menschenverstand mobilisieren, denn Studien gibt es dazu nicht. Oder können Sie sich eine randomisierte Studie zum Missbrauch vorstellen?

Männer, die ihre weichen Gefühle nicht wahrnehmen können, die nicht rechtzeitig und nicht genau spüren, was sie eigentlich brauchen, wie ihre Bedürfnisse sind – und plötzlich von der Erkenntnis übermannt werden, was für unfassbar wunderbare Wesen ein kleines Mädchen oder ein kleiner Junge sind (Eve Ensler hat das beschrieben[8]) –, können darauf nicht adäquat emotional reagieren, sondern geraten in einen diffusen Sumpf dumpfen Begehrens. Wenn sie sich in diesem Moment an den Primat des Männlichen erinnern, der vor allem verlangt, auf seine Ansprüche nicht zu verzichten, dann vögelt der Vater seine dreijährige

Tochter oder zwingt seinen Fünfjährigen zur Fellatio oder zum Analverkehr.

Tut mir leid, wenn ich Ihre Gefühle verletze!

Anders als all diejenigen glauben wollen, die immer wieder ihre Fassungslosigkeit zur Schau stellen, handelt es sich bei diesen Vätern nicht um entmenschte Monster, sondern um Männer, die mit ihren Gefühlen nicht umgehen können. So sieht das aus! Sie bräuchten Hilfe, um nicht mehr zum Täter zu werden. Woher nehmen, wenn unser geplagtes Gesundheitssystem kaum genug Hilfe für die Opfer mobilisieren kann? Allerdings ist das ja auch kein Problem des Gesundheitssystems, sondern unserer patriarchalischen Gesellschaften.

Härte gegen sich selbst: Wie Männlichkeit Männer und Welt zerstört

Wie wirkt sich die Härte gegen die eigene Seele in jedem einzelnen Leben aus? Sie erinnern sich? Auch Männer entwickeln in der frühen Kindheit aus Hunger, Schmerzen, dem Bedürfnis nach Berührung, im Kontakt mit der ersten Bezugsperson Gefühle. Das stärkste, unser Verhalten unmittelbar beeinflussende Gefühl ist die Angst. Im zentralen Nervensystem ist sie so organisiert, dass das Erscheinen von Bedrohlichem unmittelbar zu Aktionen führt, ein extrem schnelles, hocheffektives System, das ohne Denken funktioniert und ohne das es uns nicht gäbe.

Drei primäre Angstreaktionen sind bekannt: *fight, flight – freeze*. Kämpfen oder fliehen – und, wenn die Bedrohung von einem Lebewesen oder einem Naturereignis ausgeht, gegen das man nicht kämpfen und vor dem man nicht weglaufen kann, totstellen. Menschlicher anmutende Aspekte der Angstbewältigung wie

Mut, Vertrauen, Erkenntnis, Macht, Hoffnung, Demut, Glaube und Liebe beschreibt Fritz Riemann in seinem Grundlagenbuch zur Angst als »Gegenkräfte der Angst«[9]; sie können uns in die Lage bringen, uns mit der Angst auseinanderzusetzen.

Weil Angst so bedrohlich ist, versuchen kleine Kinder normalerweise nicht, ihre Angst allein zu bewältigen, sondern suchen die Unterstützung der Eltern. Gleichzeitig entsteht Akzeptanz: Ich erkenne ein Gefühl an, indem ich für mich und alle sichtbar darauf reagiere.

Doch genau dieser grundlegende Mechanismus kommt Jungen im Verlauf ihrer Sozialisation häufig abhanden, was zu einer erheblichen Verunsicherung führt: Während kleine Jungen ihre Gefühle noch akzeptieren dürfen, weinen, wenn sie traurig sind, Schmerzen oder Angst haben, fröhlich und glücklich sind, wenn es ihnen gut geht, erleben sie einen radikalen Bruch, wenn sie plötzlich zum Indianer geworden sind, der angeblich keinen Schmerz kennt. Dieser virtuelle Indianer kann sich und den Rest der Welt nicht mehr akzeptieren. Augen zu und durch!

Warum ausgerechnet »Indianer«? Politisch unkorrekt ist ja nicht nur der Begriff, sondern die Annahme, dass die ursprünglichen Bewohner Nordamerikas mit ihren Gefühlen schwachsinnig umgegangen wären. Wie schon Benjamin Franklin schrieb, hatten »die sechs Nationen des Bundes der Irokesen […] eine klare Arbeitsteilung auf der Grundlage von Geschlecht, Alter und Neigung, […] verwalteten die meisten Ressourcen gemeinschaftlich und übergaben die Verantwortung für ihre [gerechte] Verteilung einem Rat der Frauen […] Mehr als alles andere diente dieses System dem wichtigsten Ziel, Frieden durch moralische Verpflichtungen zu erhalten«[10]. Irgendjemand hat da etwas falsch verstanden. Diese Indianer sind gänzlich anders als die von uns als vermeintliche Erziehungshilfe mobilisierten Zerrbilder.

Die Absurdität des Verhaltens, Kinder zur Ignoranz gegenüber ihren Gefühlen zu erziehen, wird deutlich, wenn dieses Kind in eine Situation kommt, die Angst auslöst: ein unbekannter Mensch, eine Mobbingsituation im Kindergarten oder in der Schule, Dunkelheit, komische Geräusche in der Nacht. Jetzt wäre es für ein Kind sinnvoll, wegzulaufen oder vielleicht auch mal zu kämpfen, beispielsweise in der Mobbingsituation, aber auf jeden Fall die Hilfe der Eltern zu suchen, um Unterstützung zu bekommen.

Wenn aber solche Gefühle, weil sie angeblich »schwach« oder »schlecht« sind, gar nicht erst auftauchen dürfen, sieht sich dieses Kind plötzlich mehreren Fronten gegenüber: dem Angstauslöser, seiner eigenen normalen, aber jetzt unerwünschten Reaktion und der »neuen« Angst vor dem Vater, der ärgerlich wird oder werden könnte. Der Versuch, die eigene Gefühlswahrnehmung in Befolgung väterlicher Erziehungsvorgaben zu disziplinieren, kann in Kindern nur Verwirrung auslösen, denn gegen das »alte«, effektive Angstsystem, das während der ganzen Evolution unser Überleben sicherte, hat die elterliche Denke, bei allem Respekt, natürlich überhaupt keine Chance. Wenn die Eltern daran festhalten und sie möglicherweise sogar durch Gewaltandrohung unterstützen, werden Kinder künftig immer mehr in Widersprüche mit sich selbst und in eine ambivalente Grundhaltung gegenüber ihren engsten Bezugspersonen geraten. Schließlich werden sie ihre unerwünschten Gefühle ganz unterdrücken.

Diese Situation entbehrt nicht einer gewissen Tragik, da auch der Vater selbst einmal durch eine ähnliche Situation gegangen sein dürfte, als er am Übergang in die Männerrolle stand. Tragik ist schön fürs Theater, hat aber keine heilende Wirkung.

Abgesehen davon, dass man eigentlich keinem Menschen so eine emotionale Ambivalenz wünschen möchte, hat sie noch grundsätzlichere kognitive Wirkungen, die weit über die Verzweiflung eines Kindes hinausgehen: Akzeptanz ist eine wichtige Grundhaltung, gegenüber mir selbst, gegenüber Anderen, gegenüber der Welt. Wenn ich akzeptiere, lasse ich etwas, das ich wahrnehme, so sein, wie es ist, schaue es mir an, erlaube mir meine Gefühle – es bekommt einen Platz in meiner Welt: Aha, so ist das also. Zur Akzeptanz gehört, mich und andere als gegeben anzunehmen und nicht als gut oder schlecht zu bewerten. *Big mind* nennen das Zen-Buddhisten. Das Ritual des Sichverbeugens spiegelt diese Sicht wieder: Ich verbeuge mich vor der Welt, auch wenn sie unfassbar und unverständlich ist. Es ist die Welt, in der alles Buddha-Natur hat.[11]

Für die Entstehung einer akzeptierenden Grundhaltung hat mein Umgang mit mir selbst und natürlich mit meinen Gefühlen Modellcharakter. Nur wenn ich mich selbst und mein Leben mit seinen Höhen und Tiefen wertschätze, kann ich andere Personen in ihrem Wert wahrnehmen, auch in den Seiten von ihnen, die mir primär nicht vertraut, sondern fremd sind. Für mich und die Welt macht es einen großen Unterschied, ob ich anderes, auch Fremdes erst einmal akzeptiere oder es von vornherein verändern oder wegen seiner Andersartigkeit gleich bekämpfen muss.

Um zu unserem Ausgangspunkt zurückzukommen: Akzeptanz entsteht, wenn Eltern ihre Kinder so sein lassen, wie sie sind. Und da haben wir den Salat. Denn wenn wir unsere Kinder dazu zwingen, ihre Gefühle zu manipulieren, um dem Vater, der gleichgeschalteten Mutter, also »den Eltern«, zu gefallen, dann treiben wir ihnen die Akzeptanz für sich selbst aus. Wir verhindern die Entstehung des Selbstwerts, der diesem Menschen fehlen wird, wenn er längst nicht mehr klein sein darf, sondern »groß« und einflussreich sein muss. Der erzwungene Verzicht auf die vollständige und wertschätzende Wahrnehmung meiner Emotionen bedeutet vor allem, dass ich auch auf das Glück verzichten muss, mich in dieser Welt zu verwirklichen, von anderen gesehen und genauso akzeptiert zu werden, wie ich nun mal bin.

Zündeln an der Zukunft, weil wir nichts fühlen

Ich fasse den Kern meiner Seelenkunde nochmals zusammen: Es hat den Anschein, dass alles, was Kinder aus einer gesunden Bindungsstruktur in den ersten Monaten und Jahren ins spätere Leben mitbringen, menschen- und gesellschaftsfreundlicher ist als die Erziehung zu männlichen Werten. Die sind alles in allem eine kognitive und emotionale Katastrophe.

Durch die gelernte Nichtakzeptanz seiner selbst kommt ein Mann, der dem patriarchalischen Prinzip folgt, automatisch in Widerstreit mit sich selbst. Schon diese Grundhaltung generiert Stress, inneren Kampf, Aggression und in der Folge Widerspruch zu allen anderen. Ärger wird zur dominierenden Grundstimmung, von der es bekanntlich nur ein kleiner Schritt zur tätlichen Gewalt ist. Wenn die Option der Gewalt auftaucht, haben wir die Schwelle zu einem selbstverstärkenden System überschritten, das die Chance beträchtlich steigert, dass Härte, Nichtwahrnehmen und Nichtakzeptanz sich dauerhaft in unserem Verhaltensspektrum durchsetzen.

Die Verdrängung der Gefühle, die Härte gegen mich selbst, kurz das patriarchalische Prinzip, führt in die Gewalt. Eine so orientierte Gesellschaft favorisiert das Recht des Stärkeren und unterdrückt die Auseinandersetzung mit Komplexität und Vielfalt. Unter anderem deswegen haben es Männer nicht leicht.

Die gesellschaftlichen Konsequenzen liegen auf der Hand. Sie befeuern die Gender-Debatte, weil das nichtakzeptierende, harte Verhalten von Männern alle anderen, Männer, Frauen, LBQGT, benachteiligt. Die entsprechende Diskussion tobt seit Jahren, doch sie spart die Kinder aus. Was schon merkwürdig ist. Sind die Kinder nicht unsere Zukunft, leben wir in ihnen nicht weiter, wenn unsere Zeit zu Ende geht? Rätselhafterweise scheint uns das heute kaum zu interessieren. Wir vergeuden die Ressourcen, zerstören die Natur und beschädigen das Klima, als wenn es nicht unsere Kinder wären, die in einer sehr absehbaren Zukunft damit leben müssen. Wir häufen im Interesse unserer Rüstungsindustrie, an der wir Aktien halten, so viel Brennmaterial und Zündstoff an, dass ein Leben ohne Kriege auch für die Kinder des Westens immer unwahrscheinlicher wird. Kinder des Südens oder Ostens, die also das Pech hatten, in Afrika, Asien oder Südamerika geboren worden zu sein, leiden ohnehin schon ohne Ende unter dieser Situation. Ohne jeden Zweifel spielen unsere Nachgeborenen keine Rolle für uns. Der Kindersitz im SUV muss reichen.

Möglich ist das alles nur, weil wir nichts mehr fühlen.

Dazu passt die Marotte der superreichen Männer, nicht mehr an die Zukunft der Kinder, sondern nur an die eigene Unsterblichkeit zu denken und viel Geld in Prozesse des Einfrierens und Auftauens zu investieren: »Der 70-jährige Ray Kurzweil […] und andere Tech-Größen wie Amazons Jeff Bezos oder der Investor Peter Thiel sind aktiv. Sie gehören zu den Finanziers von Unity Biotechnology […] Über eine Milliarde US-Dollar hat Google bereits investiert. Ein weiteres Google-Seitenprojekt könnte dabei helfen: Verily, ehemals Google Life Sciences, will so viel wie möglich aus den Gesundheitsdaten von Menschen überall auf der Welt lernen.«[12] Peter Thiel, schon wieder! Beklemmend, oder? Wie gut, dass wir alle googeln, da ist die Zukunft ja gesichert.

Dazu fragten sich zwei hellsichtige Autoren, Moritz Riesewieck und Hans Block, deren Buch über *Die digitale Seele* 2020 erschien, ob »der Wunsch nach Unsterblichkeit eigentlich eine besondere Form von gekränktem Narzissmus sei, […] den vor allem Männer in sich tragen, […] weil man nicht selber gebären, kein Leben hinterlassen kann«[13].

Dieser Gedanke führt noch in andere Abgründe: Wenn die Macht der Männer über ihre Reproduktionsfähigkeit unbedingt erhalten werden muss, dürfen Frauen natürlich nicht darüber entscheiden, ob sie ein Kind bekommen wollen. Auch wenn das hierzulande inzwischen halbherzig gesetzlich geregelt ist, wird der männliche Machterhalt in den EU-Ländern Polen und Ungarn durchaus gegen allen Zeitgeist hochgehalten. Oder täuschen wir uns vielleicht über den Zeitgeist? »Von religiösen Institutionen wie der katholischen Kirche und konservativen protestantischen Gruppierungen über [...] Familien- oder Männerrechtsvereine hin bis zu Verschwörungstheoretikern [...] findet sich alles unter einem Label: Sie alle verbindet die eine Idee, dass hinter dem Konzept ›Gender‹ eine totalitäre und gefährliche Idee stecke [...] In Polen und Ungarn regieren schon Parteien mit einem dezidierten Anti-Gender-Programm [...] In Spanien [...] wird gegen Abtreibung mobilisiert. [...] In Frankreich gegen die ›Ehe für alle‹. [Sie] wollen die Restauration jener ›natürlichen Ordnung‹, in der Frauen den Männern untergeordnet sind.«[14]

Wie war das? »Eine besondere Form von gekränktem Narzissmus, [...] den vor allem Männer in sich tragen, [...] weil man nicht selber gebären kann, kein Leben hinterlassen kann.«[15]

The Ugly ist unser Bruder –
Gewalt als jedermanns Option

Steven Pinker hat die interessante Hypothese formuliert, dass unsere gegenwärtige Zivilisation die gewaltärmste seit Beginn der Menschheit sei.[1] Für Deutschland hat der Kriminologe Christian Pfeiffer eindrucksvoll gezeigt, wie die Zahl der Gewaltdelikte seit Abschaffung der Prügelstrafe zurückgegangen ist.[2] Ob man Pinker zustimmen mag, ist unter anderem eine Frage des Standorts: Wer heute in den Vereinigten Staaten von Nordamerika lebt, bezieht sich bei der Beurteilung von kriegerischer Gewalt im eigenen Land auf eine historische Realität, in der die letzten Kriege 1783 (Unabhängigkeitskrieg) bzw. 1865 (Bürgerkrieg) beendet waren. Menschen in Europa, Israel, dem Nahen oder Fernen Osten haben zwangsläufig eine andere Sichtweise entwickelt. Auch wird sich der Blickwinkel eines schwarzen Mannes in den USA von dem des weißen Mannes unterscheiden, von dem einer schwarzen Frau in Afrika ganz zu schweigen. Sogar weiße Frauen in Nordamerika oder Europa dürften die Gewaltfrage vermutlich unterschiedlich und wahrscheinlich anders als Pinker beurteilen.

Der Standpunkt eines Psychologen, der sich mit dem durchschnittlichen Verhalten von Menschen der westlichen Hemisphäre beschäftigt, wird anders sein als der eines Historikers[3], der nicht unwesentliche Teile seines Lebenswerkes dem Terror von Josef Stalin gewidmet hat.

Schwer lässt sich auch das Gegenargument entkräften, dass die gegenwärtige relative Gewaltfreiheit zunächst einmal eine

Momentaufnahme ist: Exzesse fürchterlichster Gewalt wie der Zweite Weltkrieg und der Holocaust sind gerade mal 76 Jahre her, Stalin starb vor 68 Jahren, der Vietnamkrieg endete vor 46 Jahren, Mao Zedong starb vor 45 Jahren. Und damit war die Historie internationaler Gewalt keineswegs abgeschlossen, denken Sie an den Irak, an Afghanistan, den Jemen, um nur einige wenige zu nennen.

Man könnte außerdem argumentieren, dass die genannten historischen Ereignisse keineswegs abgeschlossen, ihre Ursachen behoben sind: Das mit dem Ende der Sowjetunion nicht verschwundene Gewaltpotenzial Tausender Atomsprengköpfe ist nach wie vor enorm, und die entsprechenden Szenarien könnten uns den Schlaf rauben, wenn wir, die wir früher gegen Marschflugkörper und Pershings protestierten, uns inzwischen nicht entschlossen hätten, unseren Schlaf durch anderes stören zu lassen. Das Russland Putins ist keineswegs das von Stalin, doch auch jener weiß die Vorteile kriegerischer und terroristischer Gewalt zu schätzen. Und auch die Nachfolger Mao Zedongs haben ja keinen Gewaltverzicht unterschrieben, weder was ihre gebetsmühlenartig beschworenen inneren Angelegenheiten noch den Umgang mit den unmittelbaren oder auch weiter abgelegenen Nachbarn betrifft.

Hier wird deutlich, dass Gewalt auch wirksam ist, wenn sie nicht ausgeübt, sondern lediglich möglich wäre, als Hintergrundbedrohung im Raum steht. Zweifellos kommt dem boomenden Handel in einer globalisierten Welt eine gewisse Frieden schaffende Wirkung zu, weil Frieden für alle, die sich einer globalisierten Ökonomie verpflichtet fühlen, eine *Win-win*-Voraussetzung ist. Aber wie weit trägt Frieden als Voraussetzung prosperierenden Handels tatsächlich? Oder sollte das von Ökonomen, Unternehmern und an der Wirtschaft orientierten Politikern als Realität verkaufte, moralfreie Interesse am freien Fluss des Geldes nicht wenigstens die

Frage zulassen, ob Gewalt in Form von Nichtachtung der individuellen Rechte, der Gleichberechtigung von Frauen und LBQT-
Menschen unserer Handelspartner schlussendlich nicht auch unsere Einstellung und das Leben in unserer Gesellschaft verändern
wird – von deren Einstellung zur Kinderarbeit ganz zu schweigen.
Wer wird wen beeinflussen?

Sehen Sie mir es also nach, wenn mich die Frage nach der menschlichen Gewalt noch etwas beschäftigt.

Jede Gewalt zerstört, und niemand ist als Opfer oder Täter vor ihr sicher

Wie bei allem ist es auch beim Thema Gewalt höchst sinnvoll,
möglichst objektiv zu forschen und zu argumentieren. Aber egal,
wie sicher Zahlen und Erkenntnisse sind, wird ihr Wert stets dadurch geschmälert werden, dass die subjektive Erfahrung von Gewalt eine viel folgenschwerere Bedeutung für jeden einzelnen betroffenen Menschen hat, als Zahlen und objektive Einschätzung
vermitteln können.

Meine Seele ist nach Gewalterfahrungen eine grundsätzlich andere als zuvor. Egal, ob man sie anwendet oder erleidet, Gewalt
kann niemanden kalt lassen. Natürlich sind die Positionen des
Gewalttäters oder des Gewaltopfers fundamental unterschiedlich.
Natürlich mussten die von den Nationalsozialisten gequälten und
ermordeten Menschen grundsätzlich anderes erleben als die Männer der Waffen-SS oder der Gestapo. Aber alle, die dieses Grauen
überlebten, die aus dem Krieg zurückkehrten oder aus KZs be-
freit wurden, hatten größte Schwierigkeiten, über das Erlebte zu
sprechen, wenn sie nicht überhaupt verstummten. Sie alle waren
Gezeichnete. Dies ist nur ein Beleg dafür, dass jeder Kontakt mit
Gewalt ein unfassbar zerstörerisches Potenzial hat. Diese unsere relativ zivilisierte Gesellschaft, die Gewalt nicht mehr kennen will,

sollte sich das sehr klar machen, denn es hat auch Konsequenzen für unseren Alltag mit seinen von mir beschriebenen Gewalterfahrungen.

Wegen der besseren Überschaubarkeit will ich mich im Folgenden auf die zwischenmenschliche Gewalt konzentrieren, Gewalt zwischen Männern und Frauen, gegenüber Kindern, vielleicht auch gegen Alte.

In Deutschland hat der Gießener Kriminologe und langjährige Direktor des Kriminologischen Forschungsinstitutes Niedersachsen Christian Pfeiffer über Gewalt geforscht:[4] Alle Straftaten, bei denen Gewalt und/oder Sexualität zusammenkommen, sind in den letzten 40 Jahren weniger geworden. Auch die Sexualmorde in der Bundesrepublik haben abgenommen. Parallel dazu ging in den Geburtskohorten 1930 bis 1990 die elterliche Gewalt (schlagen!) von 20,4 Prozent auf 4,0 Prozent zurück, die elterliche Zuwendung nahm von 29,4 Prozent auf 61,5 Prozent zu. Ja, das ist eine beeindruckende Reduktion. Aber in 4 von 100, 40 von 1000 Familien wird immer noch geschlagen. Null ist das nicht. Die Pocken gibt es nicht mehr, das ist null.

Und da wäre doch die hiesige Tradition von terroristischen Gewalttaten, die »Baader-Meinhof-Bande« oder etwas moderner die Mörder des NSU und ganz neu: das Attentat auf den Kasseler Regierungspräsidenten Walter Lübcke durch den als Rechtsextremisten eingeschätzten Stephan Ernst. Der wurde – ich weiß, das finde Sie jetzt eine platte Argumentation – im Widerspruch zum weitgehenden Verschwinden von Gewalt aus unserem Erziehungssystem von seinem Vater verprügelt. Ebenfalls aktuell ist der Anschlag auf die Synagoge in Halle durch den ebenfalls rechtsextremistischen Stephan Balliet. Auf der anderen Seite des Spektrums mit dem gänzlich anderen Hintergrund des islamistischen Gefährders Anis Amri, der in den Weihnachtsmarkt am Breitscheidplatz raste, 11 Menschen tötete und 55 schwer verletzte.

Oder: Unterhalten Sie sich mal mit einem Polizisten, der regelmäßig Streife geht und die schusssichere Weste nervig schwer, aber unverzichtbar findet oder der sich das zweifelhafte Vergnügen leisten darf, die Fangruppen von Hansa Rostock und Holstein Kiel bei einem der beliebten Heimspiele in voller Montur und mit mannscharfem Schäferhund voneinander fernzuhalten.

Als Jugendlichen faszinierte es mich, dass die Bobbys in London ihrem Dienst angeblich unbewaffnet nachgingen.

Und wenn Sie sich ins Internet begeben, werden Sie unerwartet mit verblüffenden Ausbrüchen von verbaler Gewalt konfrontiert, weil irgendeinem irgendetwas nicht gefiel und er glaubte, darauf heftig reagieren zu müssen. Gewaltfrei wäre wohl anders.

Was also ist von der Gewalt in unserer Gesellschaft hier und heute zu halten? »Wir verleugnen die Gewalt, weil wir uns friedliche Menschen, die nicht böse sind, als Gewalttäter nicht vorstellen können. Und dennoch ist die Gewalt überall, obwohl die Welt nicht nur von bösen Menschen bewohnt wird. Menschen schlagen und töten im Affekt, sie tun es aus Gehorsam, aus Zwang, aus Gewohnheit, aus Freude oder weil sie sich gegen Gewalttäter zur Wehr setzen müssen. Offenbar hängt es nicht von Absichten und Überzeugungen, sondern von Möglichkeiten und Situationen ab, ob und wie Menschen Gewalt ausüben […] Der Raum der Gewalt ist ein anderer Raum, als der Raum des Friedens.«[5]

Räume? Möglichkeiten und Situationen? Liegen uns nicht andere Begriffe näher, zum Beispiel Moral als Grundlage von »gut« und »böse«? Tatsächlich ist unser Umgang mit Gewalt stark moralisch geprägt, wer Gewalt einsetzt, ist böse, jedenfalls meistens. Trotzdem glaube ich, dass der moralische Ansatz uns im Umgang mit der Gewalt nicht weiterbringt. Denn unsere Überzeugung, zu den Guten und Sanftmütigen zu gehören, bewahrt uns eben nicht davor, gewalttätig zu werden. Oder anders ausgedrückt:

Auch Sie und ich, die Guten, können gewalttätig werden, wenn sich uns solche Räume eröffnen. Es hätte ja handfeste Vorteile:

»Gewalt ist eine Handlungsressource, die nicht nur für jeden zugänglich ist, sondern auch von jedem genutzt werden kann. Ein Gewalttäter erzeugt Aufmerksamkeit. Ein Argument kann ignoriert werden, ein Schlag ins Gesicht nicht.«[6]

Wie kompetent ist der Autor, der solch irritierende Sätze formuliert? Jörg Baberowski, Ost-Historiker an der Humboldt-Universität, hat sich eingehend mit Stalins Terror beschäftigt und kam dabei an den Nazis nicht vorbei. In die sogenannten sozialen Medien geriet er, als er angesichts junger, nordafrikanischer Geflüchteter etwas zum Gewaltpotenzial von Männern äußerte. Das Aussprechen von Tabus hat auch für Gewaltforscher so seine Tücken.

Bezogen auf die Gräueltaten der Nationalsozialisten beantwortet er Fragen, die viele erfolglos der Generation unserer Väter gestellt hatten: »Wie konnte es geschehen, dass Männer, die wenige Jahre zuvor noch brave Familienväter gewesen waren, solche Grausamkeiten begingen? […] Warum töteten sie ohne Anlass und Grund? Warum bereiteten sie den Opfern Qualen, anstatt sie zu erschießen? Niemand hatte ihnen den Auftrag gegeben, Juden zu Tode zu quälen […] Sie hätten Befehle verweigern und ihren Posten im Lager aufgeben können und niemand hätte sie dafür erschossen.«[7] Die Antwort ist zutiefst beunruhigend: Es seien »ganz normale Männer« gewesen.

So hat der amerikanische Historiker Christopher Browning jene deutschen Polizisten genannt, die 1941 in die Sowjetunion geschickt wurden, um Juden im Hinterland der Front zu töten. »Als man ihnen befahl, Frauen und Kinder zu erschießen, gehorchten sie. Am Anfang waren sie noch verstört, hatten Albträume und mussten sich übergeben. Wenige Wochen später aber machte es ihnen nichts mehr aus. Sie betranken sich, töteten nach Vorschrift, mitleidlos und ohne Skrupel, weil sie sich einredeten, einen Ehrendienst zu verrichten.«[8]

Ist das Ungeheuerliche normal? Oder eher banal, wie Hannah Arendt es an einem verwandten Beispiel formulierte?[9] Ja, es waren Familienväter, ja, von den wenigsten ist bekannt, dass sie schon vorher als Sadisten aufgefallen wären, selbstverständlich hätten sie diese Befehle verweigern können.[10] Spricht etwas Gravierendes dagegen, dass es Männer wie Sie und ich waren? Das müssen wir, voll der Gnade der späten Geburt, natürlich nicht beantworten. Aber wenn wir nur halbwegs aufrichtig sind, könnten wir es eigentlich nur bejahen. Dass nette Männer zu Monstern mutierten, hing von den Möglichkeiten ab: fern der Heimat, dem Konstrukt des Befehlsempfängers verpflichtet, ein Status, innerhalb dessen Grenzen man das unbequeme Gewissen, das, was man über Ethik und Moral mal gelernt hatte, gut außer Acht lassen konnte und lieber nicht hinterfragte. Wer gehorsam ist, fragt nicht.

Es wäre bequemer, wenn wir von einem anderen Modell ausgehen könnten: Dass es Menschen, wieder einmal mit Betonung auf Männer, gibt, bei denen wir uns darauf verlassen könnten, dass sie »gut« sind, und andere, die verlässlich schlecht sind. Und natürlich wäre es gut und selbstberuhigend, Merkmale für die eine oder andere Ausprägung zu kennen.

Leider gibt es keinen Hinweis aus Geschichte oder Psychologie, dass solch ein Modell wirklich tragen würde. Wahrscheinlicher ist ein Spektrum: Es gibt Männer, die sich überwiegend und auch unter schwierigeren Bedingungen anständig, human, empathisch verhalten, und andere, die von Anfang an den Weg des schnellen Erfolgs wählen. Doch wenn der Druck größer wird und man sicher sein kann, nicht entdeckt und bestraft zu werden, dann halten auch die meisten netten Männer nicht, was wir uns von ihnen versprechen lassen wollen. Im Umgang mit so problematischem und gesellschaftsschädigendem Verhalten wie der Gewalt erscheint es vernünftiger, von einem anderen Modell als der überlegenen Moral auszugehen.

Gewalträume sind jedem zugänglich

Der Begriff des »Gewaltraums« stellt eine Situation, in der mir Gewalt als Verhaltensoption möglich, sinnvoll und straffrei erscheint, als räumliche Option dar. Dieser Raum wird betretbar, wenn das Risiko, diese Option einzugehen, geringer ist als das Risiko möglicher Sanktionen.

Erstaunlicherweise kann der Begriff des »Raums« im Bereich meiner Hauptthemen, der häuslichen Gewalt, des sexuellen Missbrauchs durch Väter oder Priester oder auch durch Therapeuten, in seiner direkten Bedeutung angewendet werden. Denn Tatort ist der häusliche Raum, die Privatsphäre der Familie, in die keiner hineinschauen kann. Missbrauch oder Vergewaltigung spielen sich dort im innersten Heiligtum der Familie, im Schlafzimmer, ab. Das ist der traditionell durch kirchliche Moral und heute auch durch Parteiprogramme geschützte Raum, »die Hölle«, in der die Teufel Mama und Papa so zu Werke gehen, wie die Hamburger Gerichtsmedizinerin Dragana Seifert es beschreibt.[11] Der klerikale Missbrauch findet in anderen durch besondere Heiligkeit bewehrten »Schutzräumen« statt, in denen kein Unbefugter etwas verloren hat, wie im Beichtstuhl oder der Sakristei. Überall wird etwas geschützt, in den Therapieräumen beispielsweise das therapeutische Schweigen; doch leider sind es ganz offensichtlich die Falschen und nicht die wirklich Schutzwürdigen, nämlich die Kinder oder die Frauen, die geschützt werden.

Die große Studie zum klerikalen Missbrauch in der katholischen Kirche[12] benennt noch weitere Nährböden für Missbrauch, die sich ziemlich zwanglos auf andere Tatorte, die SOS-Kinderdörfer, die Sportvereine, die Pfadfinderlager, die Therapieräume und auch wieder die Familien, übertragen lassen: Es geht um »geschlossene Systeme«, in die kein Unbefugter Einblick haben darf, um »asymmetrische Machtverhältnisse«, also um Macht, um nicht hinterfragbare Dominanz. In keinem Begriff sammelt sich diese Macht so wie in dem des Vaters, ganz gleich, ob er ein Familienvater, ein Heimvater, die heilige Version des »Paters« oder ein väterlicher Führer ist. Und da dieser Diskurs natürlich nie um die angeblich auch positiven Seiten der Macht herumkommt, ist es gut, dass die Autoren klar aussprechen, wie diese Macht im System Kirche missbraucht wird. Die missbrauchenden Priester und die sie deckenden Vorgesetzten haben nicht nur die Schutzbefohlenen, sondern auch die Macht missbraucht. Danach geht's noch ans Eingemachte: Die Autoren erwähnen die »restriktive katholische Sexualmoral«, die »problematische Einstellung zur Homosexualität«, und – last, not least – den Zölibat.

Auf dem Prüfstand steht also die Tauglichkeit unserer moralischen Ideale, auf die wir uns im Verlauf der herrschenden Säkularisierung zwar immer weniger, aber irgendwie doch noch beziehen. Und mit vollem Recht fragen die Autoren, ob solche Ideale unserer menschlichen Natur, insbesondere unserer Sexualität, eigentlich gerecht werden. In allen Missbrauchsnarrativen taucht immer wieder diese gedankliche Struktur auf, die Ideale zu retten versucht, indem sie die ihnen widersprechende und sie störende Realität ausblendet. Leider war und ist die Realität stärker.

Banaler, aber überall zu finden sind die Mechanismen, mit denen auch dann noch vertuscht wird, wenn der Verdacht schon überdeutlich im Raum steht. Bei den SOS-Kinderdörfern liest es sich wie eine Zusammenfassung: »Der vorliegende Untersuchungsreport legt nahe, dass Berichte über Missbrauch nicht ausreichend ernst genommen wurden, Kindern und Zeugen nicht geglaubt wurde und Täter nicht zur Rechenschaft gezogen wurden.«[13] Fast die gleiche Formulierung fand sich bei den Straftaten von Lügde ...

Woelkis Wolken oder: Nur bedingungslose Klarheit schützt

Wir haben das Prinzip von Gut oder Böse, Richtig oder Falsch tief verinnerlicht. Es hat unsere Erziehungsmethoden geprägt – und damit uns selbst. Und als Folge will jeder unbedingt auf der richtigen, der guten Seite stehen. Dieses Prinzip durchdringt alle Bereiche unseres Lebens. Es ist das wesentliche Element der Literatur wie des Feierabend-*Tatorts*. Und natürlich können auch die Kirchen nicht ohne auskommen.

Die Kirchen! An ihrem Beispiel kann ich vielleicht deutlich machen, um was es wirklich geht. Ich nenne es mal das Fragwürdige an der Moral der Bischöfe oder »Woelkis Wolken«. Warum machen wir so ein Gewese um den Missbrauch der Priester? Warum ist es so wichtig, ob er veröffentlicht oder unter Verschluss gehalten wird? Was sollen diese Zeitungsdramen ohne Ende? Akzeptanz der Fakten ist das schließlich nicht. Wäre es nicht einfacher, wenn wir akzeptierten?

Was? Dass 4 Prozent der Priester irgendwie mit ihren Schutzbefohlenen rummachen und diese so für den Rest ihres Lebens beschädigen. Böse Priester, aber die Majorität ist ja gut. Glauben Sie nicht? Doch 96 Prozent versus 4 Prozent ist eindeutig Majorität. Das Problem liegt woanders:

Erstens in der Unsicherheit, dass niemand sagen kann, ob ein bestimmter Priester gut ist und in den entsprechenden Situationen, die ihm bekanntlich auch ganz anderes ermöglichen würden, gut bleiben wird. Folgen wir Baberowski, wozu ich stark neige, so müssen wir uns eingestehen: Jeder kann beides.

Und zweitens wird der klerikale Missbrauch durch den Absolutheitsanspruch der Kirche erst richtig zum Problem: Warum wollen sie partout heilig sein? Würde man zugestehen, dass auch Priester wie andere Männer gelegentlich auch nicht mit ihrer Sexualität zurechtkommen, könnten wir einen realistischen Umgang finden, mehr Supervision und vielleicht durchaus Kontrolle einführen. Das hätte zum Beispiel die für die Opfer hilfreiche Konsequenz, dass man einen plötzlich in den diversen Räumen auftauchenden Verdacht nicht mehr so einfach unter den Tisch hauen könnte.

Die entscheidende Frage: Wollen wir das so lassen? Ein für alle Mal? Vor der Antwort sollten Sie sich nicht drücken. Erst wenn wir uns klar positioniert haben, können wir uns überlegen, was wir dagegen tun könnten, gegen den Missbrauch der Priester, gegen den Missbrauch in den Familien, gegen die häusliche Gewalt, gegen Sextourismus, gegen therapeutischen Missbrauch – und all die anderen Themen, mit denen ich versucht habe, Ihnen die Nachtruhe zu stören.

Noch mal: Wollen wir das alles so lassen? Manches ja, anderes nicht? Bei den Bischofskonferenzen und Synoden würde die Verneinung bedeuten, entschlossen Ursachenforschung zu betreiben. Nicht zu vertuschen, sondern zu klären, was wirklich wichtig ist: Liegt es am Zölibat? Oder an der Exklusion der Frauen? Einfacher ist, sich auf den umwölkten Olymp zurückzuziehen und das Heilige durch Nebelkerzen zu schützen, Anwaltskanzleien zu bemühen, die persönliche Taten benennen, die inzwischen leider verjährt sind. Gibt es bei Christen eigentlich einen Olymp?

Gewalt: Wenn Männer nicht weiterwissen

Wer sich mit der Macht einlässt, wird irgendwann feststellen, dass die Option der Gewalt vor der Türe steht. Und trotz einiger mächtiger Frauen sind die allermeisten Mächtigen nun mal Männer. Gibt es eine Essenz des Männlichen, die unsere Faszination an der Macht, der Gewalt, die Risikobereitschaft und vielleicht auch noch die Dominanz erklären könnte? Am besten etwas Biologisches, das klarmacht, warum Männer so sind, wie sie sind, und vor allem:

dass daran nichts zu ändern ist. Auf der Suche nach dieser schlichten Frage landet man ziemlich schnell beim Testosteron.[14]

Dieses Hormon ist der Kandidat Nr. 1 für biologische Männlichkeit. Weiß doch jeder! Es gilt als die Grundlage von allem, was Männer ausmacht – und natürlich fehlte es in der christlich deutschen Politik der vergangenen 16 Jahre: »CDU-Vorsitz 2020 impliziert ganz klar: testosterongesteuert.«[15] Netter Gedanke, leider völliger Blödsinn. Vor allem ist Testosteron keine Entschuldigung für die soziopathischen Entgleisungen von Männern. Obwohl man versucht hat, dieses Hormon in genau diese Position zu bringen!

In einem umfassenden Überblick zur Testosteronforschung beschreiben Rebecca Jordan-Young und Katrina Karzakis, wie die Washington Post 1971 neben einem Artikel, der über Calleys Prozess informierte – Sie erinnern sich: My Lai? –, einen Bericht über die Beziehung von Sexualhormonen und männlicher Aggression brachte. Die Zeitung behauptete nicht explizit, dass die Verbrechen von Calley und seinen Männern so zu begründen wären, aber tatsächlich versuchte man in der Folge mithilfe von Testosteronbestimmungen »irrationalen Killern den Zugang zum Militär zu verwehren«[16].

Der Zusammenhang zwischen Steroidhormonen und Verhalten war in den 1970er-Jahren ein heißes wissenschaftliches Thema, das nicht nur den »Krieg der Geschlechter« durch Testosteron und Östrogene quasi personifizieren sollte. Aber letztlich kam nichts Tragfähiges dabei heraus: »Dieselben Forscher [...] räumen seit Jahrzehnten ein, dass diese Beziehung ›unsicher‹, ›schwach, inkonsistent und unzuverlässig‹ ist [...] In doppelblinden, Placebo-kontrollierten Studien [...] hat Testosteron keine Auswirkungen auf aggressive Verhaltensweisen oder Gefühle.«

Wie immer ist die Biologie zu komplex für die Instrumentalisierung in gesellschaftlichen Klischees. Was macht diese Komplexität aus? Selbst biologisch ist Testosteron noch nicht einmal ein männliches Alleinstellungsmerkmal, denn es spielt auch in weiblicher Sexualität eine zentrale Rolle.[17] Testosteron kommt ja nicht nur beim Mann vor, sondern auch bei der Frau; bei ihr ist es anscheinend für die Rekrutierung von Primordialfollikeln zuständig, einer Vorstufe des Eisprungs, spielt also eine grundlegende Rolle in der Reproduktion. In seiner Freisetzung und Wirkung verhält es sich wie andere Steroidhormone, Östrogen oder Corticosteron; es ist nicht einfach erhöht oder erniedrigt, sondern seine Freisetzung verändert sich über den Tag, es zeigt also eine sogenannte Tagesperiodik. Außerdem hat es wenigstens zwei in ihren zeitlichen Auswirkungen unterschiedliche Wirkungen an den Zellen, die es beeinflusst: die sogenannte »genomische« Wirkung im Zellinneren am Androgenrezeptor und eine schnelle Wirkung an der Zellmembran, die über die sogenannten G-Proteine weitergeleitet wird. Schon diese Eigenschaften machen das Errechnen einfacher Korrelationen zwischen Hormonspiegeln und Verhalten zu einem Himmelfahrtskommando.

Wie Siri Hustvedt in einem Essay zu Geist und Körper bis zur Ermüdung ausführlich darlegt,[18] wissen wir über die Wirkung der Hormone auf komplexes menschliches Verhalten viel zu wenig. Bei Ratten erhöht Testosteron die Aggressivität, aber in diesem Punkt sind Männer keine Ratten.

Außerdem gerät in den Diskussionen über angebliche Verhaltenswirkungen von Hormonen häufig in Vergessenheit, dass es beide Möglichkeiten gibt: Das Hormon kann das Verhalten – Risikobereitschaft, Aggressivität, Dominanz oder auch Muskelvolumen und -stärke – beeinflussen, aber genauso ist das Umgekehrte möglich, zum Beispiel, dass ein Verhaltensaspekt wie der soziale Status die Hormonfreisetzung beeinflusst, und Letzteres bei Männern wie Frauen.[19] In diesem zitierten Modell wurde der Sozialstatus noch dazu durch das Geschlecht, aber auch durch die Erwartungen des sozialen Umfelds an Personen in Abhängigkeit vom einen oder anderen Geschlecht beeinflusst.[20]

Wenn Sie versuchen, sich in so eine Thematik hineinzudenken, wird schnell klar, dass eine so schlichte Schlussfolgerung wie »Hormonerhöhung macht aggressiv« weder der Biologie noch den unterschiedlichen Verhaltensaspekten bis hin zum hoch vernetzten Sozialverhalten gerecht werden kann. Realistischer dürfte die Annahme sein, dass Testosteron statt der »Quintessenz der Maskulinität eher ein Molekül für verschiedene Zwecke [ist], das sich übergreifend auf eine Anzahl von biologischen und psychologischen Systemen auswirkt«[21].

Vielleicht sollte ich an dieser Stelle betonen, dass Biologie beim Menschen nichts entschuldigen kann. Denn so sicher, wie es ist, dass biologische Zusammenhänge unser Verhalten modulieren und dadurch moduliert werden, ist es auch, dass diese ungeheure Powermaschine in unserem Schädel die Oberhand behalten wird, wenn wir nur wollen. Sonst wären wir Menschen nicht da, wo wir sind. Ja, es gibt Hinweise, nicht sehr robuste, aber immerhin, für die Modulation von sexualisierter Gewalt durch Testosteron bei Männern, und ja, es gibt Hinweise für zyklusabhängige Verhaltensweisen bei Frauen, aber bei Menschen mit normaler Gehirnentwicklung werden diese Mechanismen nie die letzte Oberhand gewinnen. Wir sind nun mal keine brunftigen Hirsche oder Elefantenbullen, die sich und alles ihnen Entgegenstehende niederwalzen, um zum Ziel ihrer Gier zu kommen. Und wenn wir Männer uns trotzdem so verhalten, dann, weil wir es gut finden, weil wir gelernt haben, dass Mann so sein darf, sobald er sich in den entsprechenden Räumen befindet, zu denen leider oft das eheliche Schlafzimmer gehört.

Wenn Sie sich dem Thema Gewalt und Männlichkeit trotz dieser vielen Unklarheiten weiter zu nähern versuchen, wird Sie Folgendes erstaunen: Eine wesentliche Bedingung von Gewalt ist Unsicherheit, Schwäche. In großen wie in kleinen Zusammenhängen:

»Zur Grausamkeit verleitet [...] auch das nüchterne Kalkül derer, die ihrer Macht nicht gewiss sein können [...] In der Sowjetunion Stalins, in China und Kambodscha wurden im 20. Jahrhundert Millionen Menschen ermordet, nicht, weil der Staatsapparat allmächtig, sondern weil er schwach war. Der Terror war eine Repräsentation des schwachen Staates, die Grausamkeit ein Mittel der Macht.«[22]

Wenn Männer nicht weiterwissen, wenn sie zu scheitern drohen, keine Alternative mehr sehen, dann ist die Gefahr am größten, dass sie die Grenze zur Gewalt überschreiten. Gewalt ist quasi die letzte Option. Denn wenn ihnen alle Felle wegzuschwimmen scheinen, gibt es immer noch die letzte Chance, mit Gewalt zu gewinnen, denn Männer sind ja meistens stärker als die anderen, oder halten sich dafür. Warum ist Unterliegen, Verlieren, Schwachsein so furchtbar?

Wenn Sie sich bei den Tieren umschauen, auch bei starken, potenziell gefährlich gewaltsamen, stellen Sie schnell fest, dass Gewalt um fast jeden Preis vermieden wird. Wenn sich zwei Tiger an der Reviergrenze begegnen, erfolgt die Auseinandersetzung so schnell und ritualisiert, dass der Unterlegene schon seines Weges zieht, bevor wir überhaupt gemerkt haben, dass Gewalt im Spiel war.

Warum können wir Männer das nicht? Wenn es an irgendeinem Aspekt der biologischen Männlichkeit läge, müssten wir doch auch dazu in der Lage sein. Warum kämpfen wir bis zur Selbstaufgabe, warum idealisieren wir den »Untergang«?

Weil wir uns schämen: »Scham ist die wichtigste und grundlegendste Ursache aller Gewalt [...] Der Zweck von Gewalt ist es, die Intensität der Scham zu vermindern und sie, soweit es möglich ist, durch ihr Gegenteil, den Stolz, zu ersetzen. So kann das Individuum verhindern, durch das Gefühl der Scham überwältigt zu werden.«[23] Scham ist ein starkes Gefühl, das entsteht, wenn wir uns gegen die Wertvorstellungen oder Interessen unserer Gruppe falsch verhalten. Indem ich mich schäme, vermeide ich die Bestrafung, signalisiere, dass ich auf dem falschen Weg war, und kann mich wieder in die Gruppenhierarchie einordnen. Tomasello interpretiert Schuld- und Schamgefühle bei Kindern als »eine Art Selbstbestrafung, die verhindern soll, dass ich den gleichen Regelverstoß in der Zukunft wiederhole [...] All dies reflektiert [...] eine Art Gruppenidentität und soziale Rationalität«[24].

Was Kinder können, ist den Männern verloren gegangen. Was sagt das über unsere Sozialstruktur? Warum tun wir so, als ob in unserer Gesellschaft nur die Starken, Wehrhaften, eben jene, die Gewalt in ihrem Repertoire haben, ein Existenzrecht hätten, vor dem die krank und hilflos Gewordenen sich besser verkriechen sollten? Das wäre ein Wandel aller Grundlagen, die menschliches Zusammenleben bisher ausgemacht haben. Selbst die Buschmänner in der Kalahari, ansonsten sehr pragmatisch und im Hier und Jetzt lebend, haben eine Kultur, in der Schwache und Alte geschützt werden.[25]

Bewegt sich unsere »Zivilisation« in die falsche Richtung, wenn sie Scham durch Gewalt ersetzt? Zumindest aus dem Feminismus kommt da eine klare Ansage: »Einer der Grundpfeiler des Patriarchats ist es, sich nie zu entschuldigen. Würde nur ein Mann hervortreten und sich öffentlich zu seiner Schuld bekennen, wäre das ein Verrat an allen Männern [...] Wir brauchen jetzt die mutigen Männer!«[26] Das ist aus einem Kommentar zur erschütternden Missbrauchsgeschichte von Eve Ensler. Die Journalistin Johanna Adorjan hat ihre Geschichte weitergedacht und stellt Fragen. Ein paar Antworten von Männern wären wohl nicht schlecht.

Dass Gewalt Ausdruck von Scham und Schwäche der Männer ist, merken vor allem die anderen nicht. Und selbst wenn: Sie hätten nichts davon. So hatte auch die Mutter von Trevor Noah, dem in Südafrika zur Zeit der Apartheid als Sohn eines Schweizer Vaters und einer Xhosa-Mutter geborenen Conferencier und Kabarettisten, nichts von der Einsicht, dass ihr Mann Abel eigentlich sich selbst nicht leiden konnte, wenn er sie schlug. Oder später auf sie schoss. Wie viele Männer kam Abel in solche Zustände, wenn er sich betrunken hatte.[27] Auch deutsche Frauen bewerten Handlungen unter Alkohol meistens als weniger schwer. Sie folgen dabei der Auffassung deutscher Gerichte, dass die Männer unter Alkohol weniger oder gar nicht mehr steuerungsfähig und deswegen für ihre Handlungen nicht verantwortlich sind. Frauen täten gut daran, sich bei ihrer Entscheidung, ob sie mit unter Alkohol schlagenden Männern zusammenbleiben, weniger von der Einschätzung des Strafrechts als von ihrer Selbsterfahrung als Opfer solcher Gewalt leiten zu lassen.

Schwäche: Potenz ist fragil

Wenn wir akzeptieren, dass es die Angst vor der Konfrontation mit der eigenen Unzulänglichkeit ist, die hässliche Männergewalt befördert, nähern wir uns allmählich dem für Männer bedrohlichsten Thema: der Potenz. Anders als gerne behauptet, ist Potenz fragil, eine zerbrechliche Angelegenheit. Streng genommen nicht zerbrechlich, sondern weich. Warum ist Potenz für Männer so kostbar? Wie alles Kostbare: weil sie nicht selbstverständlich ist. Um es für Ihren Geschmack wahrscheinlich etwas zu deutlich zu sagen: Wäre ein steifer Schwanz so leicht zu zeigen wie der berühmte steife Finger, dann wäre Potenz nicht eine so tolle Sache.

Potenz, die Fähigkeit zum steifen, erigierten Glied, das die Männerkulturen mit phallischen Symbolen wie Obelisken feiern, ist eine ziemlich komplexe psychosomatische Reaktion. Das wichtigste Organ dafür ist ausgerechnet das Gehirn! Ob mich ein anderer Mensch erregt, beruht auf Vorstellungen, auf meinen Bildern von mir und dem Gegenüber, die in der Begegnung zwischen Mann und Frau, Mann und Mann entstehen. Ich bin nicht kraft meiner eigenen Herrlichkeit potent, sondern immer auch dank einer anderen Person, die meine Potenz befördern oder, wenn ich ihren Zweifel zu spüren glaube, behindern kann. Und vielen Männern gerät es zur großen Herausforderung, dass etwas so wohlgefällig Männliches eben nicht ausschließlich unserer Kontrolle unterliegt! Das können wir nicht so lassen! Und so müssen viele die weibliche Macht verdrängen, ignorieren, klein machen, erniedrigen und vernichten. Wie krank der landläufige männliche Umgang mit der Sexualität ist, zeigt der Sprachgebrauch: Eine der größten Beleidigungen ist »Ich ficke dich«! Sex wird auf den Begriff des »Fickens« reduziert, und eine der größten potenziellen Glückerfahrungen wird maximal erniedrigt. Was der Potenz nicht so richtig viel hilft.

Nicht alle Männer haben das nötig. Nur die verletzten und gekränkten, die traumatisierten Krieger. Potenz ist also verletzlich. Auch das noch. Und so ist die Phallokratie, in der wir leben, in ihrem Kern verwundbar, schwach. Der ach so herrliche Phallus ist über die längste Zeit seiner Existenz ein kleines verschrumpeltes Organ.

Schwäche und Verwundbarkeit sind die tiefsten Bedrohungen der Männer. Bei TED gibt es ein faszinierendes Interview mit einem verurteilten Gewalttäter, der 16 Jahre in kalifornischen Knästen zugebracht hat und seit einigen Jahren frei ist, weil er umgelernt hat. Schwarz, männlich hat er einiges zum Thema Gewalt zu sagen. Nein, nicht schon wieder die schwere Kindheit, obwohl er einiges über männliche Sozialisierung weiß, die nun mal bei Kindern und Jugendlichen passiert. Von der Gewaltverherrlichung bis zu Attitüde, Frauen unverblümt auf den Arsch zu starren. Richtig Macho also. In nur zehn Minuten macht er klar, was dahintersteckt: die Angst, schwach zu werden, die Abwehr, andere Gefühle zuzulassen, die Irritation, wenn er wirklich mal erlaubte, dass andere ihm empathisch begegnen, er sich selbst empathisch verhalten könnte. »Mich um eine andere Person zu kümmern, macht mich schwach!«[28] Er bestätigt Bell Hooks[29], wahrscheinlich ohne sie gelesen zu haben.

Potenz hat also mit Selbstgefühl zu tun, aber nicht nur damit, auch mit Konkurrenz, Dominanz, Status, Macht. Gegenüber anderen. Die Gestaltung meines Verhältnisses zu anderen bestimmt meine Welt. Und mein Gefühl für Konkurrenz, Dominanz, Status, Macht trägt zu dem inneren Zustand, meinem Selbstgefühl, bei, der mir ermöglicht, anderen gegenüberzutreten. Selbstgefühl ist eine fragile Sache. Da gibt es einen interessanten Unterschied zwischen Männern und Frauen: Frauen machen sich diese Zerbrechlichkeit bewusst, sprechen sie aus. Wir Männer haben's oft nicht so mit dem Bewusstmachen. Deswegen agieren manche ihre Zerbrechlichkeit in Gewalt aus. Die erkennt dann keiner mehr, aber auch der gewalttätige Mann wird ein anderer als der, den etwa die Familie kannte. Und er selbst entfernt sich von seinem Kern, von seiner Seele, mehr und mehr.

The Good, the Bad, the Ugly

Nehmen wir an, dass Männer in kritischen Situationen nicht zimperlich sein konnten, weil sie sonst nicht überlebt hätten, in der harten, lebensgefährlichen Vorzeit. Wir kennen wieder mal nur ganz wenige Zahlen, keine Motivationen und schon gar keine alternativen Szenarien. Steinzeitfunde deuten darauf hin, dass zehn von zwölf Männern durch die Hand anderer starben.[30] Woran liegt's? Vermutlich war Männergewalt ebenso wie beim Mord in der Neuzeit schon damals vor allem für Männer gefährlich. Nicht nur Menschenmänner: Auch bei manchen menschennahen Primaten ist der Anteil an Todesfällen durch interpersonelle Gewalt sehr groß. Männliche Wesen können offenbar in einen Modus switchen, in dem sie für andere lebensgefährlich werden. Das müssen allerdings nicht unbedingt nur Männer sein.

Eine Gruppe Konstanzer Psychologinnen und Psychologen hat im tiefen Schwarzafrika zu Traumata geforscht und Therapie gemacht. Sie sind dabei in Länder gefahren, in die sich andere Psychotherapeuten nicht einmal zum Abenteuerurlaub trauen würden, geschweige denn zur Arbeit. Dort haben sie Menschen interviewt und therapiert, die mit Gewalt in einer Intensität und Häufigkeit konfrontiert wurden, wie wir sie unter den gegenwärtigen Lebensverhältnissen hierzulande zurzeit nicht erleben.[31]

Im Spektrum der Gewalt unterscheiden sie drei Formen, in Analogie zum Titel des berühmten Italowestern »*The Good, the Bad, and the Ugly*«[32]: Der »Gute« setzt Gewalt nur ein, wenn sie im Rahmen der geltenden Werteordnung akzeptiert ist, also nur zur Selbstverteidigung. Der Böse versucht, sich mit Gewalt zu holen, was ihm der Rest der Gesellschaft nicht zugestehen will.

Und welche Gewalt ist hässlich? Die mit der Lust! Lust an der Verfolgung, Lust am Töten, Lust am Vergewaltigen. Für diese Art Gewalt haben wir in der westeuropäischen Zivilisation der Gegenwart einen ziemlich großen blinden Fleck. Baberowski schreibt dazu: »Man muss sich die Menschen der Moderne also als triebgedämpfte Menschen vorstellen, die verlernt haben, Lust an der Gewalt zu empfinden. Davon habe der Mensch des Mittelalters nichts gewusst. Sein Reich habe aus Raub, Kampf und Jagd bestanden, und für die Mächtigen und Starken habe das Verletzen und Töten ›zu den Freuden des Lebens‹ gehört.«[33]

Auch wenn sie jetzt nur noch domestiziert vorkommt und das Töten gesetzlich sanktioniert ist, macht die »appetitive Aggression« immer noch einen Riesenspaß, wie die Männer dominierte Begeisterung für das populäre Spiel mit 22 Männern und einem Ball allwöchentlich aufs Neue beweist.[34] Bei der »appetitiven Aggression« ist im Gegensatz zur reaktiven Aggression, bei der ich mich angegriffen zur Wehr setze, die Empathie ausgeschaltet. Wenn Kämpfen einen positiven, gesellschaftlich akzeptierten Wert bekommt, kann der *Combat High*, der Kampfrausch, entstehen. So berichtete ein afrikanischer Tutsi-Kämpfer, dass er den »Blutdurst spürte, wenn er Gewehrsalven hörte. [… Ein amerikanischer Pilot und Familienvater sagte:] Ich habe einen Drang zum Bombenwerfen entwickelt, es erregt mich, es ist ein tolles Gefühl! Es ist genau so toll, wie jemanden zu erschießen […] Je mehr wir getötet haben, desto mehr wurden wir motiviert, es wieder zu tun. Das lässt dich nicht los […] Es ist ein ganz unerwartetes kollektives Vergnügen.«[35]

Es ist vollkommen in Ordnung, wenn Sie das widerlich finden. Aber Sie sollten sich bewusst sein, dass Sie damit wesentliche Aspekte des Menschlichen ausblenden. Die Lust an der Gewalt, am Blut, an der Jagd, an der Hilflosigkeit der Opfer ist menschlich. *The Ugly* ist unser Bruder oder sogar eher unser Vater. Wir müssen annehmen, dass es uns ohne diese Gewaltform nicht gäbe, die wir in unserem zivilisatorischen Hochmut gerne verdrängen würden. Denn als der sogenannte Homo sapiens, der »weise Mensch«, vor ca. 300 000 Jahren in Afrika, in Marokko oder Ostafrika entstand, lebte er gefährlich: Für viele andere Lebewesen, entschieden gefährlicher als er selbst, war er die ideale Beute. Umgekehrt war es für ihn selbst schwer, an Nahrung zu kommen; Tiere, die kurzfristig schneller als die Menschen waren, mussten gejagt werden. Gejagt. Zu Fuß. Über Stunden und Tage. Sie mussten müde gemacht, eingeholt und mit den Händen oder primitiven Werkzeugen getötet werden.[36] Bei solchen mühsamen, langen Jagden erwies es sich wahrscheinlich irgendwann als Überlebensvorteil, wenn das Gefühl der Entbehrung, des drohenden Versagens, des Scheiterns plötzlich in Lust umschlug. Mit dem Energieschub dieser Lust konnte der Mensch das Tier einholen, das eigentlich viel schneller war, er bekam den Mut, anderen menschenähnlichen Wesen, die stärker waren als er selbst, den Schädel einzuschlagen, um ihnen Nahrung abzujagen oder sie gleich aufzufressen, diese Lust machte Frauen gefügig, um sie mal mehr oder mal weniger zu vergewaltigen, was dem eigenen Genpool Vorteile verschaffte. Vielleicht war diese Lust ein Grundelement menschlichen Überlebens. Die Vorfahren, die solche Lust mobilisieren konnten – Lust am Blut, Lust, die Angst in den Augen der Verfolgten zu sehen, Lust, die aus den Hilfeschreien entstand –, setzten sich dann durch, wenn Gewalt angesagt war. Wie so vieles ist auch diese uns heute als moralisches Desaster erscheinende Lust ein Teil unseres Erbes. Also sind bis heute in unserem menschlichen Verhaltensrepertoire Eigenschaften enthalten, die mit dem, was wir Zivilisation nennen, wenig zu tun haben. Wie wir gesehen haben, ist *the Ugly* nicht die einzige Menschenvariante. Aber eine, deren Existenz wir bitte ernst nehmen sollten. Wir sollten auch Konzepte entwickeln, wie wir mit dieser hässlichen Gewalt umgehen, wenn sie in verstörender Weise in uns selbst auftaucht. Sonst wird sie uns überrollen. Alles Verdrängte holt uns irgendwann wieder ein.

Was fangen wir damit an? Wäre es nicht eine angemessene Aufgabe für uns Männer, dieses Verhaltensarsenal zu sichten, auszuwählen, das Brauchbare zu fördern, das Gefährliche zu kontrollieren? Verhalten lässt sich modifizieren, sogar halbwegs intelligente Computer können das. Warum sollten wir das nicht hinkriegen? Wer? Also ehrlich: Wer wohl? Ach, Sie meinen, solche schwierigen Seiten kennen Sie gar nicht an sich? Baberowski würde wahrscheinlich sagen, dass Sie dann noch nicht in einer Situation waren, die so etwas auslöst. Dann wollten Sie noch nie diesen miesen, üblen Typen killen, der Ihrer Frau, Ihren Kindern zu nahe kam, wollten den anderen noch nie zum Untermenschen degradieren, die andere zur billigen Schlampe, die ja sowieso verdient hat, was ich jetzt nicht ausformuliere.

Geht diese Geschichte nur Männer an? Bei ihren Untersuchungen fanden die Konstanzer Forscher, dass Frauen nur selten in der Gruppe der Kämpfer auftauchten, weil sie meist versklavt wurden. Bei denen, die es doch geschafft hatten, an Waffen zu kommen, bestand kein Unterschied zu den Männern.[37] Auch Frauen sind nicht *a priori* die Guten. Jede und jeder kann Gewalt.

Und die Kinder? Kinder werden nur gewaltsam, nachdem sie selber Gewalt erlitten haben. Es ist ein Irrtum, dass Gewalt einem Menschen gewaltsames Handeln verleiden würde. Wie man an schlagenden Eltern sehen kann, ist das keineswegs so, denn sie produzieren die nächste Generation an Schlägern, vor allem bei den Männern. Das gilt übrigens auch für traumatisierte und nicht therapierte Geflüchtete. Wenn wir uns ihnen gegenüber human verhalten wollen, reicht der Vorsatz, sie bei uns aufzunehmen, nicht aus. Es ist nicht genug, traumatisierte Geflüchtete in Sicherheit zu bringen; will man ihnen wirklich helfen, muss man ihr Trauma therapieren. Die Konstanzer Arbeitsgruppe entwickelte spezielle Therapien, die Aggressivität, Traumasymptome und Substanzmissbrauch vermindern sollen. Sie können sich darüber gerne informieren und das Vorhaben auch unterstützen.[38]

Die Möglichkeit, sich gewaltsam zu verhalten, gehört zu unserem biologischen Erbteil. Eine Möglichkeit, keine zwingende Notwendigkeit. Menschen bringen aus der Vorzeit viele andere Eigenschaften mit, die nicht so problematisch, sondern viel konstruktiver sind wie unsere Anlagen zur kooperativen Kommunikation, zur Empathie. Aber warum verwenden wir biologische Zusammenhänge so oft als Entschuldigung, als Ausrede? Warum führen wir Männer jene in ihrem intellektuellen Gehalt wirklich lächerlichen Scheingefechte, in denen wir unser Verhalten mit der biologisch größeren Stärke erklären oder mit einem von vielen Hormonen, dem geradezu mystisch überhöhten Testosteron? Im Spektrum des problematischen Männerverhaltens spielen gerade die Kirchen eine fatale Rolle, indem sie undifferenziert Biologisches als Gottgegebenes überhöhen. Vielleicht sollten wir die Kirchenmänner daran erinnern, dass der gerne zur Begründung aller möglichen Untaten gegen die Natur bemühte Auftrag, sich die Erde untertan zu machen, anders interpretiert werden könnte: dass wir das Potenzial der Schöpfung, zu der auch die Sexualität gehört, ernst nehmen und aus unseren menschlichen Verhaltens-optionen jene auswählen, die weniger zerstörerisch für Menschen und Welt sind als das, was Männer leider am meisten lieben. Und das würde auch beinhalten, das Patriarchat kritisch zu beleuchten und nicht heiligzusprechen.

Neuere anthropologische Forschungen legen nahe, dass die »Verhaltensstörung« der Männer ein Ergebnis der relativ spät in der Menschheitsgeschichte erfolgten Sesshaftigkeit sein könnte.[39] Letztlich aufklären lassen wird sich diese Frage aus Mangel an schriftlichen Überlieferungen nicht. Aber schadet es denn, einmal über die Vor- und eben auch Nachteile von Ackerbau, Viehzucht und die ihnen folgende Sesshaftigkeit in Städten nachzudenken? Entwicklungen, die mit Ungleichheit, dem Aufkommen der Skla-verei und der religiösen Überhöhung der Macht einhergehen. Und könnten wir Männer nicht zur Abwechslung mal eine aktive Rolle bei der Behandlung dieser Störung übernehmen, auch wenn die obligaten Schuldfragen letztlich nicht beantwortet sind?

Exkurs Trauma: Wie sieht das Elend aus?

In den bisherigen Zusammenhängen war immer wieder von Trauma und Traumatisierung die Rede. Deshalb will ich hier ei-nige Sachverhalte erläutern, die erklären, was Trauma eigentlich für Betroffene und Gesellschaft bedeutet.

Trauma heißt Wunde, doch diese Wunde sehen Sie nicht, die sieht auch keine Gerichtsmedizinerin den Menschen an, denn sie spielt sich vor allem in der Seele ab. Doch wie bei einer »richti-gen« Wunde bleiben die Verletzung und die Narbe, also der Ver-such, die Wunde zu schließen, lange, oft für immer, erhalten. Blut muss bei einer Traumatisierung nicht fließen, obwohl auch das natürlich oft vorkommt. Seelische Traumata sind so geartet, dass sie nicht so einfach heilen wie körperliche Wunden. Und deshalb müssen Traumatisierte nicht nur das Trauma selbst, sondern auch die eigentümliche Art der Erinnerung daran und die Folgen für lange Zeit, oft ein Leben lang, ertragen.

Auf normale Weise an das Trauma erinnern können sich Traumatisierte eben gerade nicht, was für Täter aller Arten ungemein praktisch ist: Denn genau deswegen entspricht zum Beispiel das, was vergewaltigte Frauen bei einer polizeilichen Anzeige erzählen können, den hohen Ansprüchen an eine Zeugenaussage nur selten. Traumatische Erinnerungen sind nebulös. Klare Erinnerungen bringen erst eine Therapie, und auch nicht jede.

Aber bloß, weil sie nicht exakt erinnert werden können, sind die traumatischen Erinnerungen nicht weg. Der Neuropsychologe Thomas Elbert und seine Mitarbeiterinnen erklären Traumatisierung als eine Art »Überwältigung«[40]: Mir widerfährt etwas, das ich nicht fassen, nicht einordnen und nicht so verarbeiten kann, wie Menschen Erlebnisse sonst verarbeiten.

Was wir normalerweise über den Tag wahrnehmen und erleben, wird vorübergehend in einer relativ kleinen Hirnstruktur, dem Hippokampus, gespeichert, bis es während des Schlafs sortiert wird; vieles wird vergessen, anderes wird auf Dauer in den dafür vorgesehenen Strukturen des Großhirns gespeichert. Und damit ist unsere Aufnahmefähigkeit wieder für einen neuen Tag bereit.

So funktioniert das bei einem Trauma eben nicht. Aus vielen möglichen Gründen.

Im Krieg, während Kampfhandlungen, wenn Bomben explodieren, Schüsse fallen, Gebäude einstürzen, Menschenteile durch die Gegend fliegen, sind es die schiere Menge und die ungewohnte Art der Wahrnehmungen, die zusammen mit der hohen Intensität nicht geordnet wahrgenommen, geschweige denn gespeichert werden können. Bei einer Vergewaltigung ist es die Zerstörung meiner psychosomatischen Integrität, das Erleben von Erniedrigung und von Wehrlosigkeit gegenüber brutaler Kraft. Wird ein Kind missbraucht, schleicht sich das Trauma unter dem Deckmantel der Vertrautheit und Freundlichkeit – allerdings keineswegs immer! – in das Leben ein. Erst allmählich, oft im späteren Verlauf des Lebens, stellt sich heraus, dass das Geschehene überhaupt nicht zu verarbeiten ist, für das Kind nicht und nicht für die erwachsene Person.

Bei häuslicher Gewalt, bei der gebrüllt, geschlagen wird und bei der Kinder auf die heiße Herdplatte gedrückt werden, bis die Haut verkohlt[41], ist es wahrscheinlich eher wie im Krieg.

Solche Unfassbarkeiten überfordern unser ansonsten gut funktionierendes Stresssystem, das dann versagt.

Wenn es damit doch nur getan wäre! Aber all diesen Traumatisierungen ist gemeinsam, dass sie jederzeit in das Alltagsleben einbrechen können, was für die Betroffenen so ist, als bräche plötzlich Krieg im tiefsten Frieden aus. Das sind die sogenannten *Flashbacks* oder traumatischen Rückerinnerungen: Man geht davon aus, dass Erlebnisse, die nicht im normalen Gedächtnis abgespeichert werden konnten, jederzeit und ohne Kontrolle der Betroffenen aktiviert und dann so erlebt werden, als würden sie sich jetzt und hier ereignen. Das passiert, wenn ein zufälliger Auslöser auftritt, der weder mit dem Betroffenen noch mit der aktuellen Situation etwas zu tun haben muss, aber eben zufällig in der traumatischen Situation auch vorhanden war: ein Geruch, ein Geräusch. Von Folteropfern weiß man, dass die Foltersituation wieder da ist, wenn beispielsweise im Nebenraum ein Telefon klingelt, weil das in der Foltersituation zufällig auch so war, oder wenn sie sich medizinisch untersuchen lassen wollen, weil der Folterer damals ein Arzt war und seinen weißen Kittel anhatte. Und, und, und …

Doch obwohl sich diese Vergangenheiten jederzeit in das inzwischen wieder normale Leben mischen können, haben die Betroffenen eine Amnesie dafür, sie können sich nicht präzise erinnern. Das zutiefst irritierende an den *Flashbacks* ist, dass sie jederzeit auftreten können und dass sich Realität und Rückerinnerung für die Betroffenen nicht auseinanderhalten lassen.

Und da soll man nicht verrückt werden. Die Verrücktheit äußert sich geschlechts- und altersspezifisch. Meine ersten Erfahrungen mit traumatisierten Männern hatte ich mit einem Elitesoldaten aus dem Bosnienkrieg und einem Drogenfahnder, der infolge eines Irrtums in der Fahndungsplanung stundenlang in der Gewalt von Dealern gewesen war. Beide Männer, deutlich härter als Sie und ich, wussten jetzt vor Verzweiflung nicht mehr aus noch ein, was sich in fast greifbarer bedrohlicher Aggression äußerte; sie waren so wütend, weil sie es wegen der *Flashbacks* nicht mehr schafften, ihr Leben zu kontrollieren. Ich habe nie so vorsichtig mit jemandem über seine Störung gesprochen wie mit diesen beiden Männern.

Frauen richten die Aggression entsprechend ihrer Sozialisation meist gegen sich, bei Kindern nimmt Traumatisierung vielfach einen anderen Verlauf und wird erst nach der Pubertät als sogenannte Persönlichkeitsstörung sichtbar.

Kinder sind anders als Erwachsene, aber ihre Verletzungen bestimmen das Leben auch dann, wenn sie erwachsen geworden sind. Das zeigen auch die Krankheitskarrieren. Wenn Kinder traumatisiert werden, trifft dieser Stress auf eine Persönlichkeit, die gerade entsteht und noch nicht fertig ist. Deswegen werden sie durch ein Trauma noch grundlegender geschädigt als Erwachsene. Die Blockierung normaler Erinnerungsstrukturen lässt das traumatische Ereignis oft über viele Jahre in einer Amnesie versinken, aus der nur unverständliche Rückerinnerungen und Albträume auftauchen, die das Leben vergällen und tiefes Misstrauen gegenüber anderen auslösen. Ein menschenwürdiges Leben, inklusive *the pursuit of happiness* ist für solche Kinder und für die Erwachsenen, die aus ihnen werden, außerhalb jeder Reichweite.[42] Weil sie trotz der Misshandlungen auf den kleinsten Hinweis warten, dass irgendjemand sie vielleicht doch lieben würde, haben sie oft eine unglaubliche Sensibilität für die diskretesten Gefühlsäußerungen anderer entwickelt und reagieren mit abrupter Ablehnung, wenn ihre Sehnsucht unerfüllt bleibt. Das Leben und die Menschen, die ihnen begegnen und die sie interessieren, werden unvermeidlich zu einer einzigen großen Enttäuschung.

Neben der Erfahrung von Gewalt, der eigenen Hilflosigkeit, des Ausgeliefertseins ist der Vertrauensbruch am schlimmsten, der des Vaters oder der Person, die diese Position in der Familie einnahm: Kein Begriff ist in unserer Männergesellschaft so überhöht und mit so viel positiven Erwartungen besetzt wie dieser Gott-Vater, Vater unser, *il padre padrone,* »Vater lass die Augen Dein, über meinem Bette sein« – Inbegriff der Geborgenheit, des Schutzes! Wie viele missbrauchte Mädchen würden sich alles lieber als das wünschen! Keine Konstellation macht so deutlich, was schiefläuft, wie der Respekt gegenüber dem Übervater, in dessen Schatten die übelsten Dinge gedeihen.

In der Folge dieser Misshandlungen entwickeln die Opfer nach der Pubertät häufig schwere psychiatrische Störungen, emotional-instabile Persönlichkeitsstörung, Borderline-Störung und weniger spektakulär, aber kaum weniger lebenszerstörend, chronische Depressionen. Doch ganz gleich, wie sorgfältig so eine Diagnose gestellt wird, sie reflektiert das Stigma der Gesellschaft: Frauen mit einer emotional-instabilen oder Borderline-Störung werden von ihrer Umgebung, von den Partnern und von Therapeuten als schwierig, nervig, launisch wahrgenommen: sprunghaft, wechselnd zwischen empathischer Begeisterung und abgrundtiefer Verachtung, voller Angst vor Beziehungsverlust, aber oft eben gar nicht in der Lage, eine Beziehung zu leben. Die oft als Suizidversuche missverstandenen Selbstschädigungen, die manchmal als der einzige Ausweg aus unerträglichen Anspannungen erscheinen, tun ein Übriges. Suizidversuche, Alkohol- und Drogen-missbrauch sind häufig, denn leicht zu ertragen ist dieses Leben nicht, jede noch so fatale Erleichterung ist willkommen. Und die anderen Menschen, die oft von denen, die eine solche Störung le-ben, fasziniert sind, sie wissen ja nichts vom Leiden in der Kind-heit, ahnen häufig nicht einmal, dass diese so attraktive, aber lei-der unendlich nervige Frau in ihrer schon damals vorhandenen, noch kindlichen Attraktivität einem Täter auffiel und zum Opfer wurde. Oft wissen es die Frauen selbst nicht: Jahre fehlen in Al-tersstufen, die bei nicht missbrauchten Kindern in der Regel be-reits detailreich erinnert werden.

Die als Jungen missbrauchten Männer landen häufig im Knast[43]: Mag es an der unterschiedlichen Wahrnehmung auffäl-ligen Verhaltens bei Frauen und Männern durch die Gesellschaft liegen oder an der erhöhten Aggressivität und Risikobereitschaft, solchermaßen gestörte Männer rutschen schnell in kriminelle Karrieren hinein und ruinieren ihr Leben, noch ehe es richtig be-gonnen hat.

Chronische Depressionen sind viel weniger auffällig; in der Diagnostik spielt die gegenüber episodischen Depressionen gerin-gere Schwere eine Rolle, die aber durch die oft lebenslang chroni-schen Verläufe ausgeglichen wird. Diese Menschen haben es auf andere Weise schwer, da ihre Störung oft fehldiagnostiziert wird, da sie sich nicht leicht zu Therapien entschließen können und da die Therapien aufwendig und nicht leicht zu erlernen sind.[44] Was sie mit den anderen Persönlichkeitsstörungen gemeinsam haben, ist das nicht vorhandene oder tief geschädigte Selbstgefühl und die immer wieder scheiternden, verzweifelten Versuche, befriedi-gende Beziehungen zu leben.

Traumata machen Menschen zu Opfern, eine Formulierung, die im Prinzip zutreffend, aber doch ganz falsch ist. Wollen Sie Opfer sein? Genau! Wer sich als Opfer sieht, macht sich selber fertig, erniedrigt sich selbst, weil klar ist, dass er oder sie oder es vor aller Welt als einer, eine, eines sichtbar wurde, der, die, das sich nicht wehren konnte. Opfersein stigmatisiert, egal unter welchen Umständen: Im Rahmen des Eichmann-Prozesses stellte sich immer wieder die Frage, warum Juden sich gegen ihre Vernichtung nicht gewehrt hätten! Alte, Frauen, Kinder gegen die schwarzen Männer der SS!

Doch allein dadurch, dass sich ein Opfer nicht so nennen will, kommt es aus der Nummer noch nicht raus. Und bei Traumatisierung hilft es der Seele wenig, sich zu wehren.

Da wir überwiegend nicht mehr religiös sind und die Kirchen lieber handzahm erscheinen, als zu sagen, was Sache ist, ist uns eine weitere nicht uninteressante Bedeutung von »Opfer« verloren gegangen:

Menschen wurden für das Wohlergehen und die Ziele anderer geopfert, zum Beispiel, damit Männer in den Krieg ziehen konnten! In der Ilias, dem Urmythos gewalttätiger Männer und ihrer Opfer, ist es Iphigenie, die Tochter Agamemnons und Klytämnestras, die geopfert wurde, damit endlich der richtige Wind für die Abreise der griechischen Schiffe wehte. Weil er ihre Tochter geopfert hatte, wurde Agamemnon nach seiner Rückkehr von seiner Frau ermordet, die dann von ihrem Sohn Orest ermordet wurde und so weiter und so fort. Die Griechen wussten Bescheid. Iphigenie oder Abrahams Sohn, immer wurden die Kinder geopfert. Heute opfern wir die Kinder nicht mehr irgendwelchen Göttern, sondern eher den Interessen vorwiegend männlicher Lust.

Der Gewaltzünder schlechthin: Fremdes!

Fremd ist mir erst einmal, was ich nicht kenne. Dieses »andere« kann ich mir entweder vertraut machen, es in mich aufnehmen, mich und meinen Horizont erweitern, oder ich lehne es ab, grenze mich ab, weil ich aus irgendeinem Grund Fremden nichts Gutes zutraue.

»Anderes« ist noch vielfältig: Wenn ein Mann entdeckt, dass eine Frau ein ganz anderes Wesen ist, mit anderen, aber durchaus attraktiven und besonders für ihn lustvollen Seiten, dann fällt das Annähern nicht schwer. Schwieriger ist es schon, wenn ich bei einer Person, die ich als zu mir gehörig betrachte, plötzlich fremde, mir unvertraute Gedanken wahrnehme; zum Beispiel, wenn »mein« Kind in die Pubertät kommt. Vielleicht wäre es möglich, auch diesem Verhalten Aspekte abzugewinnen, die den elterlichen Horizont erweitern. Meistens läuft das aber anders. Eltern tun alles, um das irritierend Fremde zu verhindern. Wir haben ja gesehen, dass die Gewalt gegen Frauen und Kinder besonders gut in der Privatsphäre gedeiht.

Der unvergleichliche Stephen King beschreibt den Vater von Beverly, dem 11-jährigen Mädchen im Roman *ES*[1]: Er liebte seine Tochter, wozu bei ihm Schläge gehörten und noch einiges mehr, kein unbekanntes Muster. Dieser Vater wollte seine Privatsphäre bewahren vor dem Anderssein, vor dem »Fremdwerden« – der eigentlich passende Ausdruck »Fremdgehen« wäre zu entlarvend. In der Nähe zwischen Vater und Tochter, die auch in dieser

Geschichte intimer ist, als sie sein dürfte, löste das ihm fremde Verhalten die ihm legitim erscheinende Gewalt aus: »In seinem Gesicht war Sorge, aber es war die Sorge des Raubtiers, bedrohlich statt fürsorglich.«[2] Beverley entwickelte daraus ihr spezielles Männerbild und geriet folgerichtig an einen schlagenden Ehemann. Dieser Plot trägt in typisch King'scher Manier einiges zur Dynamik des Thrillers bei.

Fremd sind für viele auch Trans-Männer, Trans-Frauen. Warum wollen wir uns bedroht fühlen, wenn sich Menschen nicht den großen Gruppen der Normalos, den Cis-Männern, Cis-Frauen zuordnen wollen? Was ist mit Schwulen und Lesben? Eigentlich ein uraltes Thema, über das wir uns allmählich mal klar werden könnten.

Risiko fremd

Wie ich mit anderem umgehe, hängt erst einmal von meinem Befinden ab: Bin ich nicht gestresst, geht es mir gut, kann ich mich auch auf fremd Erscheinendes einlassen, kann mir den Luxus erlauben, Interesse daran zu entwickeln. Bin ich aber unter Druck, reduzieren sich meine Möglichkeiten und der oder die andere wird zum klaren Feindbild, die Abgrenzung wird schnell zur Vernichtungsfantasie.

Fremd sein ist in jedem Fall ein Risiko, ist kritisch, war es wahrscheinlich schon immer. Fremd kann alles werden, was anders ist: andere Hautfarbe, andere Haare, andere Nase, anderer Körperbau, andere Sprache, aber auch anderes Denken, anderes Verhalten. All das reicht aus, um als fremd beurteilt zu werden, besonders, wenn das Fremde gar nicht offensichtlich ist, sondern infolge von Unkenntnis nur vermutet wird. Fremde mussten zu allen Zeiten schon ziemlich viel Glück gehabt haben, wenn sie willkommen geheißen wurden. »Fremd bin ich hergezogen, fremd zieh ich wieder aus.«[3] Gesungen von Fischer-Dieskau oder Christian Gerhaher weckt das traurig-romantische Gefühle, gut zum Seelenbaden geeignet, wenn einen die Liebste weggeschickt hat.

Doch wenn man bemerkt, dass einen die anderen fremd finden, sollte man den schnellen Auszug dringend als einzig sichere Option favorisieren. Denn sonst droht das gesamte Sammelsurium fürchterlicher Verhaltensweisen, zu denen wir Menschen in der Lage sind: Fremd ist Beute, ist Unmensch, ist Opfer. Da nutzt es leider gar nichts, überhaupt gar nichts – haben Sie es gelesen, Sie potenziell Fremder? –, wenn Sie integriert sind, wenn Sie sich angeglichen, assimiliert haben, wenn Sie dialektfrei die andere Sprache sprechen. Selbst wenn es überhaupt keinen fassbaren Unterschied gibt, wird die größere Brillanz im Denken, die außergewöhnliche Begabung für was auch immer als diskriminierender Faktor entdeckt. Und wenn all das nicht reicht, um Sie zu packen, kommt das lächerlichste Konzept von allen, die fremde Rasse.

Dass dieses Konzept wissenschaftlich unsinnig, intellektuell dürftig und ethisch untragbar ist, dass es banal, lächerlich und blöd ist, hat seinen Schrecken noch nie gemildert. Vor allem moralisch-ethische Werte können darüber hinwegtäuschen, dass sie keine stabilen und schon gar keine lebensrettenden Instrumente sind, wenn der Zweck wieder einmal die Mittel heiligen muss und sich die Gewalträume öffnen.

Wenn sich das Befinden der Mehrheit verschlechtert, wenn Warnsignale aus einem natürlich völlig irrationalen Unterbewussten aufblubbern und Sündenböcke gefunden werden müssen, dann wird ungeachtet der fatalen eigenen Vergangenheit der jahrzehntelang integrierte Fremde wieder auf die Straße, in die Wildnis, ins Meer gejagt, was noch die erträglicheren Varianten sind. Verbrennen ist auch sehr beliebt, wie vor gar nicht so langer Zeit längst integrierte Vietnamesen in Rostock-Lichtenhagen und Hoyerswerda erleben mussten.[4, 5]

Wenn uralte Mechanismen der Diskriminierung aus der Mottenkiste des Völkisch-Populistischen hervorgeholt werden, ist es Zeit für alle potenziell Fremden und auch für alle anderen, denen die Fremdheit nicht unbedingt auf die Stirn geschrieben steht, so schnell wie möglich das Weite zu suchen.

Ja, Sie sehen den Punkt. Meine Anspielungen waren ja durchsichtig genug. Ja, Sie erkennen an, dass die Nazis und ihre Untaten ein integraler Bestandteil unserer deutschen Geschichte sind, dass wir im Holocaust aller Welt vorgeführt haben, welches Entsetzen Rassismus zur Folge hat.

Aber das ist fast 80 Jahre her und auch völlig unverdächtige ausländische Intellektuelle gestehen uns Deutschen zu, dass wir uns in geradezu beispielhafter Weise mir unserer Vergangenheit auseinandergesetzt hätten.[6] Reicht es jetzt nicht auch mal?

Ich finde die Frage nachvollziehbar, finde aber auch, dass der für den Geschmack ordentlicher Deutscher wahrscheinlich ziemlich rumpöbelnde Max Czollek recht hat, wenn er dem deutschen Integrationsbestreben misstraut, weil es die Erinnerung an das Leiden der Fremden, bei ihm konkret den Holocaust, dazu benutzt, um uns selbst, die Nation der Täter, reinzuwaschen.[7]

Der zweite Einwand dagegen hat es in sich. Er besagt, dass Rassismus eine Variante menschlichen Verhaltens sei, untrennbar mit unserer menschlichen Natur verbunden, kurz, die einfach zu uns gehört. Deswegen muss jeder, der verantwortlich mit sich umgehen will, immer wachsam sein, dass diese uralten, archaischen Inhalte nicht die Macht über seine Seele gewinnen und uns auf den Kriegspfad zur Gewalt führen.

Wie soll das gehen?

Kopfgeburt Rassismus

Die Ausgrenzung der Fremden spielt sich im Kopf ab, ist ausschließlich das Produkt unseres Denkens. Wir Psychiater, die wir ständig mit Krankheiten des Denkens konfrontiert sind, sehen die Segnungen unseres Großhirns gelegentlich skeptisch. Aber im »normalen« Leben ist es praktisch unmöglich, sich vom Denken und seinen Inhalten zu distanzieren. Deswegen ist die Idee, dass »Kopfgeburten«, also Fantasieprodukte unseres Denkens, ohne Bedeutung für das wirkliche Leben wären, ein verhängnisvoller Irrtum! Das eigene Denken, unser Ego gibt den dominierenden Imperativ für unser Handeln vor.

Leider auch bei mir:

Ich stand auf dem Wochenmarkt und wollte eines dieser köstlichen Sauerteigbrote mit Kruste kaufen. Obwohl sie nicht wirklich billig sind, gönne ich mir die. Aber diesmal hätte es mit dem Gönnen fast nicht geklappt! Es fing damit an, dass sich die junge Frau, die das Brot verkauft, verspätete. Unpünktlichkeit ist überhaupt nicht meins! Und jetzt bekam sie den simpel konstruierten Brotstand nicht aufgebaut. Was vor allem daran lag, dass sie ununterbrochen mit ihrem Handy telefonierte. Ich wurde zunehmend gereizt, obwohl mein Ego sich gerne gelassen erlebt. Gefühlt würde es noch Stunden dauern, bis sie endlich mit dem Verkaufen anfangen könnte. Ich brauchte meine gesamte Willenskraft, um nicht ätzend darauf hinzuweisen, dass sie doch mal aufhören könnte, mit ihrem Handy rumzudaddeln.

Plötzlich war dieser Gedanke da: Diese Schwarze kriegt das nicht auf die Reihe!

Ja, sie war schwarz, wohl eine Geflüchtete, keine Ahnung woher. Ich begriff sofort, dass dieser Gedanke ungeheuerlich war. Für mich, für das Selbstbild eines intellektuellen, empathischen Mannes. Was war schlimmer? Mein *Outing* als Rassist oder ihre Diskriminierung? Ungeheuerlich fühlte sich beides vor allem deshalb an, weil dieser Satz mit meiner festen Überzeugung kollidierte, kein Rassist zu sein und mich nie rassistisch zu verhalten. Rassismus habe ich immer als Ausdruck defizitärer Intelligenz erlebt.

Und nun?

Ist das Rassismus? Natürlich! Doch ich habe es gerne noch etwas komplexer. Folgen wir mal der absurden Vorstellung, Barack Obama wäre im Rahmen eines Wohltätigkeitsprogramms nach Hamburg gekommen und hätte für Kinder im Jemen Brote verkauft: Ich hätte zwei Stunden gewartet, um 20 Sekunden mit ihm sprechen zu können! Ich finde ihn toll, cool, grandios, obwohl er ja auch schwarz ist. Und wenn ich mich über ihn geärgert hätte, weil er zu langsam war? Hätte ich nicht, *never*! Warum nicht? Weil ich finde, dass er ein toller Man ist, ohne jede Frage. Weißer Mann findet tollen schwarzen Mann gut.

Diese Brotverkäuferin finde ich nicht so toll. Mein Frust war das eine. Das andere: Sie war eine Frau, die mich nicht beachtete und einfach weitertelefonierte. Und sie war anders, fremd. Ihr Anderssein sprang einem ins Auge; ich hätte auch bei gutem Willen nicht übersehen können, dass sie schwarz war. Eindeutig anders, ohne jede Frage. Wäre ich nicht sauer gewesen, hätte ich sie wahrscheinlich freundlich angelächelt und mir gedacht: »Toll, wie eine Schwarze diesen Job schafft!« Aber auch dann hätte sie keine Chance gehabt, als eine von uns durchzugehen.

Ich, ein Psychiater und Psychotherapeut, mit vielen, vielen Stunden Selbsterfahrung begegnete hier meinem ganz persönlichen Rassismus. Ich bin in der Nachkriegszeit in Bayern aufgewachsen, wo schwarze amerikanische Soldaten für mich das Höchste waren, natürlich nannten wir sie mit dem »N-Wort«! Sie lachten viel und schenkten uns, was uns verboten war, was wir aber nicht wegschmeißen wollten, weil es ungewohnt toll roch und einfach zu gut schmeckte: *Chewing-Gum*.

Wann auch immer ich später mit Frauen oder Männern dunkler Hautfarbe zusammentraf, fand ich sie sympathisch, interessant, mir war nie bewusst, dass ich einen Grund gehabt hätte, mich abzugrenzen. Bis zu meinem Erlebnis auf dem Wochenmarkt!

Wie es um Ihren ganz persönlichen Rassismus bestellt ist, können Sie mit dem »Implicit Association Tests (IAT)«[8] herausfinden. 3 Millionen Amerikaner haben das getan, 73 Prozent von ihnen »brauchten […] etwa 200 Millisekunden länger, um richtig zu antworten, wenn schwarze Gesichter mit positiven Begriffen gepaart waren, als wenn dieselben Gesichter mit negativen Begriffen gepaart waren«. 200 Millisekunden sind viel zu schnell, als dass Sie eine Chance hätten, diese intellektuelle Operation bewusst wahrzunehmen. Sie nehmen noch nicht einmal wahr, dass Sie überhaupt denken. In Deutschland waren es 80 Prozent. Und die meisten davon waren Menschen, die sich als liberal bezeichnen würden und auch so leben.

Gehen wir mal davon aus, dass Sie das ähnlich irritiert wie mich: Irgendetwas in Ihnen verhält sich anders, als Sie bewusst wollen. Nun ist es keine brandneue Information, dass unser Gehirn Sachen macht, von denen wir nichts wissen; wir kämen ja sonst mit dem Denken überhaupt nicht hinterher. Und die Verarbeitung von etwas Fremdem läuft zur Schadensvermeidung wahrscheinlich auf schnellen, evolutionär alten Nervenbahnen. Beim IAT kommen zu »schwarz = fremd« Assoziationen heraus wie »schwarz = Schmutz, hässlich, Gift, Mord, Bombe, Erbrechen, Krieg, schrecklich, Tod«; während weiß mit »Liebe, Freund, ehrlich, Paradies, Himmel, zärtlich, streicheln« assoziiert wird.[9] Diese Assoziationen sind aber nicht fest »verlötet«, sondern gelernt. Vor allem, wenn wir persönlich mit schwarzen Menschen noch nie zu tun hatten. Denn es gibt Bücher, Zeitungen, Filme, Nachrichten unterschiedlicher Güte.

Das Gute daran ist, dass man diese Verbindungen auch verlernen oder umpolen könnte. Aber dazu müsste man sich klarmachen, dass unser »schnelles Denken«[10] uns in diesem Fall in die Irre führt. Unsere archaischen Reflexe sind für die komplexe globalisierte Welt von heute nicht mehr geeignet, waren schon seit ein paar hundert Jahren für den Umgang der Menschen miteinander nicht mehr geeignet. Ja, ich weiß, viele lieben ihre archaischen Narrative so sehr, dass sie leugnen, in einer globalisierten Welt zu leben.

Dass es den Menschen der Antike oder des Mittelalters noch nicht möglich war, ihr Denken als unzeitgemäß und irreführend einzuschätzen, zumal die wesentliche geistige Instanz, die Kirche, diesen Prozess auch noch verhinderte, ist kein Wunder. Aber sollten wir heute von uns nicht allmählich etwas anderes erwarten?

Vielleicht nicht erwarten. Aber fordern. Denn es steht einiges auf dem Spiel.

Firnis Gleichheit

Entscheidend ist Folgendes: Wer seinen privaten Rassismus pflegt, auch wenn er sich gar nicht rassistisch vorkommt, hält diese Einschätzung für unmittelbar, real, nimmt sie für bare Münze. Obwohl es für Rassismus weder eine wissenschaftliche noch irgendeine faktisch begründbare Basis gibt. Wer heute rassistische Vorlieben hegt, muss also den rationalen Zugang ignorieren oder beherzt lügen, weil er rassistische Diskriminierung als politisches Mittel nützen will. Archaisches Denken eignet sich für populistische Ziele hervorragend.

Wer das tut, sollte aber wissen, dass er zündelt. Furchtbare Gewalt gegen Unschuldige entsteht infolge ihrer Identifikation als fremd: weiße gegen schwarze Amerikaner, schwarze Tutsi gegen schwarze Hutu, weiße Europäer gegen Asiaten und Asiaten gegen Afrikaner, um nur einige zu nennen. Im Inferno der Vergangenheit gibt es zwei Höhepunkte des Entsetzens: die millionenfache

Ermordung der Juden durch weiße und deutsche Männer und die Schande der Apartheid. Auch wenn Letztere unglaubliches Leid über die Menschen in Südafrika und Simbabwe gebracht hat, war sie gleichzeitig ein unglaublich schwachsinniges Denkgebäude! Das wird einem sehr deutlich vor Augen geführt, wenn man sich klar macht, dass die auf Apartheid versessenen Südafrikaner die Chinesen den *coloured people* und die Japaner den Weißen zurechneten.[11] Schwachsinnig, wie gesagt, aber furchtbar für die Betroffenen.

Eine besondere Spielart im Umgang mit »anderen« ist die Sklaverei. Gerade gebildete Menschen leisten sich heute den moralischen Luxus, die Sklaverei zu verdammen. Das ignoriert wie so oft die Stimmen aus der eigenen Vergangenheit. Sklaverei und skrupellose Ausbeutung der sogenannten Kolonialländer gehören untrennbar zur Geschichte fast aller europäischer Länder: der Indonesier durch die Holländer, der Namibier durch die Deutschen, der Völker des *Commonwealth* durch die Engländer, um nur einige zu nennen.[12] Ein Höhepunkt des Grauens war die Ausbeutung des Kongo durch die belgischen Könige, allen voran Leopold II.[13] Die effektive Durchführung dieses Grauens war Männersache. Schon bei der »Kongo-Konferenz«, die Bismarck, der immer noch vielerorts durch hässliche Denkmäler gefeierte deutsche Supermann, 1884 in Berlin einberufen hatte, redeten und handelten ausschließlich Männer.[14]

Doch die Sklaverei ist viel zentraler im westlichen Denken verankert, als uns bewusst ist. Aristoteles »rationalisierte die Sklaverei [...] Er glaubte, dass Sklaverei ein natürlicher Zustand sei, und während manche Männer und Frauen mit Recht versklavt würden, weil sie ein unglückliches Schicksal hatten, wären andere, besonders die mit den Händen arbeiteten, ›Sklaven von Natur aus‹. Er erklärte, dass sich der Nutzen der Sklaven nicht sehr von dem der Tiere unterscheide, da beide körperliche Unterstützung für die Bedürfnisse des Lebens lieferten«[15].

Aristoteles, der Stammvater westlicher Philosophie und Theologie, begründet die Sklaverei! Ein Hintergrund ist sicher, dass die Griechen, eine stark männlich geprägte Kultur, die wir gerne als Grundlage unserer Zivilisation ansehen, sich ihr kontemplatives Leben und ihre Philosophie ohne Sklaverei nicht hätten leisten können. Ich finde es keineswegs trivial, dass unsere Denktraditionen nur auf unmenschlichen Lebensbedingungen anderer realisiert werden konnten. Schließt irgendetwas aus, dass wir auf diesen Status zurückfallen, wenn sich die Bedingungen unseres Zusammenlebens verändern? Vielleicht sollten wir etwas intensiver über die Frage nachdenken, wie es in unserer Kultur tatsächlich um die Gleichheit der Menschen bestellt ist.

Ich fasse zusammen:

- Rassismus ist eine menschliche Denkweise, die zu den entsetzlichsten Exzessen menschlicher Gewalt geführt hat.
- Rassismus ist kein Phänomen der Vergangenheit, sondern Bestandteil unserer individuellen Psychologie.
- Weil diese menschliche Eigenschaft das Potenzial hat, unsere Gesellschaft zu zerstören, ist es unbedingt nötig, diese Seite unserer individuellen Psychologie auf persönlicher, aber vor allem auch auf gesellschaftlicher Ebene in den Griff zu bekommen.
- Moralische oder religiöse Kriterien helfen gegenüber rassistischen Denkstrukturen nichts; wie sich am Beispiel der Kirchen zeigt (Martin Luther!), ist es eher wahrscheinlich, dass sich ethische Theorien des Rassismus bedienen, als dass sie ihn verhindern.
- Sinnvoller erscheint es, Rassismus und die daraus erwachsende Fremdenfeindlichkeit als integrale Möglichkeit unseres alltäglichen Denkens zu verstehen und herauszufinden, welche »Räume« Rassismus begünstigen und welche ihn verhindern.

- Nicht zuletzt ist Rassismus Erziehungssache.
- Auch wenn es dazu wieder einmal keine überzeugenden Daten gibt, scheint Rassismus ein menschlicher Makel zu sein, der Männer wie Frauen betrifft. In seiner praktischen und furchtbar inhumanen Umsetzung war und ist er jedenfalls ganz überwiegend Männersache.

»Jede Menge Hass für jeden Bedarf«

Ich finde die Auseinandersetzung mit dem Antisemitismus schwierig. Zum einen wegen der Ungeheuerlichkeit des Holocaust, der nach meinem Empfinden eben von uns Deutschen zu verantworten ist. Ich als Nachgeborener habe nichts dazu getan, aber die Generation meiner Väter und Großväter. Und auch wenn meine Familie meines Wissens nicht zu den Tätern gehörte, ist es ihr und allen anderen damals lebenden Deutschen nicht gelungen, dieses Unheil zu verhindern. Wir können uns nicht selbst entschulden, niemand kann das. Was uns bleibt, ist Prävention, verhindern, dass sich solches wiederholt.

Um das zu tun, müssen wir verstehen, was damals geschehen ist, und die Gegenwart auf Hinweise überprüfen, ob der Antisemitismus, den ich für die grausigste Form des Rassismus halte, wieder erstarkt. Doch diese Prüfung ist schwer, weil es so viele Zäune und Verbote des Denkens gibt. Schon die Gleichsetzung von Antisemitismus und anderem Rassismus stößt auf vehementen Widerspruch, wie nicht nur die Diskussion um Achille Mbembe zeigt[16], den ich nicht für einen Antisemiten halte, der Antisemitismusbeauftragte der Bundesrepublik aber schon.

Ein Ansatz, der solche Widersprüche überwindet, ist dieser: »Auch der Antisemitismus ist eine Bedrohung der offenen Gesellschaft. ›Der Hass auf Juden ist‹, so der französische Autor Marc

Weitzmann, ›ein Hass, den man ausstellt wie in einem Schaufenster.‹ Ein Signal an alle Gleichgesinnten: Bitte einzutreten, dahinter kommt noch jede Menge Hass für jeden Bedarf. Auf Frauen, auf die Moderne, Minderheiten, freie Medien, autonome Wissenschaft, den Rechtsstaat. Man kann es an Nazideutschland studieren, heute aber auch an Ländern wie Iran, wo der Antisemitismus Staatsräson ist. Und am Beispiel Saudi-Arabiens, wo es zwar Fortschritte gibt, aber die Garantie von Menschen- und Bürgerrechten eine Utopie bleibt.«[17]

Der heutige Antisemitismus ist nichts Isoliertes, er ist eine, möglicherweise die schlimmste »Bedrohung der offenen Gesellschaft«. Und in der heutigen Manifestation ist er wieder eine Verlockung, der nicht nur, aber vor allem wir Männer verfallen und die unsere Seelen vergiftet, wenn sie die anderen verfolgt, quält und tötet.

The times, they are a-changin':
Die Welt endlich wieder bewohnbar machen

Mein Einstieg war – Sie erinnern sich? – die Angst der Frauen beim Joggen. Die fand ich beschämend. Was Frauen natürlich nichts hilft.

Wenn wir all die in diesem Buch aufgeführten Männerdystopien auflisten, die Sache mit dem Klima und der zerstörten Natur dazudenken, die auch Machwerk der Menschen ist, aber wieder einmal unter fast ausschließlicher Projektleitung von Männern, kommen wir zu folgender Zusammenfassung: Wir Männer machen die Welt ständig unbewohnbarer, für Frauen und andere, und natürlich bekommen das auch wir Männer zu spüren. Unser Ruf ist nicht beneidenswert, und mit jedem Hektar Regenwald, den wir Herrn Bolsonaro vernichten lassen, sägen wir den eigenen Ast, auf dem wir sitzen, ein Stückchen weiter durch. Und auch den Kanadiern nützt es gar nichts, dass ihre Wälder nicht am Amazonas stehen. Wie ließe sich das ändern? Vielleicht sollten wir eher fragen, wer sollte das ändern?

Bevor Sie ins Grübeln kommen, mache ich mal einen Aufschlag: Wir Männer sollten das ändern. Dafür sprechen Verursacherprinzip und Anstand. Über das »Wie« können Sie meinetwegen gerne grübeln. Die Geschichte mit den joggenden Frauen hat verschiedene Männeraspekte. Einer wäre: Alles, was unsere Lust weckt, ist potenzielle Beute. Jagen macht Lust. Das hatten wir schon.

Beute ist Opfer, dient meiner Bedürfnisbefriedigung. Kommunikation auf Augenhöhe, Gleichstellung? Ein Scherz. Wenn wir Männer die Frauen und Kinder, zu ihnen kommen wir gleich, auch nur in unserer Fantasiewelt als Beute betrachten, werden sie zum Objekt der Begierde; gleichwertig oder gleichgestellt ist das nicht. Wir sind privilegiert, sie zu konsumieren.

Männerprivilegien – ein guter Einstieg ins Thema.

Männer können etwas bewirken, Männer sind bekanntlich Macher. Sie können für andere sorgen, Geld verdienen, die Bedingungen für ihr eigenes gutes Leben und vielleicht auch das der ihnen Anvertrauten schaffen, und sie könnten auch Verantwortung tragen, für sich und andere. Klassische Männerrollen, die unsere gesellschaftliche Position ausmachen.

Doch leider gibt's da ein Problem: »The times, they are a-changin'«.[1] Die Themen des dritten Albums von Bob Dylan haben eine Menge mit Herausforderungen für Männer zu tun, die vor fast 60 Jahren aktuell waren und an denen sich bis heute wenig geändert hat: staatliche und private Gewalt, Rassismus und Ungerechtigkeit. Und immer noch tun sich »*writers and critics, senators, congressman, mothers and fathers*« schwer damit, dass sich die Zeiten ändern. Auch die Mütter, denn schon damals war klar, dass Frausein allein keineswegs alternatives Verhalten zum Machtgetue der Männer bedeutete. Die Frauen hätten ja um Erlaubnis fragen müssen.

Andere Zeiten verlangten schon längst andere Antworten, doch die wollen männerdominierte Gesellschaften nicht geben. Denn hinter diesem Haften an der Vergangenheit steht ein Anspruch! Nämlich der, dass sich aus den klassischen Männerrollen ebenso klassische Privilegien ableiten. Obwohl Frauen zu den Vorrechten, die ihnen nicht zugestanden werden, mittlerweile einiges zu sagen haben, sind männliche Privilegien kein feministisches Konstrukt. Nein, es ist ganz einfach: Männer sind nicht

Jesus, und wenn sie Aufgaben für andere erfüllen, wollen sie dafür belohnt werden. Kann man verstehen, oder? Leider stecken wir damit heute in der Sackgasse, weil wir Männer immer noch auf die Belohnung warten, während sich die Aufgaben längst überlebt haben. »Die Spannung, die zwischen den realen und den idealen Geschlechterverhältnissen besteht, hat etwas hervorgebracht, das der Soziologe und Männlichkeitsforscher Michael Kimmel als ›gekränkten Anspruch‹ bezeichnet hat.«[2]

Kränkung – ein weites Feld! Die reicht vom Streit mit meinen Kindern, die unfreundlich und bestimmt erklären, dass sie auf meine Jahrzehnte alten Lebenserfahrungen pfeifen; sie ist in der noch immer nicht erfüllten Forderung nach Gleichbezahlung der Frauen verborgen, weil im Nullsummenspiel moderner Ökonomie die Besserstellung der Frauen nur mit einer Schlechterstellung der Männer kompensiert werden könnte; und sie verlässt die persönliche Ebene, wenn die schlechten alten kapitalistischen Tugenden – malochen, malochen! – in einer globalisierten Welt keine Zukunft mehr haben.

Hinter der Kränkung der Männer steht der Anspruch, »Frauen schuldeten ihnen etwas in der Münze der persönlichen Güter und Dienstleistungen [...] Zuneigung, Aufmerksamkeit, Bewunderung, Sex, Liebe und durch ihre Anwesenheit einen höheren sozialen Status in der männlichen Peergroup«[3].

Das kann man als eine »gendergeprägte Ökonomie des Gebens und Nehmens moralischer und sozialer Güter und Dienstleistungen«[4] zusammenfassen. Doch der harmonische Anschein täuscht: »Wird dieses System verletzt, zum Beispiel indem Frauen etwas verweigern, von dem Männer überzeugt sind, dass es ihnen zustünde, hat das Folgen. Misogynie, die in der Öffentlichkeit passiert, [...] soll Normverletzungen des ökonomischen Systems sanktionieren, indem an einer Frau ein Exempel für alle statuiert wird [...] Männer mit einem misogynen Weltbild [...] glauben, sie hätten Anspruch auf eine Frau und auf eine ihnen angestammte männliche [...] Rolle innerhalb von Familie und Gesellschaft [...] Wird diese Erwartung nicht erfüllt, fühlen sie sich gedemütigt.«[5]

Im Trümmerfeld der Männerrollen suchen

Einer der wenigen Spezialisten für Männergewalt, der Soziologe Michael Kimmel, betont, dass die Wut gewalttätiger junger Männer rund um die Welt ihre Wurzeln im Trümmerfeld der akzeptablen Männerrollen in der modernen Arbeits- und Geisteswelt hat: Diese Männer haben keinen anerkannten Platz mehr, werden nicht geachtet.[6] Ihr Lebensentwurf ist zu Bruch gegangen; was ihre Väter und Autoritäten ihnen predigten, ist nichts mehr wert. Sie sind enttäuscht. Nach Kimmel ist Maskulinität der offizielle Ausweg für enttäuschte Männer, der Ausweg für all jene, die an Orten »antisemitisch werden, wo es keine Juden gibt«, für die rechtsextremen jungen Männer in Schweden und den USA, für die Dschihadisten in aller Welt. Das wollen politische Kräfte nicht wahrhaben, die aus der Enttäuschung Kapital schlagen, die mit ihren markigen Statements verdrängen, dass auch in diesem Zusammenhang Missbrauch eine beschämende Alltäglichkeit ist, auch bei den jungen Männern, die sich *born to be wild* auf die Fahne geschrieben haben.

»F. beschreibt, dass er von seinem Stiefvater übel geschlagen wurde, dass seine Mutter das negierte und dass sich sein biologischer Vater raushielt«.[7] Falls Sie es schon vergessen haben: Wüste Gewalt ist genauso Missbrauch wie der Sex mit Kindern und Jugendlichen. Doch auch der ist da: »Aber auch Mubin verbarg ein schamvolles Geheimnis [...] sein Onkel hatte ihn als Jungen sexuell missbraucht [...], beide Brüder seiner Mutter hatten seine jüngere Schwester vergewaltigt, und er schämte sich doppelt, weil er sie nicht schützen konnte. Vergewaltigung von Jungen durch Warlords, durch Angehörige der afghanischen Armee und der afghanischen Polizei ist häufig, so häufig, dass es dafür einen eigenen Namen gibt – der Donnerstag ist umgangssprachlich als ›Tag der Männerliebe‹ bekannt, weil man glaubt, dass die Freitagsgebete von allen Sünden befreien. Die Folge des Missbrauchs ist Scham, die ›toxische‹ Scham [...], tatsächlich hatte jeder, mit dem ich sprach, eine Geschichte der beschämenden, erniedrigenden Gefühle [...] sie wurden von ihren Familienmitgliedern missbraucht, geschlagen oder vergewaltigt. Einer war von einem Priester missbraucht worden.«[8]

Zwischenfrage: Warum um Himmels willen beschützen die Religionen immer die Falschen? Wagen wir eine Interpretation: Es ist die Faszination der Macht, die männliche dominierte Religionen – kennen Sie eine andere? – nicht missen mögen.

Kimmel zeigt den Ausweg, den »Männlichkeit« diesen Männern zu bieten scheint: »Wenn es eine Krise der jungen Männer gibt, in den USA und in Europa, dann ist es eine Sinnkrise. Im weiteren Sinn ist es eine Krise der Verbundenheit, in die wir geraten sind, weil wir Autonomie und Unabhängigkeit so hochschätzen, auf Kosten unserer gleich wichtigen Bedürfnisse nach Gemeinschaft und Verbundenheit. Und jetzt fühlen zu viele junge Männer, dass ihnen die versprochene Zukunft gestohlen wurde. Sie kommen sich betrogen vor, als Opfer – und sie haben zur Hälfte recht.«[9]

Wir Männer müssen neue Wege finden

Da stehen wir nun!

Auf der einen Seite hat sich ein feministischer Diskurs formiert, der die defizitäre Struktur männlicher Dominanz intellektuell scharfsinnig benennt, auf der anderen Seite drängelt sich die Einsicht in unser Bewusstsein, dass die gewalttätigen Forderungen der Männer nicht auf Testosteron etc. beruhen, sondern auf ihrer verlorenen Rolle.

Was also tun?

Nichts weniger, als einen neuen Weg suchen für die Männer.

»Ich weiß, es klingt eigennützig, aber ich brauche Mitgefühl und Vergebung für mich selbst, wenn ich meine Kapazität zur Gewalttätigkeit reduzieren will.«[10] Mitgefühl und Vergebung für mich selbst! Das sind eben nicht Gedanken von Weicheiern oder Esoterikern! Männer, die so denken, sind endlich bei der Selbstverständlichkeit angekommen, dass wir auch unsere schwachen Seiten akzeptieren müssen, dass wir Verluste nicht durch Prügeln, Götterdämmerungsfantasien bis zum Untergang, sondern durch schlichtes Trauern überwinden können. Was jeder Therapeut ohnehin weiß. Auch Männer können die Erfahrung machen, dass Scheitern ein normaler Vorgang im Leben und nicht dessen Ende ist.

Das schmerzlichste an dieser Erkenntnis ist, dass wir unsere Privilegien aufgeben müssen. Privilegien sind die Schnäppchen des gerne großen Mannes. Jedem sein Hobby, aber wer Privilegien beansprucht, handelt gegen den Gleichheitsgrundsatz. Mein Privileg sichert, dass ich irgendwie besser, bedeutender, auf jeden Fall zu bevorzugen bin, oft genug gegen Recht und Gesetz.

Aus alldem kann ein neues Modell für uns Männer entstehen, das unser Bedürfnis nach männlicher Identität befriedigt, einer Identität, die nicht rassistisch, nicht gewaltorientiert, nicht hierarchisch und trotzdem männlich ist. Und die es nicht mehr nötig hat, bei joggenden Frauen *catcalling* zu betreiben.

Die Welt würde so allmählich wieder etwas bewohnbarer.

Schwarze Schwäne:
Die Extreme stigmatisieren
alle Männer

Ist es Ihnen aufgefallen? Die Grundstruktur ist bei allen Männer-
problemen, von denen dieses Buch handelt, gleich: Das Fehlverhalten von wenigen wird zum Problem einer Mehrheit, die nichts
damit zu tun haben will, weil die Mehrheitsmänner meinen, sie
hätten doch gar nichts verbrochen. Wenn wir von der Bedeutung
der wenigen für die vielen reden, geht es um Zahlen – und um
Identifikation.

Klären wir zunächst: Was ist selten, was häufig?

Von 35,4 Millionen Männern haben im Jahr 2018 122 »ihre«
Frauen getötet.[1] Einer unter 290 163.[2] Wenig? Oder zu viel? In der
BRD ist jedes fünfte Mädchen, fast jeder dreizehnte Junge missbraucht worden, die häusliche Gewalt liegt bei 25 Prozent, der
klerikale Missbrauch bei 4,4 Prozent, Vergewaltigung bei 2,5 Prozent. Wie viel ist das?

Welche Bedeutung haben solche Zahlen für unser alltägliches
Leben, für Sie als individuelle Frau, für mich als Mann? In entsprechenden Diskussionen betonen Männer immer wieder entrüstet,
man könne doch nicht vom Verhalten einiger weniger Männer,
die vielleicht sogar krank wären, auf »die Männer« schließen.

Das ist mir zu theoretisch, ich hätte es gerne etwas prakti-
scher: Muss sich eine konkrete, durchschnittliche Frau Gedanken

machen, ob sie von ihrem Mann vergewaltigt, geschlagen oder gar getötet werden wird? Einer von ungefähr 290 000 Männern wird töten. Welcher ist ihrer? Ist eine solche Überlegung nicht doch völlig überzogen, weil 1 : 290 000 wirklich sehr, sehr wenig ist? Und wie ist es dann beim Joggen, wie, wenn eine Frau spät nachts mit dem Bus nach Hause fährt? Welche Wahrscheinlichkeit spricht dafür, dass sie besondere Vorsichtsmaßnahmen treffen muss, sich besonders unweiblich anziehen, Pfefferspray und dergleichen? Wir hatten das ja schon.

Unsere Intuition funktioniert im Umgang mit Zahlen nicht gut. Fragen wir daher anders:

Sind diese männergenerierten Gewaltereignisse »schwarze Schwäne«? Nassim N. Taleb hat am Beispiel von Börsencrashs Ereignisse mit niedriger Vorhersagewahrscheinlichkeit, aber gravierenden Konsequenzen als »schwarze Schwäne«[3] bezeichnet. Weil sie so selten sind, verhalten wir uns, als wenn das von ihnen ausgehende Risiko nicht existieren würde! Intuitiv, aber nicht intelligent – und in mehrfacher Hinsicht falsch. Die monetären Folgen des vor seinem Eintreten sehr unwahrscheinlichen Börsencrashs von 2008 werden unsere Kindeskinder noch abzahlen. Tschernobyl belastet nicht nur die unmittelbare, sondern auch die vom Fallout betroffene Umwelt in Russland, Polen und Skandinavien auf viele Jahrzehnte und länger. Sehr seltene Ereignisse mit gravierenden Konsequenzen.

Wie die Femizide. 1 : 290 000 im Jahr 2018 kommt uns niedrig vor, weswegen die meisten Frauen, die sich von ihren Männern trennen wollen, so tun, als ob eine solche Möglichkeit nicht existieren würde. Das liegt nicht an einer postulierten weiblichen Denkschwäche, Männer sehen das genauso. Vielleicht würde eine Minute Mathe-Nachhilfe in uns die Information wachrufen, dass 1 alles andere als 0 ist und dass wir dieses Risiko somit grotesk unterschätzen.

Selten ist nicht nie

Doch für Taleb ist ein anderer Punkt noch wichtiger: Die Möglichkeit, dass ein »schwarzer Schwan« existieren kann, macht das, was wir *nicht* wissen, wichtiger, als das, was wir wissen. Diese extrem seltene Sache mit den ungeheuren Konsequenzen habe ich nicht auf dem »Schirm«, weil sie so selten ist, ich weiß sie also nicht. Aber sie ist wichtiger als der gesamte Schatz des Alltagswissens oder des akademischen Wissens, das wir ganz gut parat haben. Deswegen funktionieren unsere im Alltag erworbenen Bewältigungsstrategien auch nicht. Wenn wir wissen, dass ein Ereignis unser Leben einschneidend verändern wird, dann wappnen wir uns dagegen: Frauen, die auch nur ziemlich genau wüssten, dass ihre Männer sie töten werden, würden alles tun, um sich in Sicherheit zu bringen. Frauen, die wüssten, dass sie heute beim Joggen vergewaltigt werden, würden heute nicht joggen bzw. nicht durch den einsamen Park laufen. Sie würden die für sie gefährliche Situation meiden. Mütter, die wüssten, dass ihr Mann, Vater, das Leben ihrer kleinen Tochter ruinieren wird, würden ihn daran hindern, ihn verlassen, ihn anzeigen. Doch weil wir alle und so auch diese Frauen die Seltenheit von Ereignissen unterschätzen, verhalten wir uns eben so, als wenn diese Möglichkeiten gar nicht existieren würden. Und so nehmen die – seltenen – Katastrophen ihren Lauf. *Selten bedeutet eben nicht nie.*

Taleb schreibt im Hinblick auf Naturkatastrophen, terroristische Attentate, Bankpleiten, das Überraschendste daran sei unser fehlendes Bewusstsein dafür. In der Tat! Als ich gestern aus der S-Bahn stieg, sprang mir der Titel eines Boulevardblattes ins Auge: »Weil sie einen anderen liebte – tötete sie ihr Ex mit 20 Messerstichen.« Jede Frau, die keine Analphabetin ist, hat schon oft gelesen, dass ein »Ex« zu so was in der Lage ist, aber jede glaubt, ihr »Ex« werde sich anders verhalten.

Pfeifen Sie auf die Gründe! Wichtiger ist: Wie lässt sich so ein Fehlverhalten verändern?

»Ich riskiere meinen Hals und behaupte, dass unsere Welt durch das Extreme, das Unbekannte und das sehr Unwahrscheinliche beherrscht wird [...] Daraus folgt die Notwendigkeit, das extreme Ereignis als Ausgangspunkt und nicht als etwas extrem Seltenes zu behandeln, das unter den Teppich gekehrt werden kann.«[4] Nehmen wir an, Sie, eine Frau, wollen sich trennen. Fangen Sie bei der extremen Möglichkeit an! Machen Sie sicher, dass Sie alle möglichen Vorkehrungen getroffen haben, um die Möglichkeit eines gewalttätigen Verhaltens Ihres Noch- oder Ex-Partners auszuschließen! Obwohl sie extrem unwahrscheinlich ist. Wenn Sie das getan haben, können Sie sich mit der Kür beschäftigen, das Geld, den Umgang mit den Kindern und Sonstiges regeln.

Das gilt nicht nur für Trennungen, sondern auch fürs Joggen, für die Fahrt im nächtlichen Bus nach Hause und so weiter.

Die gleiche Haltung wäre im Prinzip bezüglich des Missbrauchs Ihrer Kinder durch wen auch immer angebracht. Nur dass »jedes fünfte Mädchen, fast jeder dreizehnte Junge« Talebs Kriterium eigentlich nicht mehr erfüllen, weil sie überhaupt nicht extrem selten sind. Machen Sie sich schlau, was im Sportverein, im Pfadfinderlager, in der Schule passiert, und sparen Sie dabei die Möglichkeit des Missbrauchs nicht aus. Wobei Sie bei aller Begeisterung für die Aufklärungsarbeit nicht vergessen sollten, dass der häufigste Missbrauchsort das traute Heim ist, wie die Hamburger Gerichtsmedizinerin betont.[5] Auch sie bezieht sich auf nicht so seltene und nichtsdestotrotz gravierende Ereignisse, in diesem Fall für die Kinder.

Kein Mann kann unbeteiligt sein

Dieses Buch habe ich ja vor allem für Männer geschrieben. Abgesehen vom Wert seiner Überlegungen für Ihre Börsenspekulationen, was können wir von Taleb in Bezug auf unsere Selbsteinschätzung lernen? Wie wäre es damit:

Da wir Männer unbestreitbar eine Quelle extremer Ereignisse sind, macht es sich besser, wenn wir uns auch dazu bekennen. Und da wir wissen – oder zumindest wissen könnten –, dass impulsive oder situationsinadäquate Handlungen mit katastrophalen Folgen umso eher zu erwarten sind, je schlechter unser Zugang zu unseren Gefühlen, zu unserer Seele ist, bleibt uns wohl nichts anderes übrig, als uns mit dieser unserer Seele auseinanderzusetzen.

Nehmen wir also an, Fehlverhalten ist nicht Ihr Thema. Natürlich missbrauchen Sie keine Kinder, vergewaltigen keine Joggerinnen, auch der Rest männlicher Übergriffigkeiten ist nicht Ihre Sache, Ihre Einstellung zu Ihren Emotionen haben Sie in einigen Selbsterfahrungsgruppen geklärt, mit den Problemen der wenigen Täter, zu denen Sie nicht gehören, wollen Sie sich nicht beschäftigen. Einen Kollektivverdacht à la »toxische Männer« lehnen Sie als unseriös ab.

Von Ihrer Art kenne ich viele. Ich kann Sie verstehen, Ihre Positionen, Ihre Kränkung. Und trotzdem reicht es nicht, wenn Sie schweigen und nichts tun. Das liegt an der Sache mit der Identifikation.

An der sind Sie in doppelter Hinsicht beteiligt:

Sie werden, wo auch immer, als Mann erkannt, als Mann identifiziert. Das hat vor allem Vorteile und einige Nachteile. Im alltäglichen Leben profitieren wir ja durchaus von der Identifikation als Mann, durch unsere Netzwerke, durch den Respekt, den man uns Männern entgegenbringt.

Eher nachteilig sind die Erwartungen und Befürchtungen, die der Rest der Welt Männern entgegenbringt. Zu diesen Männern gehören Sie eben auch, weil die anderen Sie mit denen identifizieren. Entrinnen könnten Sie dem nur, wenn Sie sich verkleiden würden, als Frau. Sonst gehören Sie zum Kollektiv »Männer«. Unausweichlich.

Ihnen geht es erstaunlicherweise wie ihr: »Wenn ich, eine sichtbare Muslimin, bei Rot über die Straße gehe, gehen mit mir 1,9 Millionen Muslime und Musliminnen bei Rot über die Straße. Eine ganze Weltreligion missachtet gemeinsam mit mir die Verkehrsregeln.«[6] Die Autorin Kübra Gümüsay setzt sich mit den Reaktionen auf ihr Erscheinungsbild, dem einer Kopftuch tragenden Frau in der bundesrepublikanischen Gesellschaft, auseinander. Der von ihr vorgeschlagene Ausweg wäre wohl auch für Männer brauchbar: Sie schlägt vor, den »gesellschaftlichen Käfig« zu benennen: »Die Frau, sie kann nicht ohne ein Benennen des Patriarchats, des Sexismus, des Rassismus und all der anderen Machtkonstruktionen [beschrieben werden], die unser Miteinander zu regulieren suchen.«[7]

Eigentlich ist klar, dass auch die Wahrnehmung von uns Männern, also die Art und Weise, wie wir gesehen werden, durch diese Machtkonstruktionen reguliert wird. Aber vielleicht klingt Ihnen das alles zu abstrakt. Konkret heißt das: Der, wie ich, ältere Herr, der einer Joggerin beim Vorbeigehen auf den Arsch haute und sagte »Du bist bestimmt gut fickbar«, brachte nicht nur die Machtkonstruktion zum Ausdruck, die das Leben dieser Joggerin bestimmt, sondern prägt durch sein Fehlverhalten auch meine Fremdwahrnehmung, weil er ähnlich aussieht wie ich. Er stigmatisiert mich – und Sie, wenn Sie zufällig so um die siebzig sind. Unausweichlich. Es sei denn, Sie entschließen sich, den Mund aufzumachen und diese patriarchalischen, sexistischen, rassistischen Strukturen zu benennen, die unser bundesrepublikanisches Leben nach wie vor bestimmen.

Benennen, aussprechen, klären, dass Sie nicht dazugehören – und vielleicht auf die andere Straßenseite gehen, wenn Ihnen auf einer einsamen Straße eine Joggerin entgegenkommt.

Wie wir Macht unattraktiv machen können

Missbrauch von Kindern und Frauen ist inakzeptabel. *Niemand wird etwas anderes behaupten.*

Leider ist völlig unklar, was dagegen getan werden kann. Denn wer gegen Missbrauch kämpfen will, muss sich gut rüsten, sich »warm anziehen«, er muss sich mit den geschlossenen Kreisen der Macht anlegen, den Mächtigen, mit den Vätern. Klingt etwas mysteriös, lässt sich aber gut konkretisieren. Die große Studie zum klerikalen Missbrauch erwähnt unter anderem, »neben allgemeinen Mechanismen, die den sexuellen Missbrauch in Institutionen begünstigen (zum Beispiel asymmetrische Machtverhältnisse oder ein geschlossenes System), [ist] bei der katholischen Kirche der Missbrauch klerikaler Macht [zu bedenken].«[1] Asymmetrische Machtverhältnisse heißt, dass nur wenige entscheiden können, geschlossenes System bedeutet Intransparenz.

Es geht um den Machterhalt der alten heiligen Männer

Waren Sie schon mal in Rom? Ich liebe es: die Mischung aus prallem Leben, die Ruinen der Antike und die ubiquitäre Präsenz der katholischen Kirche. Besonders fasziniert war ich immer vom Petersdom, vom Vatikan. Und eines Tages fiel es mir wie Schuppen von den Augen: Diese ungeheuren Bauwerke, die gewaltige

Größe, die sich unserer Wahrnehmung entzieht, die Pracht. All das dient der Verkörperung von Macht, und nur darum geht es. Die Macht und die Herrlichkeit der heiligen Männer.

Um Nächstenliebe und den Schmerz des alleingelassenen, sterbenden Jesus am Kreuz zu verkünden, brauche ich keine Fassade aus weißem Marmor. Diese Fassade ist so prächtig wie undurchsichtig, intransparent. Denn die Macht braucht geschlossene Systeme, in die nicht jeder hineinschauen kann und in die schon gar nicht jeder hineinreden kann. Diese Struktur hat den Missbrauch erst möglich gemacht. Er ist also quasi eine Nebenwirkung der Macht. Und deswegen fällt es dieser Kirche so schwer, sich vom Missbrauch zu befreien. Dieses unfassbare, sich mit zunehmender Dauer permanent steigernde Versagen der katholischen Kirche bei der Verarbeitung des Missbrauchsskandals, das so viele Gläubige zum Verzweifeln bringt, gründet darauf, dass man die Macht nicht beschädigen will. Diese Macht der alten Männer muss unbedingt erhalten werden. Dazu gehört auch das diskriminierende Verhalten gegenüber den Frauen, ganz egal, ob man ihnen das Priesteramt verweigert oder die Abtreibung. Die alten Männer wollen das Sagen behalten, und deshalb können sie nicht zugeben, dass geweihte Männer sündigen können, gesündigt haben und auch in Zukunft sündigen werden. Wegen einzelner schwarzer Schafe muss man doch die Struktur nicht ändern! Dass der Zölibat eine Lebensform ist, die, wenn sie nicht freiwillig gewählt wurde, menschenfeindlich wird und so viele Leben zerstört – das darf nicht gesagt werden.

Ich weiß, dass es sich als Protestant eigentlich nicht gehört, nur auf der katholischen Kirche rumzuhacken. Sagen wir's mal so: Die Aufarbeitung des Missbrauchs in der evangelischen Kirche ist so chaotisch, dass man noch nicht einmal weiß, auf was man herumhacken soll.

Macht ist Ausdruck eines Privilegs, das sich in der Kirche an der Heiligkeit festmacht. Doch gelegentlich beschleicht einen der Verdacht, dass wir, die Öffentlichkeit, so stark auf die Kirche fokussieren, weil wir verbergen wollen, dass sich die Privilegien in säkularen Institutionen nicht weniger fürchterlich auswirken, in den Münchner Orchestern, die Herrn Levine nicht begrenzen wollten, bei den Pfadfindern, den Sportvereinen und so weiter. Ein besonderes Privileg der Macht ermöglicht Therapeuten, zu tun, was sie niemals tun dürften.

Transparenz als System

Wie wäre Abhilfe möglich? Ich schlage Ihnen zwei Maßnahmen vor, eine für den Alltag und eine grundsätzliche.

Folgen wir doch Papst Franziskus und »schenken […] dem Schrei der Kleinen Gehör«[2]. Ob dem Heiligen Vater ganz klar war, was das wirklich bedeutet? Den »Kleinen« zuhören bedeutet, Transparenz zu schaffen, die entsteht, wenn wir jene befragen, die als potenzielle Opfer infrage kommen, ja, die »Kleinen«. Indem wir das geschlossene System öffnen. Alle Institutionen, in denen Macht in irgendeiner Form vorkommt, von den Kirchen und den ihnen angeschlossenen Einrichtungen über die Schulen, Internate, Sportvereine, sollten obligat ein System vertraulicher Befragungen der »Kleinen« etablieren, durch ein für alle, aber vor allem für die »Kleinen«, als unabhängig erkennbares Gremium. Dieses Gremium soll definieren, wie es kontrolliert, und sollte frei sein, auch solchen Hinweisen nachzugehen, die das juristische Kriterium des Anfangsverdachts noch nicht erfüllen. Denn im Fall von Lügde haben wir gesehen, dass die staatsanwaltschaftliche Formulierung des Anfangsverdachts eben nicht funktioniert hat.

Sie meinen, das sei nicht ideal, könne missbraucht werden, falsche Anschuldigungen und so? Na ja, Menschen sind nicht ideal. Aber es würde schon mal helfen, wenn man den Spieß umdreht. Kann irgendwas dadurch schlimmer werden? Kaum.

Das gleiche Verfahren könnte man für Therapien verpflichtend machen: Patienten und Patientinnen geben obligat vertrauliche Fragebögen zum Verhalten von Ärzten und Therapeuten ab. Die gehen zu einer unabhängigen Stelle der Therapeuten- oder Ärztekammer, die Verdachtshinweisen nachgehen muss, im Zweifel müssten die Betroffenen angehört werden.

So würde die therapeutische Atmosphäre vergiftet? Sie würde wohl nur transparent.

Die Macht kühlen

Was das Grundsätzliche angeht, gibt es einen kreativen Ansatz, die unsägliche Koppelung von Macht und Privilegien, vor allem den privilegierten Umgang mit dem Geld, zu begrenzen. Kreativ nicht aus Sicht der Privilegierten, sondern der Allgemeinheit oder besser des Gemeinwohls.

Diese Interessen des Gemeinwohls scheinen auf dem Höhepunkt der Republik Venedig dominierend gewesen zu sein, obwohl diese am ehesten als eine Plutokratie, eine Herrschaft der Reichen, beschrieben werden kann: »Der Doge war das nominelle Regierungsoberhaupt [...] Er wurde auf Lebenszeit gewählt, war aber enormen Restriktionen und Vorschriften unterworfen. Die Venezianer wollten sicherstellen, dass ihnen ein Cäsar erspart bliebe [...] Der Doge durfte noch nicht einmal persönlich die an ihn gerichteten Briefe öffnen [...] Er durfte über keine politischen Angelegenheiten diskutieren, ohne seine Berater hinzuzuziehen. Er durfte die Stadt nicht ohne Erlaubnis verlassen. Er konnte sich noch nicht einmal frei durch die Stadt bewegen, ohne vorher die Genehmigung dafür einzuholen [...] Er sollte nie mit ›mein Gebieter‹ angeredet werden, sondern immer nur mit ›*messer doge*‹, ›Herr Doge‹. Niemand sollte vor ihm auf die Knie sinken oder seine Hand küssen [...] Und doch besaß der Doge Macht [...] Er präsidierte über allen gewählten Ratsgremien […] er war der allgemeine Wächter über alle Organe der Regierung […] und er kannte alle Geheimnisse der Stadt. Beim Tod des Dogen wurde der Amtsring von seinem Finger gezogen und in zwei Teile gebrochen. Seine Familie musste den Palast binnen drei Tagen geräumt haben. [Und jetzt kommt das Heftigste]: Drei Inquisitoren wurden damit beauftragt, alle Handlungen des Toten noch einmal zu überprüfen und falls er sich eines Betrugs oder irgendeiner Missetat schuldig gemacht hatte, seine Familie dafür zu bestrafen. Nur auf diese Weise konnte der Stadt den Aufstieg mächtiger Familien verhindern.«³

Denken Sie mal darüber nach. So furchtbar weit sind wir ja von einer Plutokratie auch nicht entfernt.

Aus einer von unserer Kultur noch viel weiter entfernten Gesellschaftsform kommt ein anderer Ansatz, mit der Macht umzugehen: Eine Gruppe der »Buschmänner«, die Ju/'hoansi, behandeln erfolgreiche Männer, konkret gute Jäger, schlecht. Diese Indigenen sind eine der letzten Kulturen der Sammler und Jäger, für die Fleisch wegen seines hohen Brennwerts besonders kostbar ist. Ein guter Jäger hätte deswegen gute Chancen, eine herausgehobene Stellung oder gar eine Machtposition in der jeweiligen Gruppe zu bekommen. Doch das halten die Ju/'hoansi nicht für sinnvoll: »Wenn ein junger Mann viele Tiere tötet [und damit viel Fleisch für die Gemeinschaft heranschafft], denkt er von sich selbst, er sei ein Anführer oder ein großer Mann, und er betrachtet uns andere als Knechte oder ihm Untergeordnete […] Das können wir nicht akzeptieren! […] deswegen bezeichnen wir das von ihm herangeschaffte Fleisch als wertlos. So kühlen wir sein Herz und machen ihn sanftmütig.«⁴

Ich finde, dass dieser Umgang mit potenziell Mächtigen, ihr »Herz zu kühlen und sie sanftmütig zu machen«, ausgesprochen zielführend wäre. Auf die Ju/'hoansi kommen wir noch mal zu sprechen.

Nehmen wir bis hierher mit, dass unser Umgang mit Macht, mit Privilegien und Missbrauch nicht die einzige Möglichkeit und noch nicht einmal die beste ist. Vorausgesetzt, wir behalten das Interesse von uns allen und nicht nur das der Mächtigen und Großartigen im Blick.

Die Blüten der Männlichkeit

Michael Kimmel hat beschrieben, dass der starke, unangreifbare Mann, der sich und die Seinen gegen die böse Welt verteidigt, der nette und auch der mächtige, *the ruler of the world,* nicht mehr zeitgemäß ist. Verschwörung? Je nach Geschmack, Soros, Gates, die Juden? Dass Männer keine Anerkennung mehr bekommen, halten viele für einen viel zu hohen und ungerechten Preis, den die Männer zu zahlen haben.

Hoch vielleicht, aber ungerecht? Sind wir wirklich in diese Männerrollen gezwungen worden? Gab es nie eine Alternative? Sagen wir es mal so: die Wahl. Eine Wahl hätten wir wohl schon gehabt, aber sie war uns nicht bewusst. Zu verlockend war, was sich da anbot, die gravierenden Nachteile waren zu attraktiv verpackt. Denn unsere Schwächen, die Defizite wurden als Stärke verkauft, im Narrativ vom starken, unangreifbaren Mann, dem Märchen der Narzissten.

Was hat es mit diesem wieder so viel diskutierten Narzissmus auf sich?

Von k&k-Kindern zu Narzissten

Sie erinnern sich vielleicht, dass Michael Tomasello die hohe kommunikative Kooperationsbereitschaft kleiner Kinder beschrieben hatte?[1] Bei diesen k&k-Kindern[2] im Alter von zwei oder drei gibt es kaum Hinweise für ein Potenzial zum Narzissmus, diesem Persönlichkeitszug, der den späteren Mann zum Arschloch[3], zum erfolgreichen CEO oder zu einem dieser Politiker machen kann – Sie wissen schon. Aber bei manchen Jugendlichen tauchen schon ein paar Jahre später narzisstische Züge auf. Ihre Träger zieht es wie magisch in Führungspositionen[4], unter Jugendlichen wie unter Erwachsenen. Doch narzisstische Jungs sind für ihre Gruppe weniger schädlich als erwachsene Männer. »Narzissmus mag in der Kindheit die zwischenmenschlichen Beziehungen weniger beeinflussen als bei Erwachsenen, vielleicht weil Kinder in ihrem Sozialverhalten generell weniger dominant sind als Erwachsene, was sie weniger gegen ihre Gruppeninteressen handeln lässt.«[5] Diese Psychologen! Echt jetzt! Sie sprechen ganz offen aus, dass soziale Dominanz die Neigung bedeutet, gegen die Interessen der eigenen Gruppe zu handeln. Gut, das erklärt doch manches.

Aber warum tun Narzissten so etwas?[6] Die Persönlichkeitsforschung geht davon aus, dass sich narzisstische Persönlichkeitsanteile bei vielen Menschen auf einem Kontinuum mit anderen Eigenschaften lokalisieren lassen und dass nur die Extremposition, also wenn diese Anteile alles andere überwiegen, tatsächlich pathogen ist.

Wie sieht narzisstisch aus?

Narzissten sind oft nicht in der Lage, sich in andere einzufühlen, weswegen sie es natürlich auch nicht tun; die anderen glauben dann, der Typ wolle nicht mitfühlend sein, weil er besser finde, stark und durchsetzungsfähig zu sein – aber tatsächlich kann er nicht. Die Fähigkeit zu Empathie ist bei Narzissten unterentwickelt. Ihr schwankendes und unsicheres Selbstwertgefühl ist von außen schwer wahrzunehmen, es sei denn, man arbeitet psychotherapeutisch mit ihnen.

Narzissten haben wahrscheinlich als Kinder zu wenig bedingungslose, dafür nur an Leistung geknüpfte Zuwendung bekommen, Schwächen wurden nicht akzeptiert. Es gibt aber auch Hinweise für eine genetische Grundlage. Sie sehen, dass man es nicht so genau weiß.

Solche Störungen sind bei Männern häufiger[7], *so sorry*, aber wahrscheinlich ist es noch komplizierter, weil es neben dem narzisstisch grandiosen Typ auch noch einen narzisstisch vulnerablen Typ gibt, der vielleicht bei Frauen häufiger vorkommt: introvertiert, ichbezogen und mit hohen Ansprüchen. Sie merken es selbst, die Geschichte ist zu komplex für Stigmatisierung und Beschimpfungen, aber Sie können davon ausgehen, dass Narzissmus im alltäglichen zwischenmenschlichen Umgang ziemlich defizitär ist: Sie bekommen nichts von ihm.

Die Preisfrage: Warum findet sich diese Persönlichkeitsvariante so häufig in Führungspositionen? Falls Sie sich schon mal beworben haben, wissen Sie, dass für jede halbwegs interessante Position Profile formuliert werden. Von Unternehmensberatern. In den letzten 15 Jahren war von einem der Mächtigsten dieser Berater, McKinsey & Co, der »Krieg um die Talente«[8] ausgerufen worden. Die Persönlichkeitseigenschaften dieser *Masters of the Universe*, ihr besonderer Status, ihre Heldenhaftigkeit, die Nähe zu den Göttern machte jedem auch nur etwas distanzierten Beobachter klar, dass diese Art von Talent mit den Persönlichkeitseigenschaften von Narzissten gleichzusetzen waren und dass Kooperationsfähigkeit nicht als wesentliches Einstellungskriterium angesehen wurde.[9] Die von diesen »Talenten« verursachten Bank- und Firmenpleiten bestätigten diese Einschätzung.

Die Idee, was ein »Talent« ausmacht, war natürlich nicht neu generiert worden, sondern basierte auf den uralten Profilen von einflussreichen und mächtigen Männern. Schlüssel und Schloss passten also wunderbar.

Männermythen auf schwachen Füßen

Interessant ist zweierlei: Niemand hat tatsächlich anhand des Erfolgs evaluiert, ob Menschen mit solchen Eigenschaften wirklich

besonders geeignete Führungspersonen sind. Wer die eigene Groß-
artigkeit vor sich her trägt und bewundert werden will, macht zwar
Eindruck, vor allem bei denen, die sich selbst nicht für kompetent
halten, aber das ist ja kein objektiver Erfolgsgradmesser.

Fast noch interessanter ist, warum niemandem auffiel, dass
die angebliche Stärke solcher Führer tatsächlich ein Defizit ist.
Denn bei Licht betrachtet, handelt es sich um narzisstisch/sozio-
pathische Männer, eigentlich »arme Hunde«, aber leider ohne die
enorme Sozialkompetenz, die Haushunde auszeichnet?[10] Was um
Himmels willen gefällt uns anderen so daran? Was finden wir so
attraktiv an ihnen?

Eine Möglichkeit wäre, dass sie ihre Chance genau deshalb bekommen, weil sie so unkommunikativ und autoritär sind: Wer
sich sozial nicht vermittelt, wirkt geheimnisvoll, weil er »keiner
von uns« ist; wie die Biografien zeigen, hätten solche Männer unter anderen Bedingungen das Problem gehabt, als »fremd« aus-
gegrenzt zu werden. Unsoziale Einzelgänger nähren realitätsferne
Männermythen, stilisieren sich als »Wölfe«, was jeden Sinns entbehrt, denn reale Wolfsrudel sind Familiengruppen mit bestens
funktionierenden Sozialsystemen.[11]

Solche Männer kokettieren oft mit einem noch verdächtigeren
Mythos: mit dem Untergang, der Götterdämmerung, dem Weltenbrand. Hitler, der Wagnerfan, hat diesen Weltenbrand in die Realität umgesetzt. Der Umgang anderer moderner Führungspersonen
mit demokratischen Werten, Natur und Klima deutet darauf hin,
dass solche Szenarien ihre Faszination nicht eingebüßt haben.

Eine etwas andere Interpretation gibt Achille Mbembe: »Dass
es im jüdisch-christlichen Erbe der Philosophie, von dem die
Menschen in Europa so nachhaltig geprägt wurden, eine struktu-
relle Beziehung zwischen der Zukunft der Welt [...] auf der einen,
der Katastrophe [...] auf der anderen Seite gibt. Man glaubt, um
zu seinem Höhepunkt zu gelangen, müsse das Sein eine Phase
der Reinigung durch Feuer hinter sich bringen [...] Es ist jedoch

keineswegs sicher, ob die ganze Menschheit [...] der Katastrophe so eine Stellung zuweist. In den afrikanischen Traditionen bildet die Frage nach der menschlichen Existenz nicht die Seinsfrage [...] Solche Traditionen schenken der Idee eines Endes der Welt oder einer anderen Menschheit nur wenig Aufmerksamkeit. Diese Obsession ist letztlich daher möglicherweise eine Eigenheit der westlichen Metaphysik.«[12]

Wir brauchen andere Vorbilder und andere Prinzipien

Uns gibt es ja überall. Das macht die Frage nach den Alternativen schwierig, nach anderen Lebensformen, die ihre Hoffnung nicht auf Soziopathen, sondern auf normale Menschen setzen.

Tatsächlich bieten die »afrikanischen Traditionen« eine interessante Alternative. Die Anthropologie indigener Völker kommt momentan in Mode. Für Menschen, die in der europäischen Zivilisation sozialisiert sind, mag die Idee ziemlich absurd erscheinen, dass wir etwas von Buschmännern lernen könnten, die in der uns lebensfeindlich erscheinenden Umgebung der Kalahari leben. Tatsächlich sind auch das Mitglieder der evolutionär so überaus erfolgreichen Gruppe *Homo sapiens*. Sie sind allerdings so distanziert gegenüber sesshaften und ackerbauenden Menschen geblieben, dass sie sich ihr besonderes Leben bewahren konnten.

Die Herausforderung, die das Leben der Ju/'hoansi für uns bedeutet, liegt in der Frage, »ob der Mensch in der Lage sein wird, die überaus komplexen und unstabilen ökologischen Bedingungen zu überleben, die er selbst erschaffen hat, und ob die Blüte der Technologie, die der agrikulturellen Revolution folgte, uns zur Utopie oder zur Auslöschung führen wird«[13].

Die Jäger und Sammler leben unter gänzlich anderen Umständen als wir, und es wäre wohl ziemlich illusionär, wollten wir unser Leben einfach nach ihren Standards ausrichten. Aber es lohnt sich, diese Standards anzuschauen, weil sie nicht nur zu einem konkret anderen Leben, sondern zu ganz anderen Werten führen. Zum Beispiel ernten sie nie mehr, als sie am gleichen Tag essen wollen, und betreiben keine Lagerhaltung. Die mit ihnen beschäftigten Anthropologen sehen dieses *short-term thinking* als die Grundlage an, dass diese Gesellschaften so egalitär, stabil und widerstandsfähig sind, dass sie Hierarchien verachten, keine Häuptlinge oder institutionalisierte Autoritäten mögen und Unterschiede an materiellem Reichtum ablehnen,[14] Gesellschaften, in denen Frauen und Männer gleichberechtigt sind. Ein grundsätzliches Prinzip ist das *demand-sharing*, das Prinzip, das jedem nach seinen Bedürfnissen, nicht nach seinem Verdienst gibt.

Wie gesagt, einfach abkupfern wird nicht gehen, aber über diese anderen Werte nachdenken, würde uns vielleicht doch neue Perspektiven eröffnen, zumal unsere fast ausschließlich an monetären Werten orientierte Kultur – sollen wir sie wirklich Kultur nennen? – allmählich an ihre Grenzen stößt.

Wer Männer ändern will, muss etwas für Kinder tun

Es ist gar keine Frage: Die Ju/'hoansi mit ihrem egalitären Verständnis vom Umgang der Menschen untereinander, die Besitz negieren und jedem nach seinen Bedürfnissen geben, haben die Gleichheit zwischen Frauen, Männern und Kindern besser realisiert als wir. Kehren wir also auf der Suche nach Veränderung, nach neuen Perspektiven für uns Männer nochmals zu der Frage zurück: Können wir von Indigenen lernen, besser mit unseren Kindern umzugehen? Da aus Kindern Erwachsene werden, hätte ein anderer Umgang mit Kindern nachhaltige Konsequenzen.

Kleine Kinder können in unserer Kultur angeblich nicht beurteilen, was für sie gefährlich werden könnte. Deswegen haben wir El-

tern die Pflicht – ja, zu was? Zu verbieten oder es ihnen zu erklären? Wie machen das Indigene?

Eine US-amerikanische Journalistin, Michaeleen Doucleff, be-
suchte für eine Recherche drei unterschiedliche indigene Gruppen, eine Inuit-Gemeinde, ein Maya-Dorf in Mexico und eine
Gruppe in Tansania. Ihre dreijährige Tochter nahm sie mit.[15]
Als die infolge der regelmäßigen Ausraster ihres Kleinkindes er-
schöpfte Mutter war sie über die Kinder der Indigenen verblüfft:
extrem hilfsbereite, freundliche Kinder, die Geschirr spülen, Süßigkeiten mit ihren Geschwistern teilen und auch die kleineren
mitspielen lassen, die verantwortungsbewusst handeln, offenbar
ganz selbstverständlich.

Sie berichtet, dass bei den Inuit »bereits Kinder ab etwa sechs
Jahren zur Jagd mitkommen dürfen unter der Prämisse, dass sie
dort stundenlang absolut still sein müssen.«[16]

Sechsjährige. Stundenlang still sein. Wie geht der Trick? Das
ist schon ein Crash-Test, denn der Inuit-Mann würde nichts zu
essen mitbringen, und die Familie müsste hungern, wenn sein
6-Jähriger plötzlich rumquakt, weil es ihm zu langweilig ist, und
die Robbe im Eisloch verschwindet. Er quakt aber nicht rum.

Die Inuit kommen offensichtlich mit ihrer Meinung weiter,
dass Kinder am Erwachsenenleben teilhaben wollen und dafür
auch ihr Verhalten modifizieren. Im Unterschied dazu machen
es sich europäische und US-amerikanische Eltern mit ihren
Vorbehalten nicht einfacher. Kontrolle, helikoptern, die Super-
nanny zu Hilfe rufen – damit machen wir unsere Kinder einerseits unzurechnungsfähig und müssen sie quasi als Ausgleich
unbedingt ständig in lauten Tönen loben. Wir tun so, als wenn
Kinder Nuancen nicht verstehen würden. Stattdessen investieren wir gewaltig in Kinder, Kindersitz, Buggy, Spielzeug ohne
Ende. Was ganz nebenbei die Ungleichheit fördert, zwischen
Generationen, zwischen Reichen und Armen, zwischen Menschen, die nach den berühmten Konventionen Grundgesetz,

Menschenrechtskonvention, UNO-Kinderrechtskonvention angeblich alle gleich sein sollen.

Möglicherweise schleicht sich bei einigen, vielleicht gar nicht so wenigen Eltern schon mal der Gedanke ein, dass gelegentlich »sanfte« Gewalt, also die verschämte, weil man das ja nicht mehr darf, als »Klaps« bezeichnete Ohrfeige angesagt wäre.

Frau Doucleff schließt das aus. Gewalt sei bei den indigenen Gruppen tabuisiert. »In den USA sagen wir dagegen oft über unsere Kinder: ›Oh, das tut er, um dich zu provozieren.‹ Oder: ›Sie weiß genau, wie sie kriegt, was sie will.‹ Wir unterstellen unseren Kindern ständig die Manipulation unserer Gefühle oder dass sie uns mit Absicht bestrafen wollen [...] Unsere Kultur geht davon aus, dass entweder der Erwachsene oder das Kind die Kontrolle hat.

Ich habe das einmal Sally, der einen Mutter aus der Inuit-Gemeinde, erzählt, und sie hat so gelacht. Sie konnte es kaum glauben. Sie meinte, dass es doch nur Kinder seien. Kinder machen in ihren Augen nichts in böser Absicht.«

Die Ju'hoansi bringen ihren Kindern nicht bei, wie man Spuren liest. Stattdessen ermutigen sie ihre Kinder, diese Fähigkeiten selber zu lernen, indem sie die Welt um sie herum beobachten und mit ihr in Wechselwirkung treten.[17]

Warum ist es für uns so schwer, Kinder, unsere Kinder als vollwertige Menschen zu akzeptieren mit einem anderen Entwicklungsstand? Warum negieren wir, dass ihre Weiterentwicklung ihr wichtigstes Ziel sein muss? Also sollten wir nicht reglementieren, befehlen oder einfach nur rumschimpfen, sondern uns um vernünftige Argumente bemühen, die das Kind auf seiner jeweiligen Altersstufe verstehen kann. Die Kinder ernst nehmen, das wäre es. Sie ernsthaft respektieren, nicht nur so tun, als ob.

Dazu würden auch die Kindergrundrechte, das Kinderwahlrecht und die Mitsprache bei Problemen gehören, die Kinder etwas angehen. Gibt es überhaupt gegenwärtige Probleme, die Kinder nichts angehen?

Schafft den Respekt ab!

Respekt ist ein grundlegendes Element zwischenmenschlichen Verhaltens, das beiden etwas bringt, dem, der Respekt bekommt, und dem, der Respekt erweist.

Es ist unmöglich, bei jedem Menschen, der in unserem Leben eine wichtige Rolle spielt, gründlich zu prüfen, ob wir ihm vertrauen können, ob er ehrlich ist und vor allem, ob er Macht missbrauchen wird oder nicht. Viel zu viele Menschen, die wir gar nicht genau kennen können, und auch viel zu viele Männer haben Einfluss auf unser Leben. *The proof of the pudding is in the eating* – aber wenn wir jeden Pudding testen, platzen wir. Ein Ausweg ist, jene zu respektieren, die für uns wichtig sind. Wenn ich jemanden respektiere, dann gebe ich ihm quasi Kredit, was seinen Wert für unsere Beziehung angeht. Ich vertraue: Er wird's schon richtig machen. Das beruhigt mich, ich schlafe besser, ich muss nicht alles hinterfragen, und etwas vom Licht der Respektsperson fällt auf mich. Mit jemandem, den ich respektiere, fühle ich mich wohl. Respekt ist zunächst mal ein Arrangement zwischen zwei Menschen, also etwas sehr Persönliches: Ich respektiere eine oder einen, weil sie oder er stärker, klüger etc. ist. Respekt kommt auch mit dem Amt: Präsidenten, Kanzler, Abgeordnete werden meistens respektiert. Kardinäle und Priester auch. Früher waren es noch der Apotheker und der Lehrer. Hier sehen wir alte gesellschaftliche Konventionen. Männer werden häufig respektiert. Allein schon die Überhöhung des Mannes in der alltäglichen Anrede: Herr! Herrgott noch mal: Welche Frau lässt sich heute noch als Dame anreden?

Hier schimmern die Grenzen des Prinzips Respekt durch. Respekt hatte immer auch die dunkle Seite, die Seite des Hohlen, des

Gespreizten, des Falschen, des Scheins. Besonders für zwielichtige Gestalten scheint Respekt enorm wichtig zu sein, weswegen Trump, Putin, Lukaschenko, Bolsenaro Respekt einfordern müssen, damit der aufgrund ihrer Handlungen aufkeimende Zweifel im Keim erstickt wird. So bekommen sie jede Menge Aufmerksamkeit, man hört ihnen zu, nimmt sie ernst, viel zu ernst. Hier fällt mir das Märchen von »Des Kaisers neuen Kleidern« ein ...

Wäre dies alles nicht so tödlich ernst, könnten wir die vielen Beispiele lächerlich nennen. Die »ehrenwerte Gesellschaft« ist nicht ehrenwert. Sie nimmt die Gegenposition zu allem ein, was Menschen mit dem Begriff »Ehre« verbinden, führt diesen Begriff ad absurdum. Aber Respekt braucht sie und fordert sie mit allen Mitteln ein. Sonst würden die Männer von Mafia, Cosa nostra, N'drangheta in ihren eigenen Organisationen, denen keine Unmenschlichkeit fremd ist, nicht ernst genommen. Wer Respekt bekommt, muss nicht ständig gewalttätig werden, denn die anderen wissen, dass er dieses Potenzial hat. Und dieses Wissen lässt sich durch gelegentliche Auffrischungen der Angst aktiv halten – hier wird eine gefoltert, dort einer gemordet.

Erinnern Sie sich an den »Paten«? Marlon Brando! Diese unglaubliche Ehrerbietung, die ihm alle entgegenbrachten! Einem Mafioso! Da könnte jeder Kardinal vor Neid erblassen.

Ach ja, die Nazis! Hitler brauchte Respekt dringender als die Luft zum Atmen, weil er so ein skurriler Narziss war. Sieht man sich Fotos aus dieser Zeit an, die Herren (!) in Frack und Zylinder, dann springt einem diese Sehnsucht nach der dringend benötigten Respektabilität in die Augen. Tatsächlich war Hitlers Truppe weder tapfer noch anständig und schon überhaupt nicht respektabel.

Die Anständigen, die Hitler widerstanden, wurden konsequent fragmentiert, isoliert und erschienen vor dem Hintergrund der jubelnden Massen so unnormal, dass man sich bei nüchterner, empirischer Betrachtung fragen muss, ob sie denn von allen guten Geistern verlassen waren: Den Scholls, Stauffenbergs, die Bonhoeffers, Görings Bruder wurde jeder Respekt verweigert. Lesen Sie mal nach, wie Hitlers Hauptankläger Freisler mit den Geschwistern Scholl, mit den Männern des 20. Juli umsprang, wie er versuchte, ihnen den Respekt zu rauben. Hitler schaute sich die Filme an, wie die Verschwörer an Metzgerhaken aufgehängt wurden. Nach dem »Endsieg« gab es viele Versuche, all diesen tapferen und anständigen Menschen, die oft gegen jeden angeblich gesunden Männerverstand handelten, die Ehre zu erweisen. Ob es gelungen ist?

Der Respekt für die Nazis verging dann jedenfalls nicht so schnell, als alles in Scherben lag und die Untaten bekannt wurden. Nur wenigen kamen substanzielle Zweifel, als wenige Jahre nach dem Desaster wieder eine christlich respektable Mehrheit an die Urnen ging. Wie dann der Auschwitz-Prozess in das wieder zwangsnormalisierte Alltagsleben der 1960er-Jahre einbrach, das hat Annette Hess in *Deutsches Haus* anschaulich beschrieben.[18] Offenbar wurde jedenfalls, dass hochrespektable deutsche Herren-Männer Menschen umgebracht haben, die nach ihrer absurden Rassentheorie nicht mehr Menschen sein sollten. Unter geistiger und tätiger Mithilfe von respektablen, promovierten Männern, Professoren, ärztlichen Direktoren und Gutachtern wurden die auch seelisch Kranken zu Untermenschen im eigenen Land gemacht.

In der Psychiatrie hat es über 70 Jahre gedauert, bis der damalige Präsident der Deutschen Psychiater Frank Schneider uns, seine Kollegen, dazu brachte, sich bei den Überlebenden der von den Psychiatern gequälten und ermordeten Patienten zu entschuldigen.[19]

Öffnet also Respekt Missbrauch in jeder Form Tür und Tor?

Sie meinen, ich könne misshandelte Kinder und Frauen doch nicht in einen Topf mit den Opfern der Nazis werfen? Und die Herren des Geldes noch mit dazutun? Oh doch. Kann ich, und das passt wunderbar zusammen: Männermacht, Schweinereien und Respekt – eingefordert oder freiwillig zugesprochen.

Der Mann, der wahrscheinlich (das Verfahren ist zum Zeitpunkt, zu dem ich das schreibe, noch nicht abgeschlossen) der Täter von Lüdge war, hätte ohne den Respekt der anderen seine grausamen Verbrechen nie begehen können. Die von ihm misshandelte Michaela V. »habe ihrem Vater und ihrer Oma mehrmals gesagt, dass er sie als Elfjährige ›angefasst hatte‹. Doch beide hätten ihr nicht geglaubt. Es hieß immer: ›Andreas würde so etwas niemals tun.‹«[20]

Hat er aber.

Achtung vor jedem Leben

Wenn wir wirklich etwas anders machen wollen, müssen wir uns darauf besinnen, was Respekt wirklich ist, welche Inhalte wir dem Begriff Respekt für eine zukünftige Welt geben wollen. Respekt vor dem Leben in seiner Vielfalt. Akzeptanz, dass nicht jeder so ist wie ich und trotzdem Anspruch auf unser Verständnis, auf unsere Unterstützung und unsere Ehrerbietung, auf unsere Achtung hat. Im Zen-Buddhismus wird Respekt durch das Ritual des Verbeugens ausgedrückt, vor allen Lebewesen, vor ihrer Besonderheit, vor den Wundern der Schöpfung.

Eigentlich geht es ja nicht um hohe Ziele, sondern um die selbstverständliche Akzeptanz jedes einzelnen Individuums, ob es nun in Deutschland, in New York, im Mumbai, im Urwald des Amazonasgebietes lebt. Und ob es Frau oder Mann, Erwachsener oder Kind ist. Es geht darum, wie ernst wir Menschenrechte nehmen wollen. Das ist ein schwieriges Thema selbst für uns Deutsche, die wir uns doch so viel Mühe geben, politisch relativ anständig zu bleiben. Denn die Menschenrechte sind unteilbar. Mensch ist Mensch, keiner kann mehr Mensch sein. Wenn da nur nicht im Mutterland unserer abendländischen Kultur die Grenze Europas wäre. Und die Lager der Geflüchteten. Gerechtigkeit wird nicht nur bei ihnen zum Lackmustest unserer Zivilisation.

Männer, vor allem wichtige, einflussreiche und durchaus auch mächtige, vermeiden gerne, sich zu diesem Thema zu positionieren, sie verweisen auf komplexe juristische oder wirtschaftliche Gegebenheiten oder sie wurschteln einfach weiter. Wenn sie auf die diversen Ungleichverhältnisse angesprochen werden, kultivieren sie eine Haltung, die irgendwie zwischen schaumgebremst und angefasst daherkommt. Psychotherapeuten nennen so was Abwehr, Widerstand.

Beispielhaft zeigt das Oliver Bäte, der Chef der Allianz, Deutschlands größtem Versicherer; ohne jeden Zweifel ist er ein einflussreicher, mächtiger Mann, sicher einer, den sich andere Männer zum Vorbild nehmen. In einem Interview mit einem ebenfalls einflussreichen und wohl auch mächtigen Mann, Giovanni di Lorenzo, Chefredakteur der ZEIT, sagt Bäte den interessanten Satz: »Gerechtigkeit ist für mich ein marxistischer Begriff. Ich weiß nicht, was das ist.«[21]

Lassen Sie diesen Satz mal auf sich wirken, so einfach erschließt er sich in seiner männlichen Simplizität nicht. Gerechtigkeit – marxistisch? Er weiß es nicht? Noch nie etwas vom Marxismus gehört? Nein, nein, das kann nicht sein! Wenn Sie ihn googeln, erfahren Sie, dass er Abitur hat, BWL in Köln und New York studierte, international in leitenden Positionen der Versicherungswirtschaft tätig war und einer schlagenden Verbindung angehört – undenkbar, dass er nichts über das Konzept der Gerechtigkeit weiß.

Ich glaube, es ist anders: Wenn man solch einen Satz gegenüber dem Chefredakteur der ZEIT ausspricht, muss man sich seiner Macht und seiner Wichtigkeit so vollkommen sicher sein, dass man sich um nichts, aber auch gar nichts mehr schert, weil man genügend andere Mächtige hinter sich weiß. Nur dann kann einer sagen, dass ihn Gerechtigkeit nicht interessiere. Diese Ignoranz der Macht raubt einem immer wieder den Atem, was natürlich den Ignoranten hilft. Bäte steht dafür, dass mächtige Männer durchblicken lassen, Themen aus den Niederungen der »kleinen Leute« seien nicht wirklich wichtig, darum müssten sie sich nicht kümmern. Schämt er sich? Keineswegs. Wofür auch. Wahrscheinlich würde Bäte den Begriff der Abwehr sowieso nicht akzeptieren, denn zum Konzept des Narzissmus gehört, dass man an seinem Egostandpunkt keine Zweifel aufkommen lässt.

Für narzisstische Abwehr interessiert sich hingegen ein schwarzer Philosoph, Achille Mbembe: »Unsere Zeit ist also eine der festen narzisstischen Bindungen. Die gedankliche Fixierung auf den Ausländer, den Muslim, die verschleierte Frau, den Flüchtling, den Juden oder den Neger dient in diesem Kontext der Abwehr. Man weigert sich, anzuerkennen, dass unser Ich sich in Wahrheit stets im Gegensatz zu einem anderen konstituiert, den wir internalisiert haben [...] Dass wir in Wirklichkeit aus diversen Anleihen bei fremden Subjekten bestehen und daher immer schon Grenzwesen waren – genau das weigern sich heute viele einzugestehen.«[22]

Da prallen in der Tat Kulturen aufeinander. Der eine Prototyp lehnt es voller Saft und Kraft seines Egos ab, sich um den Schrott der Welt kümmern zu müssen, den er lieber versichert und gut daran verdient. Der andere denkt über die Entstehung unseres Ichs aus der Abgrenzung von anderen nach. Beide Männer, immerhin.

Auf einer Skala, die ein Kontinuum zwischen »archaisch« und »differenziert« abbildet, wäre Herr Bäte ganz auf der Seite des Archaischen, viele würden wohl sagen »Gesunden«, nicht Intellektualisierten anzusiedeln, Herr Mbembe ganz auf der anderen Seite. Und Sie? Zu welcher Kultur gehören Sie?

Das ist die Frage, um deren Antwort ich Sie in diesem Kapitel bitte.

Auf Ihre Position kommt es an. Und die Antwort ist nicht einfach, denn allmählich nähern wir uns dem, was in den letzten Jahren gerne als »toxische« Männlichkeit hochstilisiert wird, den Mechanismen der Netzwerke, die seltsamerweise immer wieder von narzisstischen Persönlichkeiten geleitet werden wollen, den Mechanismen der Identifikation und des Respekts und der Rolle der »netten« Männer.

Der Denkfehler mit den netten Männern

Wieso sollen uns nette Männer interessieren? Schurken sind doch zurzeit viel interessanter! Im Zeitalter von Netflix glaubt man, sie nur noch im »House of Cards« oder bei »Breaking Bad« zu finden. Eigentlich könnten Sie sich das Geld sparen und einfach Shakespeare lesen. Da finden Sie fast alle dominanten Männertypen. Zum Beispiel Richard III., der es mit ungeniertem Lügen, Intrigieren und Morden vom Herzog von Gloster zum König von England brachte. Ein Monster ohne Wenn und Aber, »The Crown« wirkt dagegen eher blass.

Der Literaturwissenschaftler Stephen Greenblatt hat analysiert, wer Richards Weg an die Macht ermöglicht: Er nennt sie »the enablers«. Es sind vor allem »nette« Männer, ja, solche wie Sie, die immer gerne als Gegenbeispiele für die These von der toxischen Männlichkeit herangezogen werden. Doch wer auf ihre Nettigkeit baut, macht ein paar entscheidende Denkfehler:[23]

Nette Männer sträuben sich zu akzeptieren, dass Richard, das paradigmatische Scheusal, tatsächlich so schlecht ist, wie es den Anschein hat! Für nette Männer, und ich nehme mich da gar nicht aus, scheint die Wahrnehmung enorm schwierig zu sein, dass Männer tatsächlich so furchtbar sein können, wie es alle Tage in der Zeitung steht. Nette Männer entschuldigen die Monster: Nein, es sind doch nicht alle so, meine Kumpels können nicht wirklich schlecht sein, die Frauen haben doch auch miese Seiten! Uns Netten wohnt offenbar ein unwiderstehlicher Drang inne, als normal ansehen zu wollen, was keineswegs normal ist. Bei Männern.

Ähnlich irreführend ist die Annahme, es würden schon »immer genug Erwachsene im Raum sein«, dass sich die Bösen nicht durchsetzen könnten. Dieses irrationale Konstrukt hält allen historischen Widerlegungen stand: Sie erinnern sich? Von Papen werde Hitler zähmen? Das Vertrauen auf die schadensbegrenzende Wirkung der »Erwachsenen« suggeriert, dass das Böse kindlich sei und dass Erwachsene dem Einhalt gebieten könnten. Die Anthropologie sagt ja eher das Umgekehrte. Erwachsene! Erwachsene Männer stellen überhaupt keine sichere, vernünftige Burg gegen Böses, Irrationales dar. Wie irre kann man eigentlich sein, so etwas immer noch zu glauben? Greenblatt beurteilt dieses Denkmuster denn auch als »unglaublich fragil«[24].

Und in der Tat: Wer das sich ständig wiederholende Einbrechen des Irrationalen in die angebliche Normalität von Völkern und Individuen vergegenwärtigt, wird um das Zugeständnis nicht herumkommen, dass die Annahme, es werde schon alles gut werden, schlicht und ergreifend Quatsch ist. Sechs Millionen Juden, die unzähligen Kriegstoten, die verhungernden Kindern im Jemen. Brauchen Sie noch mehr?

Also: Nett sein wird es nicht richten.

Es reicht nicht, dass Sie und ich nett und keine Monster sind. Schon besser wäre aufzustehen, jedes Mal, wenn wir etwas Monströses wahrnehmen, in den Familien, in den Sakristeien, im Mittelmeer, wenn uns dämmert, dass Frauen beim Joggen Angst vor Vergewaltigung haben müssen und so weiter. Aufstehen und sagen, dass es so nicht geht! Nein, sich wegducken und beim Mittagessen unter Männern rumzumosern, wenn einem feministische Anwürfe doch unter die Haut gehen, ist überhaupt keine konstruktive Lösung, sondern einfach nur feige!

Hinschauen wäre gut, sich den Gefühlen stellen, die durch die Verbrechen unserer Geschlechtsgenossen in uns geweckt werden, auch mutig auf den Tisch steigen, wie die Schüler in dem uralten Kultfilm für Männer *Club der toten Dichter*[25], woran übrigens die Moderatorin Caren Miosga ungeachtet »normalen« TV-Verhaltens im Andenken an den Widerstandsgeist (und den Schauspieler Robin Williams) erinnerte und auf den Tisch stieg.

Unseren Widerstand zeigen heißt also die Aufgabe für uns nette Männer. Nicht den Frauen ihren Widerstand abnehmen, sondern unseren eigenen entwickeln. Denn es geht um uns, wenn die Welt bewohnbarer werden soll.

»Soll Rettung kommen, so kommt sie nur so«

Nach meinem langen Weg durch diese von uns Männern gezeichnete Welt, nach meinen Einblicken in die Männerseelen, als Psychiater und als Mann, erwarten Sie zu Recht eine klare Antwort: Wie sollen wir, Sie und ich, weitermachen, jetzt? Denn gut gehen wir nicht miteinander um. Die Verhältnisse der Menschen untereinander, vor allem die Verhältnisse von uns Männern mit den anderen, sind, wie ich in diesem Buch zeige, verfahren. Die anderen überhaupt so wahrzunehmen, wie sie sind, fällt uns schwer, und wir werden wahrscheinlich auch nicht so wahrgenommen, wie wir sind. Wie auch? Wir zeigen uns ja nicht.

Eigentlich könnte es ziemlich einfach sein: Sich hinsetzen, sich gegenseitig anschauen und vorsichtig anfangen, miteinander zu reden. Was treibt mich um, was die anderen? Zuhören! Fragen. Immer wieder: die, den anderen anschauen. Auch wenn unsere Meinungen ziemlich unterschiedlich sind. Zulassen, dass ich ihn, sie, es verstehe und vielleicht auch umgekehrt. Eine Beziehung entstehen lassen. Oh, Sie haben Angst? Brauchen Sie nicht zu haben: Beziehung heißt nicht, dass Sie den anderen heiraten müssen. Sie müssen ihn nicht lieben, müssen noch nicht einmal gut finden, was er, sie, es denkt oder sagt. Es reicht, wenn Sie sich darauf einlassen, zu dieser anderen Person Kontakt aufnehmen, denn dieser Kontakt wird es Ihnen ermöglichen, langsam und allmählich zu verstehen, was diese andere und diesen anderen antreibt, was ihm oder ihr Sorgen macht. Kontakt ist die Rettung!

Als mir das klar wurde, fiel mir spontan dieser Satz aus Fontanes Gedicht über »John Maynard« ein: »Soll Rettung kommen, so kommt sie nur so.«[1] Nur wenn wir uns auf den Kontakt zu den anderen Menschen einlassen, haben wir eine Chance, aus diesem Wust aus Macht, Gewalt, Missbrauch herauszufinden. Kontakt ermöglicht Verstehen. Und Verstehen kann uns retten.

Überlebensfähigkeiten: Verstehen und Vertrauen

Wer zu verstehen versucht, kommt im Umgang mit der Welt ein ganzes Stück weiter. Der »Menschenversteher« Michael Kimmel hat versucht, gewalttätige junge Männer zu verstehen.[2] Und er bringt Beispiele, wie selbst diese Männer im Moment der Krise plötzlich ihre Opfer verstehen, obwohl niemand Probleme hätte, sie als Schläger oder Terroristen einzuordnen. Nur dass mit dieser Einordnung nichts gewonnen ist. Mit dem Verständnis hingegen schon einiges.

Momente des Verstehens, die selbst Außenstehende berühren, die manchmal sogar einen Zauber entwickeln, gab und gibt es zwischen französischen und deutschen Soldaten am Ersten Weltkriegsweihnachten 1917, zwischen einem SS-Offizier und einer Jüdin, zwischen einem deutschen Polizisten und Geflüchteten, wenn sie sich erlaubten, miteinander in Kontakt zu kommen. Kontakt baut Brücken, wo sie kaum für möglich gehalten werden. Wenn ich mit dem anderen in Kontakt komme, entferne ich mich von dem spontanen Impuls, gewalttätig zu handeln, Macht zu demonstrieren, die anderen platt- oder zunichtezumachen. Gewalt wird unwahrscheinlicher.

Mein Verständnis der anderen Person ermöglicht mir, Informationen über sie einzuordnen. Ich lasse ein Netzwerk aus Informationen, Einschätzungen und Plausibilitäten entstehen, die mir die Welt, unsere und die der anderen, besser zugänglich, einschätzbar, vertrauter macht. Vertrauen wäre also das Nächste. Kontakt, Vertrauen. Nicht im Alles-oder-nichts-Verfahren, sondern Schritt für Schritt, vorwärts, rückwärts, vorsichtig. Vertrauen muss überprüfbar sein, und in diesem Vorgang stecken beide, die Information und meine Neigung, bestimmte Informationen zu akzeptieren, andere zurückzuweisen. Die Entscheidung für das eine oder andere fällt aufgrund meines emotional-intelligenten Netzwerks über die andere Person, das in meinem Gehirn aufgrund meiner im bisherigen Leben gemachten Erfahrungen entstanden ist.

Verständnis oder Vertrauen, so begrenzt beide immer sein mögen, bekomme ich nur über den Kontakt. Die Stimme spielt eine Rolle, die Mimik, »wie« die anderen sind. Welche Züge mir fremd oder vertraut sind. Der Vorteil des Kontaktmodus ist, dass ich nicht schnell reagieren muss – fremd ist gleich Feind oder so ähnlich. Vielleicht läuft es ja darauf hinaus, aber ich habe Zeit für mein Urteil.

Was ist der Gradmesser für Verstehen und erst recht für Vertrauen? Ob ich die Interaktion zwischen mir und dieser anderen Person mit den Strukturen zur Deckung bringen kann, die ich aus meiner Kindheit kenne: Interaktion zwischen Mutter und Kind, Bindungsstrukturen, kommunikative Kooperation, meine ganz individuelle *Theory of Mind*. Auch deswegen ist eine gute Kindheit so wichtig: Sie schafft eine sichere Grundlage für die Entscheidung, ob und wie wir später zu anderen Menschen in Kontakt treten. All dies gehört in den Bereich der *skills*, die das Leben besser machen. In den kommenden Jahrzehnten werden sie zu Überlebens*skills* werden.

Kontakt ist die einzige Hilfe in dem Dilemma, das wir uns mit den Wundern der digitalen Technologie selbst geschaffen haben: Über die heute verfügbaren Informationsmedien werden wir mit

Unmengen von Informationen konfrontiert, ohne dass wir sie im zwischenmenschlichen Kontakt überprüfen könnten. Wir bekommen maximale Informationen über alles und vor allem über andere, ohne dass wir diese Wesen, die mutmaßlich Menschen sind, treffen, sehen könnten.

Das hat Folgen: Infolge der Fülle der Informationen glauben wir, alles über andere zu wissen, objektiv zu wissen, doch wir bekommen diese Informationen nicht nach unserem persönlichen Bewertungssystem geordnet. Das trägt zu unserer weiteren Verunsicherung bei. Für mein seelisches Gleichgewicht ist »meine« individuelle Wahrheitsfindung wichtig, die aus allen mir verfügbaren Informationen ein für mich stimmiges Ganzes bildet. Das macht mich zufrieden, nicht irgendeine abstrakte Objektivität. Doch ohne den direkten Kontakt bleibt dieses Bild ohne Bezug zur Wirklichkeit. Was wahr ist, entzieht sich unserer Beurteilung. Nur wer seine privaten Vorstellungen wahnhaft auf die Wirklichkeit projiziert, ist vermeintlich sicher.

Männerwelten: Intelligenz ohne Emotionen

Vertrauen ist immer eine Entscheidung. Allgemeinen gesellschaftlichen Konventionen kann man folgen, aber das ist *tricky:* Die berühmte Frage, ob der Kaffee in der Kaffeemaschine im Büro vergiftet ist – die Grundannahme des nicht vergifteten Kaffees ist keineswegs selbstverständlich! –, lässt sich rational nicht lösen; der experimentelle Zugang birgt Gesundheitsrisiken, und die Alternative, auf Kaffee zu verzichten, führt zum Verlust der Arbeitsfähigkeit. Wir müssen dem Kaffeemacher bzw. meistens der Kaffeemacherin vertrauen oder auf Kaffee verzichten.

Vertrauen wird heute gerne als zwischenmenschliche Tugend gehandelt, die mit dem realen Leben, das die harten Männer führen müssen, wenig zu tun hat. Wie schräg diese Vorstellung ist, sehen wir tagtäglich im Bereich der Geldwirtschaft: Vom Finanz-skandal 2008 über Panama- und Paradise-Papers bis zu Wirecard kann jeder, der es lesen will, erkennen, dass Vertrauen die wesentliche Grundlage für eine intakte Ökonomie ist.[3] Umgekehrt ist der gegenwärtig unübersehbare Schwund dieses Vertrauens ein schlagender Beweis für die Schwächen eines Männersystems, das glaubt, Intelligenz ohne Emotion realisieren zu können.

Dazu gibt es eine faszinierende Geschichte, die der geniale Frank Schirrmacher in seinem letzten Buch *Ego* 2013 erzählt hat.[4] Ein Exkurs: Wie es mit dem Geld geht, wenn Männer den Kontakt zur realen Welt verlieren.

Die Börsen funktionieren heute weitgehend auf der Grundlage von Algorithmen. So richtig neu ist das nicht, Schirrmacher hat ausgiebig darauf hingewiesen, »dass Ökonomen die menschliche Seele tiefgreifender verändert haben als jede Psychologie. [Sie haben] die Programme für die drei großen Maschinen geschrieben, die die Welt bis heute bestimmen: das Militär, der Markt und der Computer. Sie hatten dort angesetzt, wo Menschen am verführbarsten sind: bei der Chance, Profite zu machen, Profite im großen Spiel des Kalten Krieges, Profite im Leben«[5].

Der Dreh- und Angelpunkt dieser Geschichte ist ein einzelner Mann: John Nash war ein begnadeter Mathematiker, der 1950 das »Nash-Equilibrium« als einen wesentlichen, vielleicht den wesentlichsten Beitrag zur Spieltheorie formulierte. Zwischen 1958 und 1990 erkrankte er schwer an Schizophrenie. Ab etwa 1991 überwand er diese Krankheit und begann, wieder am akademischen Leben teilzunehmen. 1994 bekam er für seine Beiträge zur Spieltheorie, mit denen er sich seit 40 Jahren nicht mehr beschäftig hatte, den Nobelpreis für Wirtschaftswissenschaften.

All dies ist in seinen Einzelheiten, aber auch als Lebensgeschichte alles andere als selbstverständlich. John Nash war ein herausragender Mathematiker, wie es wahrscheinlich nicht viele gibt. Er verfügte über die Gabe, mathematische Probleme und ihre Lösung »sehen« zu können, und war ein absolut origineller Denker, der an den Lösungen auch schwierigster Themen beharrlich und eigenständig gegen erhebliche Widerstände arbeitete.

Seine menschliche Seite war ungewöhnlich und wurde von vielen als ausgesprochen defizitär beschrieben. Er galt in seinem Verhalten als kindisch, hatte keine Freunde, in seiner sexuellen Orientierung schwankte er zwischen Frauen und Männern. Er hatte zwei Söhne mit Frauen, die er schlecht behandelte; der ersten verweigerte er die Unterhaltszahlungen für sein Kind. Er war in seinem Denken völlig auf sich bezogen. Seine Besserung von der schweren chronischen Geisteskrankheit ist nach Meinung vieler hauptsächlich auf die vorurteilsfreie Zuwendung seiner Frau zurückzuführen, von der er sich getrennt hatte. Der schwere Krankheitsverlauf seiner schizophrenen Psychose war nicht zuletzt wegen seines eigenen Verhaltens mit einer starken sozialen Stigmatisierung verbunden, die anhielt, als er wieder weitgehend normal war, und ihn fast den Nobelpreis gekostet hätte.[6]

Warum ist dieser seltsame Mann bis heute so wichtig? Weil seine mit dem Nobelpreis gewürdigte Entdeckung von zentraler Bedeutung für die Theorie von Kriegen und Börsenprozessen ist, was den meisten davon Betroffenen überhaupt nicht klar sein dürfte. Nach Ende des Zweiten Weltkriegs war es zu einer Entfremdung der beiden Großmächte USA und UdSSR gekommen, die zum Kalten Krieg führte. Da die UdSSR schnell den atomaren Rückstand aufholte, standen sich zwei hochgerüstete Weltmächte feindlich gegenüber, die von dem Gedanken geleitet wurden, das weltpolitische Gegenüber könne jederzeit einen Atomschlag auslösen. Der würde zur Vernichtung dessen führen, der diese Aktivität nicht voraussehen und sich nicht präventiv verteidigen könne. Jede der beiden Großmächte stand vor dem Dilemma, dass die Kooperation mit dem Gegner zukunftsträchtiger und wegen der unter diesen Umständen überflüssigen Hochrüstung auch kostengünstiger wäre, könnte man nur sicher sein, dass der andere keinen Erstschlag im Sinn habe. Nashs »Equilibrium« beschreibt die jeweiligen Verhaltensoptionen in dieser Situation ebenso zutreffend wie elegant. Obwohl der Kalte Krieg schon lange und erfreulicherweise ohne Katastrophe vorbeigegangen ist, spielt Nashs Theorie heute eine fast noch größere Rolle, und zwar auf dem Finanzsektor. Der längst nicht mehr durch Menschen, sondern durch Supercomputer durchgeführte Handel an der Börse beruht im Grunde auf den gleichen Prinzipien wie der Kalte Krieg und arbeitet nach dem Theorem von Nash.

Weltformel des Egoismus als Inbegriff herrschender Männlichkeit

Bis auf den 2014 sehr jung verstorbenen Frank Schirrmacher scheint niemand zu reflektieren, wie problematisch diese Theorie in ihren Auswirkungen ist. In gewisser Weise stellt sie den Inbegriff problematischer Männlichkeit dar. Ihr Schöpfer, Nash selbst, war im normalen Leben weitgehend unfähig zum Austausch, zur Kommunikation oder zur Empathie. Seine Theorie entspricht genau dieser Weltsicht: Die »Spieltheorie behauptete, dass es unvernünftiges Verhalten sei, über seinen Schatten zu springen, also das zu tun, was für beide Seiten das Beste sei, und darauf zu vertrauen, dass der Gegner dasselbe tut. In diesem Sinn war die Spieltheorie die perfekte intellektuelle Grundlage für den Kalten Krieg. John Nash […] bewies mit anscheinend unumstößlicher Logik, dass das Spiel des Lebens nur dann rational gespielt werden konnte, wenn jeder Spieler vom absoluten Eigennutz und einem abgrundtiefen Misstrauen gegenüber der anderen Seite getrieben war […] Es war eine Einfühlung ganz besonderer Art: Man musste sich in den Egoismus des anderen hineinversetzen, um seinen eigenen Egoismus besser ausspielen zu können. In der nüchternen Sprache der Theorie: den jeweils besten strategischen Spielzug unter Berücksichtigung des besten Spielzugs des anderen vollführen und damit eine Art Gleichgewicht herstellen. Das war das mittlerweile berühmte Nash-Equilibrium, und es ist nichts anderes als die mathematische Weltformel für konsequenten und erfolgreichen Egoismus«[7].

Was die heutigen Anwender im Algorithmus-gesteuerten Börsenhandel ebenso wenig kümmert wie die Theoretiker des Kalten Krieges, ist die genuine Männlichkeit der Theorie, die wegen ihrer grandiosen Einseitigkeit weltfremd wird.

Getestet wurde die Theorie im Think-Tank der RAND-Korporation von den Wissenschaftlern, »indem sie alle möglichen Szenarien kreierten, in denen Sekretärinnen des Unternehmens kooperieren oder einander betrügen konnten. In jedem einzelnen Experiment wählten die Sekretärinnen allerdings nicht den egoistischen Weg, den die RAND-Forscher erwartet hatten, sondern die Kooperation [...] Nash schob die Schuld für die ›misslungenen‹ Experimente auf die Sekretärinnen. Sie seien schwache Subjekte, unfähig, der einfachen Grundregel zu folgen, dass ihre Strategien egoistisch zu sein hätten«[8].

Wenn Sie über diese Sätze nachdenken, fällt Ihnen wahrscheinlich nicht nur die radikal antifeministische Grundhaltung auf. Sie kommen vielleicht auch ins Grübeln, was es bedeutet, dass die innere Struktur von Börsen und Investmenthandel auf die Theorie eines Mannes zurückgeht, der im normalen Leben ein Sonderling mit autistischen Zügen war und über 30 Jahre seines Lebens an einer schweren Schizophrenie gelitten hat. Dass er sich davon wieder frei machen konnte, ist für Menschen, die psychische Krankheiten kennen, sicher ein tröstliches Narrativ. Weniger tröstlich scheint mir, dass unsere Finanzwelt der unverändert egoistischen Theorie dieses Mannes anhängt, der eben dafür von Menschen, die ausschließlich der Ökonomie verpflichtet waren, mit dem Nobelpreis ausgezeichnet wurde.

Und der wohl nie erfahren hat, was guter zwischenmenschlicher Kontakt sein kann.

Was machen wir aus dieser Geschichte?

John Nash war genial, mit Sicherheit intelligenter als Sie und ich, aber er hat schwer an den Problemen seiner Seele gelitten. Das »Nash-Equilibrium« ist ein perfektes Beispiel dafür, wohin wir kommen, wenn wir allein der Intelligenz und den durch sie vorgegebenen eigenen Interessen folgen. Es ist die diametral entgegengesetzte Position zu Michael Tomasellos »kommunikativer Kooperation«. In Nashs Welt sind die anderen nur als potenzielle Gegner denkbar, denen ich in meinem Interesse schaden muss, wenn sie mir nicht schaden sollen.

Auch wenn das heute kaum jemandem klar sein dürfte, prägt diese Sichtweise unser Leben grundlegend. Denken Sie an die Hilflosigkeit der Politik gegenüber den Mieten, die das Leben gerade in den lebenswerten Städten unmöglich machen, an unsere Herzlosigkeit gegenüber den Geflüchteten, die wir nur als Bedrohung und nicht als Chance ansehen, und unsere Beziehungsstrukturen, die sich nur an der eigenen Optimierung orientieren, was, wen wundert's, vor allem die Kinder abkriegen. Krank? Nash war krank, und es wird nicht nur über unser privates Leben entscheiden, ob wir uns ausgerechnet seine Schwäche, die Unfähigkeit zur emotionalen Kommunikation, zu eigen machen. Noch wichtiger als die desaströsen Folgen für unser Wohlergehen ist wahrscheinlich die Tatsache, dass dieses Kontaktdefizit dem grundlegenden evolutionären Prinzip der Kooperation entgegenhandelt. Denn Menschen sind wir nicht geworden, weil wir stärker als die anderen gewesen wären, sondern weil wir besser kooperieren können. Wahrscheinlich, wir waren nicht dabei.

Wenn wir die Zerstörung in der Welt und in unseren Seelen heilen wollen, müssen wir nicht auf seelenlose Intelligenz, sondern auf Kontakt und Vertrauen setzen.

Mensch – ein Plädoyer für Altmodisches

Wenn Sie sich so anschauen, mit welchen Begriffen ich in den vergangenen Kapiteln rumhantiert habe, was mich motiviert, manchmal auch angetrieben hat, so kommt Ihnen manches vielleicht etwas altmodisch vor: Scham, Anstand, Transparenz, Würde, Vertrauen und sogar Gerechtigkeit. Ist das nicht alles etwas überholt? In einer Zeit, in der wir Menschen den maximalen Gewinn an Geld wie an Lust favorisieren? Gewinnen scheint so wichtig geworden zu sein, auch mal scheitern zu können ist aus der Mode gekommen.

Sie haben schon recht, zeitgemäß wollte ich nicht sein – zumal nicht auszuschließen ist, dass sich die Zeiten gerade ändern.

Nassim Nicolas Taleb, Mathematiker, Hedgefondmanager, Händler, seinen »Schwarzen Schwan«[1] sollten Sie schon gelesen haben, veröffentlicht ziemlich unzeitgemäße Gedanken: »Ehre bedeutet, dass es bestimmte Handlungen gibt, die du niemals tun würdest, ungeachtet des materiellen Gewinns. Ehre meint, dass es Dinge gibt, die du bedingungslos tun würdest, ohne Rücksicht auf die Konsequenzen.«[2]

Er setzt damit noch einen drauf: Von Ehre habe ich nichts geschrieben, obwohl sie zugegebenermaßen manchmal mitschwang. Nicht als Feigling leben zum Beispiel, andere nicht für die eigenen Fehler zahlen lassen. Taleb begründet seine Haltung nicht aus der Risikomathematik, mit der er berühmt wurde, oder mit anderen ökonomischen Erkenntnissen, sondern er schreibt, dass man Dinge tun solle, um mit sich im Reinen zu sein. Weil man spürt, dass das, was man tut, Teil der eigenen Identität ist.

Wann haben Sie sich das letzte Mal erlaubt, etwas zu tun, um mit sich im Reinen zu sein? Weil Sie spürten, dass Ihre Identität davon abhängt? Taleb ist ein Mann, der mit Handel und Geldgeschäften seinen Unterhalt bestreitet. Anscheinend beherrscht er das Geld und das Geld nicht ihn. Damit steht er ziemlich, aber nicht ganz allein in der Landschaft.

Wir stehen möglicherweise an einer Gabelung und wie es mit uns, mit den anderen, mit den »Kleinen«, mit unserem Land, mit Europa und den allbekannten größeren Zusammenhängen weitergeht, hängt von uns ab: welche Haltung wir einnehmen, ob wir Herausforderungen erkennen und annehmen und ob wir uns äußern, den Mund aufmachen, unserer Meinung Gehör verschaffen. Als Männer, egal, wie alt, und egal, wie viel schnelle Zustimmung wir bekommen. Wir müssen Stellung nehmen.

Sie können spöttisch die Mundwinkel hochziehen, sich still und zynisch vom Acker machen. Jaulen können Sie auch, wie der einst so verehrte Ulrich Greiner, dass alle weißen Männer, die älteren! – heute unter einem Generalverdacht stünden?[3] Wer es mag, der soll jaulen.

Sie hingegen hätten zum Schluss gerne was Positives? Da habe ich was gefunden – für Sie, für mich, vielleicht für uns alle:

»Das aus dem Jiddischen stammende Lehnwort ›Mensch‹ bezeichnet im amerikanischen Englisch eine Person von unbestechlicher Aufrichtigkeit und Ehre, ein Vorbild an Empathie, Integrität und Zivilcourage. *To be a mensch! That is the answer.*«[4]

Männer könnten menschlicher werden. Etwas pathetisch, zugegeben. Aber täte das Ihrer Männerseele nicht auch gut?

Dank

Ich danke allen Kindern, Frauen, Männern, die mich durch das Mitteilen ihrer Erfahrungen, durch Fragen, durch andere Meinungen und durch intensive Diskussionen in der Entstehung dieses Projekts unterstützt haben. Besonders danke ich meinen Kindern und meiner Partnerin. Für ihre Offenheit und ihr Interesse danke ich Oscar, Stanislaw, Emre, Rami, Simon, Feares und Levi aus der Männergruppe von Schotstek in Hamburg, und Peter und Johannes fürs Nachrechnen. Ohne das geniale Lektorat von Eva Rosenkranz und das Engagement meiner Agentin Dr. Hanna Leitgeb, die unbeirrt an das Thema geglaubt haben, gäbe es dieses Buch nicht. Nicht zuletzt danke ich Anna Egger und ihren Kolleginnen und Kollegen vom Verlag Herder, dass sie sich auf die Veröffentlichung eines so sperrigen Themas eingelassen haben.

Anmerkungen

Alle englischen Originalzitate wurden vom Autor übersetzt.

Warum ich ein Buch über Männer und ihre Seele schreibe

1   https://www.zeit.de/zeit-magazin/2021-03/sexismus-frauen-joggen-cat-calling-be-laestigung-angst-erfahrung

2   Christian Gesellmann: »Wir sollten uns schämen.« zeitmagazin.de 22.03.2021

3   Rebecca Solnit: Recollections of my non-Existence, London 2020

4   wikipedia

5   de.statista.com 2021

6   »Die meisten Mordopfer sind Männer.« dw.com vom 10.04.2014, abgerufen am 15.07.2021

7   Caitlin Moran im Interview mit Patrick Heidmann: »Ich war ein fettes Arbeiter-klasse-Mädchen.« SZ Nr. 270, Sa./So. 21./22. November 2020

8   de.statista.com 2021

9   Elisabeth von Thadden: »Was ist unsere Schuld?« *DIE ZEIT* Nr. 29. 09.07.2020, S. 49

10 Rebecca Solnit: Recollections of my non-existence. A. a. O., S. 50

11 kb/fwa: XY – gelöst: »Wie Nettie Stevens die Geschlechter entdeckte.« deutsch-landfunk.de 07.07.2016; abgerufen am 15.05.2021

12 Simone de Beauvoir: Le deuxième sexe. Paris 1949

13 Zum Beispiel: Nicola Meier/Julia Sellmann: »Sendungsbewusst.« Süddeutsche Zei-tung Magazin Nr. 19, 14.03.2021, S. 8. Oder: Gustav Theile: »Dax-Chefs umge-hen das Gendern.« Faz.net 18.05.2021. Oder: Jan Alexander Casper: »Latein für den Frieden.« zeit.de 17.06.2021

14 Inga Barthels: »Wer hat Angst vor Judith Butler?« tagesspiegel.de vom 01.02.2020, abgerufen am 26.01.2021

Männer dominieren unsere Zivilisation

1   Gerhard Amendt: »Der unfassbare Nachruf auf Gerold Becker.« welt.de vom 19.07.2010, abgerufen am 18.03.2020

2   Catherine Shoard: »‚Centuries of entitlement‘: Emma Thompson on why she quit Lasseter film«, 26.02.2019, theguardian.com

3   Alex Ross: Die Welt nach Wagner. New York 2020

4   »Über die Unschuld der Kunst« Aus der Serie: Martenstein ZEIT-Magazin Nr. 52/2017 13.12.2017

5   Ebd.

6   Bernhard Neuhoff: »Ich bekenne mich natürlich dazu.« br-klassik.de 08.11.2019, abgerufen am 02.04.2020

7   Christoph Gunkel: »Exodus der Massenmörder.« spiegel.de 09.08.2017, abgerufen am 24.04.2021

8   Martenstein, a. a. O.

9   Oliver Hollenstein/Christian Salewski/Oliver Schröm: »Das Millionengeschenk.« DIE ZEIT Nr. 8/2020, 13.02.2020, abgerufen am 16.02.2020

Die dunkle Seite der Männer – sexualisierte Gewalt an Kindern

1   Volkmar Sigusch: Sexualitäten. Frankfurt a. M., 2013.

2   Fiona Weber-Steinhaus interviewt die Rechtsmedizinerin Dragana Seifert: ZEIT-MAGAZIN 01.04.2021

3   Harald Dressing/Dieter Dölling/Dieter Hermann: »Sexueller Missbrauch von Kindern.« PSYCHup2date 12, 79–94, 2018

4   Eve Ensler: The Apology, New York 2019, S. 33–37

5   Johanna Adorjan: »Im Namen des Vaters ...«, Die Seite Drei, SZ Nr. 230, Samstag/Sonntag 05./06.10.2019

6   Die ebenso detaillierte wie prägnante Darstellung verdanke ich Prof. Martin Bohus' Vortrag auf dem DGPPN-Kongress 2019

7   Die Opfer aus kindlichem Missbrauch sind mehr als doppelt so häufig Mädchen, aber auch Jungen werden missbraucht.

8   »Die Situation verschärft sich.« tagesschau.de am 23.03.2020, abgerufen am 25.07.2021.

9   Antje Joel: »Eingeschlossen mit dem Peiniger.« DIE ZEIT Nr. 15, 02.04.2020, S. 11.

10   Die Konvention des Europarats zur Verhütung und Bekämpfung von Gewalt gegen Frauen und häuslicher Gewalt trat 2014 als völkerrechtlicher Vertrag in Kraft. unwomen.de

11   Susanne Kaiser: Politische Männlichkeit. Berlin 2020, S. 179

12   Der Vorstand der Deutschen Lufthansa Aktiengesellschaft besteht aus 4 Männern und einer Frau, Letztere für Ressort Customer, IT & Corporate Responsibility zuständig, der Aufsichtsrat aus 14 Männern und 6 Frauen.

13   Gudrun Trautmann: Trügerische Ruhe bei den Frauenhäusern. Im Corona-Lockdown waren viele Frauen in häuslicher Gewalt gefangen. suedkurier.de, Kreis Konstanz, 21. September 2020

14 Warum will ich von den Zahlen der Menschen, die angeben, missbraucht worden zu sein, auf die Zahlen der Täter schließen? Weil sie das Problem sind. Die Betroffenen leiden zwar, sind krank, verursachen enorme Kosten nicht nur im Gesundheitssystem, aber es gäbe sie gar nicht, wenn nicht die Täter wären. Der Versuch, das zu ändern, zum Beispiel Prävention zu betreiben, muss an ihnen, den Tätern, ansetzen und nicht an den Betroffenen. Doch es ist nicht so einfach, von Zahlen der Betroffenen zu Täterzahlen zu kommen. Vergegenwärtigt man sich die Schwierigkeiten, so lernt man einiges über Missbrauch, was man eigentlich nicht wissen wollte. Folgende Erschwernisse gibt es:

1. Das Zahlenverhältnis zwischen Tätern und Betroffenen steht nicht fest: Ein Kind kann im Verlauf seiner Kindheit, die über zehn Jahre dauert, von einem Täter, zum Beispiel dem Vater, missbraucht werden, aber auch von mehreren, Onkel, Großväter, ältere Brüder.

2. Während auf Seite der Betroffenen die Kindheit der kritische Zeitraum ist, in dem sie ihr Trauma erleiden, können Täter ihre Neigung über Jahrzehnte in die Tat umsetzen. Was dazu führt, dass sie sich an mehreren Betroffenen, Geschwistern oder auch gar nicht zur Familie gehörenden Kindern ausleben. Allerdings scheint die gegen kontrollierende Einblicke von außen optimal geschützte Familie wohl der bevorzugte Ort für Missbrauch zu sein.

3. Die Angaben der unterschiedlich alten Betroffenen umfassen einen weiten, schwer zu definierenden Zeitraum von mehreren Jahrzehnten. Denkbar ist, dass sich über solche langen Zeiträume die gesellschaftlichen Einstellungen zur Sexualität verändert haben, was wiederum Auswirkungen auf das Missbrauchsverhalten haben könnte. So etwas vermutete Benedikt XVI., der die gesellschaftlichen Veränderungen seit den 1960er-Jahren als eine Ursache auch des klerikalen Missbrauchs sah. Wahrscheinlich irrt er, was den klerikalen Missbrauch angeht, weil die entsprechende Studie Akten seit den 1940er-Jahren erfasste, aber generell lässt sich so etwas nicht ausschließen. Kinderpornografie gibt es wahrscheinlich schon sehr lange, ihre enorme Verbreitung im »Netz« kann es natürlich erst geben, seit es ein Internet, also 1969, bzw. seine kommerzielle Nutzung in den 1990er-Jahren gibt.

4. Frauen kommen als Täterinnen ebenfalls infrage, obwohl dieses Thema im weiten Feld eines Tabuthemas offenbar noch mehr tabuisiert zu sein scheint – nach der Einschätzung des Unabhängigen Beauftragten für Fragen des sexuellen Kindesmissbrauchs in 10 bis 20 Prozent (beauftragter-missbrauch.de), nach einer 2014 veröffentlichten EU-Studie war in 97 Prozent der Fälle von sexueller Gewalt in der Kindheit der Täter männlich (Gewalt gegen Frauen – eine EU-weite Erhebung. (FRA.Europa.EU, abgerufen am 5. Juli 2021). Angesichts einer derartigen Schwankungsbreite erlaube ich mir, die Möglichkeit weiblicher Täterinnen zwar im Blick zu behalten, aber sie für eine zahlenmäßige Einschätzung nicht zu berücksichtigen – zumal es mir ohnehin um die Rolle der Männer geht.

All das führt dazu, dass jede Schätzung ungenau sein wird. Welche Voraussetzungen habe ich gemacht?

• Ich gehe von der Annahme aus, dass das Verhältnis zwischen Tätern und Betroffenen 1:1 ist. Das kann eine Überschätzung sein, wenn ein Täter mehrere Kinder missbraucht hatte, oder eine Unterschätzung, wenn ein Kind von mehreren Tätern missbraucht wurde. Beides kommt vor, aber es ist unklar, in welchem Ausmaß.

- Männer unter 20 und über 80 habe ich als Täter ausgeschlossen; das ist mit Sicherheit eine Unterschätzung, begegnet aber dem Einwand, dass Missbrauch ein »maßlos übertriebenes« Phänomen sei.

- Ich sehe die Angaben der Betroffenen als reliabel an; eine Diskussion darüber ist berechtigt, weil gerade früher Missbrauch oft »vergessen«, also wegen einer Amnesie nicht erwähnt wird. Diese Amnesie nimmt zwar mit zunehmendem Alter oft ab, aber das Argument bleibt. Die durch dieses Phänomen bedingte Ungenauigkeit der Zahlen kann aber nur i. S. einer Unterschätzung interpretiert werden, die Zahlen müssten also noch viel höher sein.

15 Marije Stoltenborgh/Marinus von Ijzendoorn/Eveline M. Euser/Marian J. Bakermans-Kranenburg: »A global perspektive on child sexual abuse. Meta-Analysis of Prevalence around the World.« Child Maltreatment 16 (2), 79–101 (2011)

16 Ebd.

17 de.statista.com: Bevölkerung – Einwohnerzahl in Deutschland von 1990–2019

18 de.statista.com: Bevölkerung – Zahl der männlichen Einwohner in Deutschland nach Altersgruppen am 31. Dezember 2019

19 Harald Dreßing/Dieter Dölling/Dieter Hermann/Andreas Kruse/Eric Schmitt/ Britta Bannenberg/Andreas Hoell/Elke Voss/Hans-Joachim Salize: »Sexueller Missbrauch durch katholische Kleriker.«, Dtsch. Ärztebl. Int. 2019, 116: 389–96

20 903 974 Männer, davon 678 685 in dem Alter, dass sie potenziell Missbrauchstaten begehen könnten; ergeben 19,1 Prozent

21 Ich fasse im Folgenden die Berichte aus den nachfolgend aufgeführten Pressemitteilungen zusammen:

22 Britta von der Heide/Arne Hell: »Konkrete Spur schon vor 17 Jahren.« tagesschau. de 26.06.2019

23 Kerstin Lottritz: »Wie konnte das passieren?« SZ-online 05.09.2019, abgerufen am 12.03.2020

24 Daten aus tagesschau.de 09.03.2019

25 Ebd.

26 Denis Huber: »Missbrauch auf Campingplatz Lügde: Hauptverdächtiger schon vor 20 Jahren aktenkundig.« web.de aktualisiert am 26.06.2019

27 justiz.nrw.de: Anfangsverdacht, abgerufen am 25.04.2021

28 Tina Friedrich/Torsten Mandalka/Marcus Weller: »Sexualdelikte – Taten mit geringem Risiko.« tagesschau.de vom 29.10.2020, abgerufen am 03.07.2021

29 Thula Koops/Daniel Turner/Janina Neutze/Peer Briken: »Child sex tourism – prevalence of and risk factors for its use in a German community sample.« BMC Public Health (2017) 17:344

30 Josef Haslinger: Mein Fall. Frankfurt am Main 2020

31 Matthias Drobinski/Thomas Urban: Johannes Paul II. Der Papst, der aus dem Osten kam. München 2020

32 Papst Franziskus zum Auftakt des Gipfels über die Missbrauchsskandale im Vatikan, SZ Nr. 45, Freitag, 22.02.2019, S. 1

33 Harald Dreßing et al., a. a. O., S. 389–396

34 Benedikt XVII: »Klima der 68er mitverantwortlich für Missbrauchsskandal.« katholisch.de 11.04.2019, abgerufen 06.01.2021

35 Dreßing et al. a. a. O., S. 270

36 Harald Dreßing im Gespräch mit Christiane Florin: »Forensiker Dreßing: Ich nenne keine Namen.« deutschlandfunk.de 12.03.2020, gelesen am 21.11.2020

37 Ebd.

38 »Bis zu 50 000 Euro. Entschädigung für Opfer katholischer Kleriker.« n-tv.de vom Donnerstag, 24.09.2020

39 »Studie untersucht Missbrauch in der evangelischen Kirche.« ndr.de 04.12.2020, abgerufen am 06.01.2021

40 Kommentar von Tilman Kleinjung: »Zurück auf Null – Missbrauch und evangelische Kirche.« br.de 13.05.2021

41 »Betroffenenpartizipation in der EKD wird neu aufgestellt.« ekd.de 10.05.2021, abgerufen 24.07.2021

42 J. Fegert: Institutionelle Interventionen bei Verdachtsfällen und therapeutische Interventionen bei Betroffenen. In: K. Hilpert/St. Leimgruber/J. Sautermeister/G. Werner: Sexueller Missbrauch von Kindern und Jugendlichen im Raum von Kirche. Freiburg 2020. S. 330–339

43 Sebastian Hesse: »Missbrauchsskandal bei US-Pfadfindern. Mehr als 82 000 Klagen.« tagesschau.de am 17.11.2020, abgerufen am 17.11.2020

44 http://www.schwarzzeltvolk.de/sexueller-missbrauch-in-den-bunden/

45 Jana Stegemann: Missbrauch in SOS-Kinderdörfern. Süddeutsche Zeitung Nr. 104, Freitag 7. Mail 2021, S. 7

46 Ebd.

47 Jay Belsky/Avshalom Caspi/ Terrie E. Moffiti/Richie Poulton: The Origins of you. How childhood shapes later life. Cambridge 2020

48 Peter Fahrenholz: »Wir müssen einschreiten« – Steinmeier mahnt zum Kampf gegen Kindesmissbrauch. In: SZ 1. Juli 2021, S. 5

49 Christian Wolf: »Hinweise auf 30.000 Tatverdächtige.« tagesschau.de 29.06.2020

50 archiv.cdu.de: »Mehr Respekt vor Familien.« #deutschland 2030

51 Fiona Weber-Steinhaus interviewt die Rechtsmedizinerin Dragana Seifert: »Die Hölle, das sind Mama und Papa.« ZEIT-MAGAZIN 01.04.2021

52 Annette Ramelsberger: »Nirgends ein Schuldiger.« sueddeutsche.de 11.03.2020, abgerufen am 12.03.2020

Zwischenbilanz: Hinsehen und einschreiten statt wegsehen und totschweigen

1 Peter Fahrenholz: »Wir müssen einschreiten«. In: SZ 01.07.2021, S. 5

2 Ebd.

3   Hannah Arendt: Eichmann in Jerusalem. Ein Bericht von der Banalität des Bösen. New York 1963

4   Nina Trentmann: »Häusliche Gewalt kostet 8 Billionen Dollar.« WELT online 15.09.2014

5   Michael Kimmel: Healing from Hate. Oakland 2018

6   Vier buddhistische Gelöbnisse. Zit. bei Shunryu Suzuki, Zen Mind, Beginner's Mind. New York 1970

Im Zwielicht – Lust auf Macht

1   de.wikipedia.org

2   Alex Ross: Die Welt nach Wagner. New York 2020. S. 374

3   Der Leiter dieser Einsatzgruppe war der bereits erwähnte Otto Ohlendorf, der in einem der Nürnberger Prozesse wegen der Ermordung von 90 000 Menschen zum Tod verurteilt und erhängt wurde. Seine Hinrichtung verzögerte sich, weil hohe, vor allem evangelische Geistliche dagegen intervenierten.

4   Alex Ross, a. a. O.

5   Dr. Elisabeth Nolde: Interview mit Prof. Dr. Harald Freyberger: »Jeder 12. Therapeut wird übergriffig.« Medical-Tribune.de 01.08.2016

6   MHG-Forschungsprojekt »Sexueller Missbrauch an Minderjährigen durch katholische Priester, Diakone und männliche Ordensangehörige im Bereich der Deutschen Bischofskonferenz.« Mannheim, Heidelberg, Giessen 24.09.2018

7   Clara Porak: »Nein.« SZ-Magazin Nr. 1, 08.01.2021, S. 17

8   Ebd.

9   Chimanda Ngozi Adiche: We should all be Feminists. London 2014

10   Christian Pfeiffer: Gegen die Gewalt. München 2019

11   Ebd.

12   Ebd.

13   Ebd.

14   Corinna Emundts: Gewalt in Beziehungen »Die Zahlen sind schockierend«. tagesschau.de 10.11.2020

15   Prof. Dr. Kristina Wolf: »67 deutsche Femizide. Wir wollen einen Sicherheitsgipfel.« Change.org. am 04.05.2021

16   Elisabeth Raether/Michael Schlegel: »Von ihren Männern getötet.« zeitonline, 04.12.2019 und DIE ZEIT Nr. 51/2019, 05.12.2019

17   Susanne Kaiser, a. a. O.

18   de.wikipedia.org

19   Einen Überblick über das Wirken von Valentin Faltlhauser als Direktor der Heil- und Pflegeanstalt Kaufbeuren bieten: Michael von Cranach, Hans-Ludwig Siemen (Hrsg.): Psychiatrie im Nationalsozialismus – Die Bayerischen Heil- und Pflegeanstalten zwischen 1933 und 1945, München 1999; Ernst T. Mader: Das erzwungene Sterben von Patienten der Heil- und Pflegeanstalt Kaufbeuren-Irsee zwischen

1940 und 1945 nach Dokumenten und Berichten von Augenzeugen, in Heimatkunde, Blöcktach 1982

20 Volkmar Sigusch: Sexualitäten. Frankfurt a. Main, 2013

21 Michael Tomasello: Warum wir kooperieren. Berlin 2017

22 Christian Pfeiffer, a. a. O.

23 Bell Hooks: The will to change. New York 2004

Die Internationale der Frauenverächter

1 Tomas Avenarius: »Rücktritt vom Fortschritt.« In: SZ 02.07.2021, S. 4

2 Die im Folgenden referierten Fakten stammen aus vertraulichen Berichten von Flüchtlingshelfern.

3 Ich verdanke diese Angaben einem Mitarbeiter des UNHCR, des Office for the United Nations High Commissioner for Refugees, der u. a. Flüchtlingslager zum Beispiel in Nordafrika betreut.

4 Carla Baum: »Täglich schrieb der Verlobte – ›Du gehörst jetzt mir‹.« welt.de am 13.11.2020, abgerufen am 06.07.2021

5 Ebd.

6 Anonyme Kriseneinrichtung für Mädchen und junge Frauen mit Migrationshintergrund: Sag Nein zu Zwangsheirat und familiärer Gewalt. papatya.org

7 Kerstin Rottman: »Egal, wo Du hingehst, wir werden Dich finden.« welt.de 29.11.2017, aufgerufen am 13.11.2020

8 Fausa Kufi im Interview mit Daniel-Dylan Böhmer: »Mein Vater war auch so ein Mann.« welt.de am 01.012018; aufgerufen am 13.11.2020

Männersache: Kriege, Völkermord, Kolonialismus

1 James Hawes, The shortest history of Germany. Devon 2017

2 Julius Caesar: De bello Gallico/Der gallische Krieg. (Reclam) 2010

3 James Hawes, a. a. O.

4 »Entvölkerung, Tote in den Wirren des Krieges.« br.de vom 18.01.2017, abgerufen am 11.01.2021

5 Ernst Jünger: In Stahlgewittern, Stuttgart 2014

6 Ian Kershaw: Höllensturz. München 2016

7 John C. G. Röhl: »Wie Deutschland 1914 den Krieg plante.« sueddeutsche.de vom 05.03.2014, abgerufen am 11.01.2021

8 Alexander Gallus: »Die Mär vom unbesiegten Heer.« zeit.de 18.11.2017, abgerufen am 11.01.2021

9 Wieland Giebel (Hg.): »Warum ich Nazi wurde«. Berlin 2018

10 Wikipedia

11 Interviewer: Stefan Willeke: »Wer lügt wird erschossen.« DIE ZEIT 14, 28.03.2018, S. 12

12 Jörg Baberowski: Verbrannte Erde. Frankfurt 2014, S. 124

13 »Mehr als 380 000 Tote im Syrienkonflikt seit 2011.« spiegel.de 05.01.2020, abgerufen am 11.02.2021

14 Die Zahlen stammen von der oppositionsnahen syrischen Beobachtungsstelle für Menschenrechte, deren Angaben sich in der Vergangenheit meist als zuverlässig erwiesen.

15 Seymour M. Hersh: »The Massacre at My Lai.« The Ney Yorker 15.01.1972. Newyorker.com, abgerufen am 12.01.2021

16 Jörg Baberowski, a. a. O.

17 Eric Vuillard: Kongo. Berlin 2018

18 Samuel Misteli/Fabian Urech: »Afrikanischer Märtyrer. Patrice Lumumba brachte 1960 die abtretenden Kolonialherren gegen sich auf. Er bezahlte mit dem Leben.« nzz.ch vom 17.01.2021, abgerufen am 19.01.2021

19 Samuel Misteli, Fabian Urech, a. a. O.

20 Joachim Käppner: »Verflogen wie ein Spuk.« sueddeutsche.de, 5. Juli 2015, abgerufen am 16.7.2021

21 Katja Iken: »Herr Steinmeier kann nur um Verzeihung bitten.« spiegel.de vom 21.05.2021, abgerufen am 06.07.2021

Seelenkunde 1: Das Kind im Mann – wie es entsteht

1 Nassim Nicolas Taleb: Skin in the game. New York 2018, S. 33

2 Ich beziehe mich im Folgenden auf unterschiedliche Modelle, die verschiedene Aspekte der Entwicklung menschlichen Verhaltens beschreiben. Jedes wurde in einem eigenen wissenschaftlichen Kontext entwickelt, aber nicht alle sind kompatibel; manche Modelle überschneiden sich, andere berühren sich kaum. Das liegt daran, dass es wissenschaftliche Modelle sind.

3 Bowlby J: A Secure Base: Clinical Applications of Attachment Theory. London 1988

4 Paul Auster: Talking to Strangers. New York 2019

5 Michael Tomasello: Die Ursprünge der menschlichen Kommunikation. Frankfurt am Main 2011

6 Michael Tomasello: Warum wir kooperieren. Berlin 2017

7 Giacomo Rizzolatti/Corrado Sinigaglia: Empathie und Spiegelneurone. Die biologische Basis des Mitgefühls. Frankfurt am Main 2008

8 Michael Kimmel, a. a. O. S. 167

9 Aufmerksamkeit ist nicht das, was uns in der Schule genervt hat, wenn wir den Vorstellungen des Lehrers von der angemessenen Aufmerksamkeit nicht entsprachen; die maximale Aufmerksamkeit ist die gesamte, konzentrierte Zuwendung, während der alle anderen Interessensobjekte abgemeldet sind.

10   Alexander Soutschek/Christopher J. Burke/Anjali Raja Beharelle/Robert Schreibe/
     Susanna Weber/Iliana I. Karipidis/Jolien ten Velden/Bernd Weber/Helene Haker/
     Tobias Kalenscher/Philippe N. Tobler: The dopaminergic reward system under-
     pins gender differences in social preferences. Nature human behaviour 1, 819–827,
     2017

11   Werner Bartens: »Frauen sind großzügiger.« sueddeutsche.de vom 10.10.2017, ab-
     gerufen am 20.01.2021

12   Ich beziehe mich hier im Wesentlichen auf die Forschungen von Michael Toma-
     sello, publiziert in: Warum wir kooperieren, Berlin 2010, und interpretiere die we-
     sentlichen Ergebnisse, ohne die Herkunft jeweils gesondert zu zitieren.

13   Ebd.

14   J. Piaget: The Moral Judgement of the Child. New York 1935/1965

15   Michael Tomasello: Warum wir kooperieren. Berlin 2017, S 43 ff.

16   https://youtu.be/8KkKuTCFvzl

17   Christian Pfeiffer, a. a. O.

18   Shunryo Suzuki: Beginners mind. New York 1990

19   »Die USA sperren Flüchtlingskinder in Käfige«. spiegel.de 19.06.2018, abgerufen
     am 24.07.2021.

20   Joachim Käppner: »Auch das noch.« Süddeutsche Zeitung Nr. 246, Sa./So. 24./25.
     Oktober 2020, S. 40

21   Moritz Baumstieger: »Verloren unter Verlorenen.« Süddeutsche Zeitung Nr. 282,
     Sa./So. 05./06. Dezember 2020, S. 2

22   Nicola Meier: »Über Bord.« Süddeutsche Zeitung Magazin Nr. 50. 11.12.2020,
     S.12

23   Hilmar Klute: »Macht's Euch ungemütlich.« Süddeutsche Zeitung Nr. 150, Sa/So
     03./04.07.2021, S. 15

24   Ebd.

Seelenkunde 2: Wie geht das Kind im Manne verloren?

1   Alle Zitate in diesem Zusammenhang in: Bell Hooks: The will to change. New
     York 2004, S. 7–17

2   Cornelia Funke im Interview mit Elisa von Grafenstein und Vivien Timmler: »Geld
     ist die stärkste Droge« Süddeutsche Zeitung, Nr. 65, Freitag, 19.03.2021, S. 15

3   Felix Stephan: »Cheerlader für Jobs, Familie und Patriotismus.« sueddeutsche.de
     18.03.2021

4   Jürgen von Rutenberg: »Männer, lasst Euch helfen!« ZEIT-MAGAZIN Nr. 36,
     25.08.2016, S. 21

5   Marina Soltau: persönliche Mitteilung, 13.03.2021

6   »Kokain wird größeres Problem.« tagesschau.de 08.09.2020, abgerufen am
     07.03.2021

7   de.statista

8   Eve Ensler: The Apology. New York 2019

9   Fritz Riemann: Grundformen der Angst. München 2013

10   James Suzman: Work. A history of how we spend our time. London 2020

11   Shunryo Suzuki: Zen mind, beginners mind. New York 2010

12   Jan Tißler: «Let us freeze young or let us live forever«. fluter.de 03.04.2018, abgerufen am 24.03.02021

13   Andrea Schwyzer interviewt Moritz Riesewieck und Hans Block: »Die Digitale Seele.« NDR Kultur à la carte, 28.09.2020

14   Susanne Kaiser: Politische Männlichkeit. Berlin 2020

15   Andrea Schwyzer, a. a. O.

The Ugly ist unser Bruder – Gewalt als jedermanns Option

1   Steven Pinker: Gewalt. Frankfurt am Main 2013

2   Christian Pfeiffer: Gegen die Gewalt. München 2019, S. 22 ff.

3   Jörg Baberowski: Räume der Gewalt. Frankfurt 2018

4   Christian Pfeiffer, a. a. O.

5   Jörg Baberowski, a. a. O.

6   Jörg Baberowski, a. a. O., S. 27

7   Jörg Baberowsk. a. a. O., S. 133

8   Jörg Baberowski, a. a. O., S. 163

9   Hannah Arendt: Eichmann in Jerusalem. Ein Bericht von der Banalität des Bösen. New York 1963

10   Sven Felix Kellerhoff: »Hatten SS-Mitglieder damals wirklich ›keine Wahl‹?« welt. de vom 15.07.2015, abgerufen am 27.01.2021

11   Fiona Weber-Steinhaus interviewt die Rechtsmedizinerin Dragana Seifert: »Die Hölle, das sind Mama und Papa.« ZEIT-MAGAZIN 01.04.2021

12   Harald Dreßing/Dieter Dölling/Dieter Hermann/Andreas Kruse/Eric Schmitt/ Britta Bannenberg/Andreas Hoell/Elke Voss/Hans-Joachim Salize: »Sexueller Missbrauch durch katholische Kleriker.« Dtsch. Ärztebl. Int. 2019, 116: 389–96.

13   Jana Stegemann: »Missbrauch in SOS-Kinderdörfern.« Süddeutsche Zeitung Nr. 104, Freitag 7. Mail 2021, S. 7

14   James Gillighan: Violence. Reflections on a National Epidemic. New York 1997

15   Sven Bargel: »Vorwärts, zurück auf Anfang.« magazin-forum.de zeit.de vom 28.02.2020, abgerufen am 25.01.2021

16   Die folgenden Zitate aus: Rebecca Jordan-Young/Katrina Karzakis: Testosteron. Warum ein Hormon nicht als Ausrede taugt. München 2020, S. 83 ff., S. 59

17   Monica L. Andersen/Tathiana F. Alvarenga/Renata Mazaro-Costa/Helena C. Hachul/Sergio Tufik: »The association of testosterone, sleep, and sexual function in men and women.« Brain Research 1416 (2011) 80–104

18 Siri Hustvedt: Die Illusion der Gewissheit. Reinbek bei Hamburg 2000.

19 Susan R. Fisk/Bennan Miller/Jon Overton: »Why Social Status Matters for Understanding the Relationssships Between Testosteron, Economic Risk-Taking, and Gender. « Sociology Compass 11, 2017. e12 452.,1

20 Rebecca Jordan-Young/Katrina Karzakis, a. a. O., S. 192

21 Rebecca Jordan-Young et al., a. a. O., S. 304

22 Jörg Baberowski, a. a. O., S. 130

23 James Gillighan: Violence. Reflections on a National Epidemic. New York 1997

24 Michael Tomasello: Warum wir kooperieren. Berlin 2010

25 James Suzman: Work. A history of how we spend our time. London 2020

26 Johanna Adorjan: »Im Namen des Vaters«, SZ Nr. 230, Sa./So. 05./06. Oktober 2019. S. 3

27 Trevor Noah: Born, – a crime. Johannesburg 2016

28 Eldra Jackson: »How I Unlearned Dangerous Lessons About Masculinity«, ted. com, 18.12.2018, aufgerufen am 24.07.2021

29 Bell Hook, a. a. O.

30 Bewegte Zeiten – Archäologie in Deutschland, Ausstellung in Berlin vom 21.09.2018 bis 06.01.2019

31 Thomas Elbert/James Moran/Maggie Schauer: »Lust for violence. Appetitive aggression as a fundamental part of human nature.« Neuroforum 2017; 23(2) A77–A84

32 Sergio Leone 1966; deutscher Titel: Zwei glorreiche Halunken

33 Jörg Baberowski, a. a. O., S. 51

34 Persönliche Mitteilung von Thomas Elbert

35 Thomas Elbert, a. a. O.

36 James Suzman, a. a. O.

37 Danie Meyer-Parlapanis, Roland Weyerstall, Corina Nandi, Manassé Bambonyé, Thomas Elbert and Anselm Crombach: »Appetitive Aggression in Women: Comparing Male and Female war Combattants.« Frontiers in Psychology: 6, 1–8, 2016

38 vivo.org

39 Rutger Bregmann: Im Grunde gut. Hamburg 2020, Matthias Glaubrecht: Das Ende der Evolution. München 2019, James Suzman, a. a. O.

40 T. Elbert/M. Schauer/F. Neuner: »Narrative Exposure Therapy (NET).« In: U. Schnyder/M. Cloitre (eds.): Evidence based treatments for trauma-related psychological disorders. Berlin, Heidelberg, New York, Tokio: Springer 2015, S. 229–253

41 Fiona Weber-Steinhaus, a. a. O.

42 Fegert, a. a. O

43 Christian Huchzermeier/Friedemann Geiger/M, Emelie Bruß/Nils Godt/Denis Köhler/Günter Hinrichs/Josef B. Aldenhoff: The Relationship between DSM-IV Cluster B Personality Disorders and Psychopathy According to Hare's Criteria: Clarification and Resolution of Previous Contradictions. Behavioral Sciences and the Law behav. Sci. Law 2007

44   Martina Belz/Franz Caspar/Elisabeth Schramm (Hrsg.): Therapieren mit CBASP: Chronische Depression, Komorbiditäten und störungsübergreifender Einsatz. Frankfurt a. M. 2013

Der Gewaltzünder schlechthin: Fremdes!

1   Stephen King: It. London 1986, S. 476

2   Ebd.

3   Franz Schubert: Winterreise

4   »Chronologie der Krawalle in Rostock-Lichtenhagen 1992.« Nordmagazin am 13.08.2012 ndr.de, abgerufen am 24.01.2021

5   Thilo Schmidt: »Rassistische Ausschreitungen in Hoyerswerda 1991. Ausländerjagd im rechtsfreien Raum.« deutschlandfunkkultur.de vom 15.09.2016, abgerufen am 24.01.2021

6   Susan Neiman: Von den Deutschen lernen. Wie Gesellschaften mit dem Bösen in ihrer Geschichte umgehen können. Berlin 2020

7   Max Czollek: Desintegriert Euch. München 2020

8   Bastian Berbner: »Wie rassistisch sind Sie?« DIE ZEIT Nr. 30, 16.07.2020, zeit.de, abgerufen am 25.01.2021

9   Ebd.

10   Daniel Kahneman: Thinking, fast and slow. London 2012

11   Trevor Noah, a. a. O.

12   Joachim Käppner und Magdalen Pulz: »Bis ans Ende der Welt.« Süddeutsche Zeitung Nr. 18. Sa./So. 23./24.01.2021, S. 55

13   Eric Vuillard: Kongo. Berlin 2018

14   Ebd.

15   James Suzman: Work. A history of how we spend our time. London 2020

16   Adam Soboczynski: »Für eine Entschuldigung sehe ich keinen Anlass.« zeit.de vom 19.05.2020, abgerufen am 11.07.2021

17   Nils Minkmar: »Massenhaft abwesend.« Süddeutsche Zeitung 22./23./24.05.2021, S. 17

The times, they are a-changin': Die Welt endlich wieder bewohnbar machen

1   Bob Dylan 1964

2   Susanne Kaiser: Politische Männlichkeit. Berlin 2020

3   Ebd.

4   Kate Manne: Down Girl. Die Logik der Misogynie. Berlin 2019

5   Susanne Kaiser, a. a. O.

6   Michael Kimmel: Healing from Hate. Oakland 2018

7   Michael Kimmel, a. a. O., S. 153
8   Michael Kimmel, a. a. O.
9   Michael Kimmel, a. a. O., S.232
10 Ebd.

Schwarze Schwäne: Die Extreme stigmatisieren alle Männer

1   Corinna Emundts: »Gewalt in Beziehungen ›Die Zahlen sind schockierend‹«. 10.11.2020. tagesschau.de
2   Töten auch Frauen? Ja, natürlich, aber sechsmal seltener als Männer. (Christian Pfeiffer, a. a. O.). Die Gewaltbelastung der Männer übersteigt die der Frauen um das 6,1-fache. Je schwerer die Gewalttat ausfällt, umso stärker dominieren die Männer: Mord/Totschlag: 8-fach, gefährliche Körperverletzung 5,5-fach, Diebstahl 5,9-fach.
3   Nassim Nicolas Taleb: The Black Swan: The impact of the higly Improbable. New York 2007
4   Nassim Nicolas Taleb, a. a. O.
5   Fiona Weber-Steinhaus, a. a. O.
6   Kübra Gümüsay: Sprache und Sein. Berlin 2020. S. 65
7   Ebd. S. 69

Wie wir Macht unattraktiv machen können

1   Harald Dreßing et al., a. a. O.
2   Papst Franziskus zum Auftakt des Gipfels über die Missbrauchsskandale im Vatikan, SZ Nr. 45, Freitag, 22.02.2019, S. 1
3   Peter Ackroyd: Venedig. München 2012
4   James Suzman, a. a. O.

Die Blüten der Männlichkeit

1   Michael Tomasello: Warum wir kooperieren. Berlin 2010
2   Kinder mit kommunikativer Kooperationsbereitschaft
3   Ein faszinierender und noch dazu wissenschaftlicher Zugang zu diesem Thema wurde von Robert Sutton, Professor für Organisationspsychologie an der Stanford-University gegeben. Erhellend ist das Interview mit Bernd Kramer mit dem Titel »Arschlöcher«; Süddeutsche Zeitung Nr. 48, Sa./So 27./28.02.2021, S. 60
4   Eddie Brummelman/Barbara Nevicka/Joseph M. O`Brien: »Narcissm and Leadership in Children.« Psychological Science 2021, 1–10
5   Michael Tomasello, a. a. O.

6   Es gibt nicht viele allgemeinverständliche Darstellungen; eine gute ist von Corinna Hartmann: »Was Du über Narzissmus wissen musst.« quarks.de 27.11.2020, abgerufen am 01.03.2021

7   Emily Grijalva/Daniel A. Newman/Louis Tay, M. Brent Donella/Peter D. Harms: »Gender differences in Narcissism. A Meta-Analytic Review.« 2014 http://digitalcomons,unl.edu/pdharms/5

8   McKinsey& C o: McKinsey Quarterly Nr. 4: The War for Talent. 1998

9   James Suzman, a. a. O.

10   Brian Hare/Vanessa Woods: The Genius of Dogs. New York 2014

11   Hella Kemper: »Die Vermessung des Wolfes.« zeit.de 10.09.2020, abgerufen am 28.02.2021

12   Achille Mbembe: Politik der Feindschaft. Berlin 2017

13   Richard Lee, zit. bei James Suzman: Work. A. a. O.

14   J. Woodburn, zit. bei James Suzman: Work. A. a. O.

15   Caroline Rosales: »Kinder wollen und müssen lernen, wie das Erwachsenenleben geht.« zeit.de 24.03.2021, abgerufen 13.04.2021

16   Ebd. wie alle weiteren Zitate in diesem Kontext

17   James Suzman, a. a. O.

18   Annette Hess: Deutsches Haus. Berlin 2018

19   Professor Frank Schneider; Präsident der DGPPN, Aachen, Psychiatrie im Nationalsozialismus – Erinnerung und Verantwortung. dgppn.de

20   Jana Stegemann, Christian Wernicke: Die Welt tut sich auf. Süddeutsche Zeitung Nr. 50, 28.02.2019, S.3

21   Interview von Giovanni di Lorenzo mit Oliver Bäte: »Gerechtigkeit ist für mich ein marxistischer Begriff.«, DIE ZEIT Nr. 49/2018, 29.11.2018

22   Achille Mbembe: Politik der Feindschaft. A. a. O., S. 60

23   Stephen Greenblatt: Tyrant. Shakespeare on Power. London 2018

24   Ebd.

25   1989; Regie Peter Weir, mit Robin Williams, Ethan Hawke und anderen.

»Soll Rettung kommen, so kommt sie nur so«

1   Theodor Fontane: John Maynard. Berlin 1886

2   Michael Kimmel, a. a. O.

3   Yuval Noah Harari: Money. Extracts from *Sapiens*, London 2011. Und ders.: Homo Deus. London 2015

4   Frank Schirrmacher: EGO. Das Spiel des Lebens. München 2013

5   Frank Schirrmacher, a. a. O., S. 35

6   Alle Details verdanke ich der Biografie von Sylvia Nasar: A Beautiful Mind. New York 1998

7   Frank Schirrmacher, a. a. O., S. 62 ff.

8   Frank Schirrmacher, a. a. O., S. 64

Mensch – Ein Plädoyer für Altmodisches

1   Nassim Nicolas Taleb: The Black Swan: The impact of the highly improbable. New York 2007 (In deutscher Sprache erschienen: Der Schwarze Schwan: Die Macht höchst unwahrscheinlicher Ereignisse, München 2008.)

2   Nassim Nicolas Taleb: Skin in the game. New York 2018, S. 33

3   Ulrich Greiner: »Die Lust, an allem schuld zu sein.« Die ZEIT Nr. 43, 18.10.2018, S. 52

4   Ben Israel, zitiert von Frederic Rzewski in: No. 3 from Dreams Part1, Begleittext der CD von Igor Lewit